Redouten Saales
...isquen - Balles.

Anna Ehrlich/Christa Bauer

Der Wiener Kongress

Anna Ehrlich/Christa Bauer

Der Wiener Kongress

Diplomaten, Intrigen und Skandale

Mit 80 Abbildungen

Amalthea

Bildnachweis

Schloß Schönbrunn Kultur- und Betriebsges.m.b.H. (Seite 162); © Imagno/Austrian Archives (Seite 247 und Nachsatz).

Die restlichen Bilder stammen aus dem Privatarchiv der Autorinnen beziehungsweise aus dem Bildarchiv Wienfuehrung (www.wienfuehrung.com). Die Autorinnen bedanken sich für die Abdruckgenehmigungen. Der Verlag konnte in einzelnen Fällen die Rechteinhaber der reproduzierten Bilder nicht ausfindig machen, er bittet ihm bestehende Ansprüche zu melden.

Besuchen Sie uns im Internet unter
www.amalthea.at

Führungen in Wien zu diesem Thema buchen Sie unter
www.wienfuehrung.com

© 2014 by Amalthea Signum Verlag, Wien
Alle Rechte vorbehalten
Umschlaggestaltung: Silvia Wahrstätter, vielseitig.co.at
Umschlagbild und Vorsatz (Hofburg, Redoutensaal):
Carl Schütz © Imagno/Wien Museum
Lektorat: Martin Bruny
Herstellung und Satz: VerlagsService Dr. Helmut Neuberger
& Karl Schaumann GmbH, Heimstetten
Gesetzt aus der 12,5/16,6 Punkt Garamond Premier Pro
Gedruckt in der EU
ISBN 978-3-85002-865-3

Inhalt

Die Delegierten zum Wiener Kongress, kolorierter Druck von Godefroy nach Isabey.
V. l. n. r. stehend: Arthur Wellesley Herzog von Wellington (Großbritannien), Joaquim
Lobo da Silveira (Portugal), António de Saldanha da Gama (Portugal), Carl Axel Graf
Löwenhielm (Schweden), Jean-Louis de Noailles (Frankreich), Klemens Fürst von
Metternich (Österreich), André Marie Jean-Jaques Dupin (Frankreich), Karl Robert Graf
von Nesselrode (Russland), Emmerich Joseph Herzog von Dalberg (Frankreich) Fürst
Andreas Kyrillowitsch Rasumowsky (Russland), Lord Charles-William Stewart (Groß-
britannien), Richard Le Poer Trench Earl of Clancarty (Großbritannien), Hofrat Niko-
laus von Wacken (Österreich), Friedrich von Gentz (Österreich), Wilhelm von Humboldt
(Preußen), William Earl of Cathcart (Großbritannien).
V. l. n. r. sitzend: Karl August von Hardenberg (Preußen), Pedro de Sousa-Holstein
Herzog von Palmella (Portugal), Henry Robert Stewart Viscount Castlereagh (Groß-
britannien), Johann Philipp von Wessenberg-Ampringen (Österreich), Pedro Gómez
Marquis von Labrador (Spanien), Charles-Maurice de Talleyrand-Périgord (Frankreich),
Gustav Ernst von Stackelberg (Russland).

Einleitung

Im September 1814 versammelten sich Napoleons ehemalige Freunde und Feinde in Wien zu einem Kongress, wie ihn die Welt noch nie gesehen hatte. Die vielen Gäste warfen sich in den Wirbel der Lustbarkeiten, man feierte und tanzte, eine Vergnügung jagte die andere. Die großen Damen führten ihre prächtigen Roben und ihren Schmuck in die Ballsäle, um einander zu überstrahlen. Die Alkoven und die Salons spielten eine wichtigere Rolle als die Sitzungssäle. Die Versammlung glich einem endlosen Karneval, bei dem die vielen Teilnehmer nach den Schrecken des Krieges das Leben wieder voll genießen wollten. Die Hocharistokratie, durch die Französische Revolution gedemütigt, aber durch vielfältige Bande über alle territorialen Grenzen hinaus miteinander verwoben, sah sich endlich wieder in ihrer Bedeutung bestätigt. Die Geheimpolizei legte Stöße von Akten über die intimsten Angelegenheiten der anwesenden Hoheiten an, und die Wiener, die kräftig zur Kasse gebeten wurden, standen als Zaungäste Spalier, gafften, tratschten und raunzten.

Der Kongress gab der Stadt den bleibenden Ruf und das Ansehen einer Weltstadt: »*Die Stadt Wien bietet gegenwärtig einen überraschenden Anblick dar; alles, was Europa an erlauchten Persönlichkeiten umfasst, ist hier in hervorragender Weise vertreten. Der Kaiser, die Kaiserin und die Großfürstinnen von Russland, der König von Preußen und mehrere Prinzen seines Hauses, der König von Dänemark, der König und der Kronprinz von Bayern, der König und der Kronprinz von Württemberg, der Herzog und die Prinzen der Fürstenhäuser von Mecklenburg, Sachsen-Weimar, Sachsen-Coburg, Hessen usw., die Hälfte der früheren Reichsfürsten und Reichsgrafen, endlich die Unzahl von Bevollmächtigten der großen und kleinen Mächte von Europa – dies alles erzeugt eine Bewegung und eine solche Verschiedenheit von Bildern und Interessen, dass nur die außerordentliche Epoche, in der*

LE CONGRÈS.

Der Kongress tanzt, zeitgenössische Karikatur. In der Mitte die drei Monarchen von Österreich, Preußen und Russland. Rechts hält der König von Sachsen seine Krone fest, ganz rechts die Republik Genua, während ganz links Talleyrand in aller Ruhe zusieht und Castlereagh zu resignieren scheint.

wir leben, etwas Ähnliches hervorbringen konnte. Die politischen Angelegenheiten, welche der Hintergrund dieses Bildes sind, haben indessen noch keinen wirklichen Fortschritt gebracht.« So umreißt Friedrich Gentz (1764–1832), Klemens Graf Metternichs (1773–1859) Berater, erster Sekretär und Protokollführer am Kongress, die Situation um die Jahreswende 1814/15.

Hierher gehört das berühmte Bonmot des alten Fürsten Charles Joseph de Ligne (1735–1814): »*Le congrès danse beaucoup, mais il ne marche pas*« (»Der Kongress tanzt, aber er geht nicht weiter«), mit dem er die Schwerfälligkeit der Verhandlungen kritisierte. Oder handelte es sich dabei nur um einen Scherz auf Kosten des tanzwütigen Zaren? Denn de Ligne selbst sagte dazu: »*On dit que j'ai dit que le congrès danse et ne marche pas, ce qui fait que rien ne transpire que ces messieurs.*« Der zweite Teil des Bonmots ist ein Wortspiel, denn »transpirer« kann mit »transpirieren«, aber auch mit »durchsickern« übersetzt werden: »Daher sickert nichts durch« – oder aber – »daher schwitzt niemand als diese Herren«.

Erzherzog Johann (1782–1859) schrieb in sein Tagebuch: »*Nichts als Visiten und Gegenvisiten; Essen, Feuerwerk, Beleuchtung. Überhaupt habe ich seit 8–10 Tagen nichts getan.*« Die Wiener murrten über die Kosten: »*Das ist eine neue Art, Krieg zu führen: den Feind auffressen.*« Und Maximilian Montgelas, der Vertreter Bayerns, machte dem Kongress den Vorwurf, »*dass durch stets wiederkehrende Festlichkeiten die unausgesetzte Aufmerksamkeit, welche den dort zu behandelnden wichtigen Fragen gebührte, allzu oft zerstreut wurde*«.

Das Ausmaß der Zerstreuungen, das den Gästen geboten wurde, täuscht jedoch leicht darüber hinweg, dass enorm viel gearbeitet wurde, und zwar in den Ausschüssen. Dort saßen nicht die Fürsten, sondern ihre bevollmächtigten Vertreter, und diese waren froh, ihre Herren anderwärtig beschäftigt zu wissen. Denn die Verhandlungen gestalteten sich äußerst schwierig, wie Marschall Blücher sagte: »*Der Kongress gleicht einem Jahrmarkt in einer kleinen Stadt, wo jeder sein Vieh hintreibt, es zu verkaufen und zu vertauschen.*«

Vorgeschichte

Die Koalitionskriege

Napoleon Bonaparte (1769–1821) als Kaiser der Franzosen.

Die Voraussetzungen für das Zusammentreten des Kongresses, für die politische Neuordnung Europas, wurden auf den Schlachtfeldern und an vielen Konferenztischen geschaffen.

Frankreich begann den Ersten Koalitionskrieg mit der Kriegserklärung vom 20. April 1792. Die gegnerischen Verbündeten, Österreich und Preußen, denen sich nach der Hinrichtung König Ludwigs XVI. (1754–1793) und seiner Gattin Marie Antoinette (1755–1793) Großbritannien, Piemont-Sardinien, Spanien und Neapel anschlossen, bemühten sich vergeblich, die Französische Revolution und ihre Auswirkungen aufzuhalten oder sogar rückgängig zu machen. Der Frieden von Campo Formio zwischen Frankreich und dem militärisch geschlagenen Österreich beendete am 17. Oktober 1797 den Krieg für Österreich. Das linke Rheinufer wurde von Frankreich annektiert, Österreich trat die Österreichischen Niederlande (das heutige Belgien) zugunsten Frankreichs ab. Es kam außerdem zu einer Neuordnung in Italien, wobei Venedig, Istrien und Dalmatien an Österreich fielen.

Die zweite Koalition gegen Frankreich 1799 bestand aus Großbritannien, Österreich, Russland, dem Osmanischen Reich, Portugal, Neapel und dem Kirchenstaat, Preußen blieb neutral. Sie scheiterte ebenso, denn inzwischen hatte Napoleon Bonaparte (1769–1821) die Macht in Frankreich übernommen. Seinem militärischen Genie hatten die Verbündeten nichts Gleichwertiges entgegenzusetzen. Am 9. Februar 1801 wurde der Friede von Lunéville zwischen Frankreich und Österreich sowie dem Heiligen Römischen Reich geschlossen. Der Friede von Campo Formio wurde bestätigt, das Großherzogtum Toskana und das Herzogtum Modena fielen an Frankreich. Napoleon

Kaiser Franz I. (1768–1835) von Österreich.

krönte sich am 2. Dezember 1804 in der Kirche Notre-Dame de Paris zum Kaiser der Franzosen. Sein Außenminister Talleyrand riet ihm vergeblich, sich damit und mit den Ergebnissen des mit Großbritannien 1802 geschlossenen Friedens von Amiens zufriedenzugeben, doch Napoleon war nicht aufzuhalten.

Napoleons Aufstieg

Die Eroberung Deutschlands

Die dritte Koalition gegen Frankreich, bestehend aus Österreich, Großbritannien, Russland und Schweden, formte sich im Jahre 1805. Preußen blieb neutral, da mochte Metternich, der österreichische Botschafter in Berlin, noch so sehr um Unterstützung bitten. Vom ursprünglichen Ziel der Koalitionskriege, die Revolution aufzuhalten, war nun keine Rede mehr: Jetzt musste Napoleons Vormarsch in ganz Europa gestoppt werden. Der selbsternannte neue Kaiser der Franzosen verlangte von Franz II. von Österreich (1768–1835), die österreichischen Garnisonen aus Tirol und Venetien abzuziehen, was dieser am 27. August ablehnte. Napoleon schloss mit Spanien und den Herrschern von Bayern, Baden und Württemberg Verträge ab, und nach der Kriegserklärung an Österreich am 25. September überquerte die französische Armee den Rhein. Die Schlacht von Austerlitz (heute Slavkov, Tschechische Republik) am 2. Dezember 1805 endete mit einer schweren Niederlage für die vereinigte russische und österreichische Armee. Danach, bei den Waffenstillstandsverhandlungen im dortigen Schloss, einem Familienbesitz des Fürsten Kaunitz[1], trafen der französische und der österreichische Kaiser einander zum ersten Mal, was Franz mit den Worten *»jetzt kann ich ihn [Napoleon] erst recht nicht leiden«* kommentierte. Preußen blieb weiterhin untätig.

Einmarsch in Wien und Berlin

Da es den Österreichern nicht gelang, die Franzosen in Bayern aufzuhalten, rückte Napoleon bis Wien vor, eroberte die Stadt und bezog Quartier in Schloss Schönbrunn. Der Preßburger Frieden wurde am 26. Dezember 1805 von Talleyrand für Frankreich unterzeichnet und am nächsten Tag von Napoleon ratifiziert.

Wie Metternichs Memoiren zu entnehmen ist, war dieser Friedensschluss eher ein Diktat. Napoleon ließ in Wien ein fingiertes Verhandlungsprotokoll der Friedenskonferenz, die in Altenburg stattgefunden hatte, aufsetzen. Es enthielt Beschlüsse, die so gar nicht gefasst worden waren. Als sich Metternich weigerte, dieses zu unterzeichnen, ließ Napoleon die Glocken des Stephansdoms zum Zeichen des Friedensschlusses läuten, obwohl Kaiser Franz diesem noch gar nicht zugestimmt hatte. Die Friedensurkunde trug daher weder die Unterschrift des Kaisers noch diejenige Metternichs, aber eine Fortsetzung des Krieges wäre für Österreich undenkbar gewesen. Es war gezwungen, sich dem französischen Handelsembargo gegen England anzuschließen, seine Armee auf 150 000 Mann zu verkleinern und enorme Kriegsentschädigungen zu leisten. Darüber hinaus musste es große Gebiete im Westen an Bayern, Baden und Württemberg sowie im Süden an das napoleonische Königreich Italien abtreten und verlor damit den direkten Zugang zum Mittelmeer. Als Ausgleich erhielt es das vormalige Fürsterzbistum Salzburg, das 1803 säkularisiert und zu einem Kurfürstentum gemacht worden war, sowie die Fürstpropstei Berchtesgaden. Außerdem musste Kaiser Franz Napoleons Kaiserwürde, die Rangerhöhung der bisherigen Kurfürsten von Bayern und Württemberg zu Königen und deren volle Souveränität sowie die des Kurfürsten von Baden anerkennen. Schließlich musste er schon im Voraus dem geplanten Bündnis Napoleons mit deutschen Fürsten (dem späteren Rheinbund) zustimmen.

1806 wurde Metternich nicht wie erwartet als Botschafter nach Petersburg, sondern nach Paris entsandt, und zwar auf ausdrücklichen Wunsch Napoleons. Als Metternich im September 1806 als neuernannter österreichischer Ambassadeur in St. Cloud vor dem Kaiser stand, meinte dieser: »*Sie sind noch sehr jung, um Europas älteste Dynastie zu vertreten.*« Metternich antwortete: »*So alt, wie Eure Majestät am Tage von Austerlitz war!*«

Diplomatische Erfolge hatte Metternich in Paris nicht aufzuweisen, er verbrachte seine Zeit mit den schöneren Seiten des Lebens. Er lernte die tonangebenden Leute kennen, hielt die Augen offen und spitzte die Ohren. Er wollte alles, selbst die geringste Kleinigkeit, über Napoleon erfahren. Ihm war völlig klar, dass dieser zielstrebig große Reiche zerstörte, um mittelgroße, von ihm abhängige Staaten zu schaffen und dort zum Teil sogar Familienmitglieder als Herrscher einzusetzen. Napoleon diskutierte mit ihm selbst die Aufteilung des Osmanischen Reiches. Metternich konnte sich gut vorstellen, dass Österreich Napoleons nächstes Opfer sein und dieser sich dann gegen Russland wenden würde.

Im Juli 1806 gründeten 16 deutsche Staaten auf Initiative Napoleons den Rheinbund, was deren Austritt aus dem Heiligen Römischen Reich und eine Konföderation mit Frankreich zur Folge hatte. Das Reich, realpolitisch längst bedeutungslos, war nach über 800 Jahren seines Bestehens am Ende angelangt. Sein Oberhaupt, Kaiser Franz II., legte nach einem französischen Ultimatum die römische Kaiserkrone zurück und löste es formell am 6. August 1806 auf. Von nun an führte er den Titel Kaiser Franz I. von Österreich, den er bereits 1804 angenommen hatte.

Preußen stellte Napoleon das Ultimatum, seine Truppen hinter den Rhein zurückzuziehen, am 9. Oktober 1806 folgte die Kriegserklärung und damit der Beginn des Vierten Koalitionskrieges, obwohl das verbündete Russland noch nicht kriegsbereit war. Die Schlacht bei Jena und Auerstädt am 14. Oktober 1806 endete für Preußen und dessen Bündnispartner Sachsen als schwere Niederlage. König Friedrich Wilhelm III. (1770–1840) musste nach Memel in Ostpreußen fliehen, und Napoleon zog am 27. Oktober in Berlin ein.

Die Besetzung von Sachsen und Polen

In einer äußerst schwierigen Lage befand sich der Wettiner Kurfürst Friedrich August III. »der Gerechte« (1750–1827), der ein guter Mensch und den Sachsen ein guter Herrscher war. Sein Bruder und späterer Nachfolger Anton (1755–1836) war mit Maria Theresia (1767–1827), einer Schwester von Kaiser Franz I., verheiratet. Die Franzosen besetzten Sachsen und zwangen Friedrich August zu Friedensschluss und Beitritt zum Rheinbund. Weder Österreich noch Russland dachten daran, ihm beizustehen, es blieb ihm gar keine andere Wahl, als sich an Napoleon zu halten, der ihn 1806 zum König von Sachsen erhob. Er kämpfte daher zusammen mit Sachsen-Weimar im Frühjahr 1807 auf Napoleons Seite gegen Preußen. In Polen hatte sich im November 1806 unter Napoleons Schutz das Herzogtum Warschau gebildet, das 1807 ebenfalls in die Kämpfe gegen

Preußen eingriff. Am 26. April 1807 schlossen Preußen und Russland einen Vertrag ab mit der Verpflichtung, auf Gedeih und Verderb bis zum Sieg über Napoleon zusammenzuhalten. Großbritannien und Schweden traten dem Pakt bei.

Der Verrat des Zaren

Zar Alexander (1777–1825) aber, der Napoleon widerwillig bewunderte, traf mit ihm zusammen, um ohne Rücksicht auf seine Verbündeten direkt zu verhandeln. Am 7. Juli 1807 schlossen die beiden den Frieden von Tilsit, durch den Osteuropa in eine westliche (französische) und eine östliche (russische) Einflusssphäre aufgeteilt wurde. Der von Napoleon mit Preußen zwei Tage später geschlossene Friedensvertrag ließ Preußen zwar weiter bestehen, es verlor aber die Hälfte seines Territoriums und blieb größtenteils französisch besetzt. Russland trat der von Frankreich am 21. November 1806 verhängten englischen Kontinentalsperre bei – einer Wirtschaftsblockade, mit der Napoleon die Ein- und Ausfuhr britischer Waren auf dem Kontinent unterbinden und so Großbritanniens Wirtschaft schwächen sollte. Dadurch zeichnete sich ein neues Bündnis gegen Großbritannien ab. Dort sah man durch ein drohendes französisch-russisch-dänisches Bündnis die eigene Seeherrschaft bedroht und erzwang Anfang September 1807 durch die Bombardierung Kopenhagens die Auslieferung der dänischen Flotte.

Am Erfurter Kongress 1808 verlangte Napoleon vom Zaren, Druck auf Schweden auszuüben, das mit Großbritannien verbündet war. Alexander fiel daraufhin 1808 in Schweden ein, das 1809 kapitulieren musste. Der Russisch-Schwedische Krieg führte zu Schwedens Teilung, sein östlicher Teil fiel als Großfürstentum Finnland an Russland. Alexander hatte sich also bestens mit Napoleon arrangiert.

Die Befreiungskriege

Napoleon forderte Portugal 1807 durch ein Ultimatum auf, der Kontinentalsperre beizutreten. Portugal, traditionell ein Verbündeter Großbritanniens und zudem wirtschaftlich stark von diesem abhängig, lehnte ab. Damit begannen die kriegerischen Auseinandersetzungen auf der Iberischen Halbinsel. Napoleon griff Portugal an, dessen Königshaus floh nach Brasilien und fand dort in Rio de Janeiro seinen neuen Regierungssitz. Die portugiesischen Truppen wurden von britischen Einheiten so wirkungsvoll unterstützt, dass sich Frankreich nach wechselndem Kriegsverlauf 1811 endgültig aus Portugal zurückziehen musste.

Unterstützung fand Napoleon anfangs bei Spanien, das Lust auf Landgewinn in Portugal hatte. 1801 war es zu einem Krieg zwischen Portugal und den miteinander verbündeten Ländern Spanien und Frankreich gekommen, der in die Geschichte als »Orangenkrieg« einging: Der spanische Oberbefehlshaber und Minister Manuel de Godoy (1767–1851) hatte Königin Marie Louise von Spanien (1751–1819) portugiesische Orangen gesandt, mit dem Versprechen, Lissabon bald einzunehmen. Als Portugal nach nur wenigen Wochen besiegt war, hatte es die Stadt Olivenza an Spanien sowie einige seiner brasilianischen Gebiete an Frankreich abtreten müssen. Spanien erteilte Napoleon 1807 das Recht zum Durchmarsch französischer Truppen und sollte als Gegenleistung einen Teil der von den Franzosen zu erobernden portugiesischen Gebiete erhalten. Da Napoleon 1808 jedoch einige für ihn strategisch wichtige Städte in Spanien besetzen ließ, kühlte die Freundschaft rasch ab. König Karl IV. von Spanien (1748–1819) plante seine Flucht nach Mexiko, womit er einen Volksaufstand auslöste und zur Abdankung zugunsten seines Sohnes Ferdinand VII. (1784–1833) gezwungen wurde. Napoleon nahm dies nicht hin, sondern setzte eine zweite Abdankung Karls zugunsten seines eigenen Bruders Joseph Bonaparte (1768–1844) durch. Im Jahre 1808 brach der spanische Volksaufstand gegen die Franzosen los, unterstützt von Großbritannien, der in einen Guerillakrieg mündete.

Napoleon vor Wien.

Dieser erste Befreiungskrieg hatte eine stark motivierende Wirkung auf die anderen Länder Europas, so auch auf Österreich. Während die französischen Truppen und ihre Verbündeten in Spanien beschäftigt waren, griff es am 9. April 1809 zu den Waffen und hoffte, damit in ganz Deutschland den Anstoß zu einer Volksbewegung gegen den Usurpator zu geben. Die Rechnung ging nicht auf: Nur in Tirol unter Andreas Hofer (1767–1810) und vereinzelt in Norddeutschland kam es zu Aufständen, die jedoch keinen Einfluss auf das Kriegsgeschehen hatten. Erzürnt rückte Napoleon mit erdrückender Übermacht gegen Wien vor und beschoss es nach seinem Sieg bei Wagram. An die 100 Häuser wurden beschädigt oder brannten gar ab, die Hofburg blieb glücklicherweise von gröberen Schäden verschont. In ihr residierte während der Besetzung der Stadt Graf Antoine-François Andréossy als französischer Generalgouverneur, seine Zensurbehörde amtierte in der Reichskanzlei. Napoleon

Erinnerung an Napoleons Hauptquartier in der Lobau.

selbst nahm zum zweiten Mal Quartier in Schloss Schönbrunn, wo er am 14. Oktober 1809 mit Österreich Frieden schloss.

Einen Teil der kaiserlichen Schätze, verpackt in über 50 Kisten, hatte man glücklicherweise zuvor noch nach Preßburg in Sicherheit gebracht. Eine kluge Maßnahme, denn als die Franzosen im November abzogen, nahmen sie etliche Kunstwerke aus dem Münz- und Antikenkabinett und Bücher aus der Hofbibliothek mit. Kaiser Franz sollte sie erst nach jahrelangen Verhandlungen und nur teilweise zurückbekommen.

Der einzige auf dem Kontinent verbliebene Gegner Napoleons war nunmehr Großbritannien, dessen Truppen auf der Iberischen Halbinsel kämpften und das seit der Schlacht von Trafalgar unangefochten die Seewege beherrschte.

Friedensengel Marie Louise

Napoleon stand auf dem Höhepunkt seiner Macht. Nun wollte er daran denken, diese zu festigen, um sie dereinst einer von ihm gegründeten Dynastie vererben zu können. Dazu war seine Heiratsverbindung mit einer alten kaiserlichen Familie nötig – sie würde seinem Reich politische Stabilität verleihen und den Frieden sichern.

Die Heiratspläne Napoleons mit der blutjungen Anna Pawlowna (1795–1865), einer Schwester des Zaren, stießen auf heftigen Widerstand der franzosenfeindlichen Partei am Zarenhof. Außerdem plante wohl der Zar aus wirtschaftlichen Gründen bereits, die Kontinentalsperre so rasch wie möglich zu unterlaufen. Österreich hingegen benötigte nach den langen Kriegsjahren dringend eine Ruhepause, um sich wieder zu erholen. Dass man diese durch die Verheiratung einer Kaisertochter statt durch umständliche Verträge oder gar einen neuen Krieg erreichte, entsprach durchaus der österreichischen Tradition (»Mögen andere Krieg führen, du glückliches Österreich heirate!«). Napoleon spielte schon während seines Aufenthalts in Schönbrunn auf eine Verbindung an, und nach seiner Rückkehr nach Paris teilte er seinen Heiratswunsch Metternichs Gattin Lorel (1775–1825) konkret mit, die sofort Wien verständigte.

Die aristokratischen Kreise waren über diese »Zumutung« entsetzt, doch Metternich, inzwischen österreichischer Außenminister, bemerkte treffend, man könne »zwischen dem Untergang einer ganzen Monarchie und dem persönlichen Unglück einer Prinzessin wählen«. Dem Zaren nicht weniger misstrauend als Napoleon, hielt er diesen im Moment für den Stärkeren, mit dem sich Österreich gutstehen müsse.

Durch die Heirat erreichte man zwar keine Revision des harten Friedensvertrages, doch zumindest eine Atempause. Das Volk war über die Verbindung entzückt, Marie Louise (1791–1847) wurde in unzähligen Gedichten als Friedensengel verherrlicht, und der Wert der Staatspapiere stieg.

Ausgerechnet Erzherzog Karl (1771–1847), der Bezwinger Napoleons in der Schlacht von Aspern im Jahre 1809, vertrat den Bräutigam in der Wiener Augustinerkirche bei der Hochzeitszeremonie am 11. März 1810. Weinend bestieg die neue Kaiserin der Franzosen danach die Kutsche, die sie nach Westen in die Arme ihres angetrauten Gatten führte. Politischen Einfluss gewann sie nie, doch die Ehe ließ sich ganz gut an: Marie Louise erfüllte Napoleons Erwartungen und schenkte ihm am 20. März 1811 den lang ersehnten legitimen Erben, der den Titel König von Rom erhielt. Dieser Titel war bis vor gar nicht allzu langer Zeit nur dem designierten Nachfolger eines Kaisers des Heiligen Römischen Reiches vorbehalten gewesen.

Napoleons Untergang

Die Beziehungen zwischen dem Zaren und Napoleon verschlechterten sich inzwischen laufend. Russland hatte vor dem Beitritt zur Kontinentalsperre regen Handel mit Großbritannien betrieben. Russland lieferte Agrarprodukte, Getreide und Rohstoffe wie Holz, Flachs und Pech, Großbritannien hauptsächlich Textilien, Kaffee, Tee, Tabak und Zucker. Ohne diesen Handel fielen die Steuereinnahmen, der Wert des Papierrubels sank drastisch. Daher erlaubte der Zar Ende 1810 neutralen Schiffen, britische Waren in seinen Häfen zu löschen, was Napoleon entsprechend verärgerte. Die Spannungen stiegen, als französische Truppen das Herzogtum Oldenburg besetzten, das von Peter I. Friedrich Ludwig (1755–1829) regiert wurde. Sein Sohn Georg von Oldenburg (1784–1812) war der Gatte von Alexanders Schwester Katharina Pawlowna (1788–1819). Schließlich ließ die Absicht Napoleons, aus dem Herzogtum Warschau einen französischen Satellitenstaat zu machen, ein Eingreifen russischer Truppen befürchten. Ein Krieg zwischen Frankreich und Russland schien unmittelbar bevorzustehen. Trotz der andauernden Kämpfe gegen den britischen Herzog von Wellington in Spanien verlegte Napoleon bereits 1811 einzelne Einheiten von da nach Mitteleuropa. Er verstärkte seine Truppen im östlichen Preußen, im Herzogtum Warschau sowie in Danzig und ließ dort große Magazine anlegen. Österreich und Preußen verpflichteten sich, Hilfskorps von 35 000 beziehungsweise 20 000 Mann zu stellen. Dazu kamen Truppen des Rheinbundes, Warschaus und sogar einige helvetische Truppen. Alles in allem betrug die Stärke von Napoleons Armee etwa eine halbe Million Mann. Die französische Aufrüstung veranlasste den Zaren, rasch mit Schweden Frieden zu schließen, um dem Feind genügend eigene Truppen entgegenstellen zu können. Im April 1812 unterzeichneten Russland, Großbritannien und Schweden ein gegen Napoleon gerichtetes Geheimabkommen.

Der Russlandfeldzug

In der Nacht zum 24. Juni 1812 befahl Napoleon den Bau von drei Schiffsbrücken über die Memel (Njemen), den Grenzfluss des Herzogtums Warschau zum russischen Zarenreich. Mit deren Überschreitung eröffnete er ohne Kriegserklärung den russischen Feldzug, obwohl er dafür weder genügend vorbereitet noch ausgerüstet war. Er hatte die Weite des Landes nicht bedacht, und schon gar nicht dessen Klima. Tagelange Gewitterregen verwandelten das Land in Sumpf und Morast, wodurch es bald zu Versorgungsengpässen kam. Mit dem Nachschub klappte es nicht, und in den dünn besiedelten russischen Gebieten mit ihrer schwach entwickelten Landwirtschaft konnte nur wenig requiriert werden.

Napoleon setzte wie immer auf einen Blitzkrieg. Diese seine sonst so erfolgreiche Taktik ging aber diesmal nicht auf, denn das russische Heer stellte sich keiner großen Schlacht und lockte ihn immer tiefer ins Land. Trotz der Einnahme Moskaus, das von seinen Bewohnern verlassen und angezündet worden war, fanden sich die Russen nicht zu Friedensgesprächen bereit. Viel zu spät entschloss sich Napoleon zum Rückzug durch das völlig verwüstete Land, seine Truppen litten entsetzlichen Hunger. Disziplin und Moral sanken rasch, erste Auflösungserscheinungen machten sich bemerkbar. Zudem schlug am 3. November 1812 das Wetter um, die Temperaturen sanken, und am 6. November fiel der erste Schnee.

Nach dem verlustreichen Rückzug über die Beresina übergab Napoleon am 5. Dezember 1812 den Oberbefehl über die Reste seiner Armee an seinen Schwager Joachim Murat (1767–1815) und brach selbst nach Paris auf. Nur ein kläglicher Rest seiner Hauptarmee, etwa 10 000 bis 20 000 Mann, schaffte den schrecklichen Überlebenskampf bis zur Memel zurück. Dem Untergang entkamen nur diejenigen Truppen, die sich auf Nebenkriegsschauplätzen befunden oder autonom operiert hatten, unter ihnen die Österreicher unter dem Kommando des Fürsten Karl Philipp Schwarzenberg (1771–1820).

Die Koalition der Gegner

Napoleon hatte den Nimbus der Unbesiegbarkeit verloren, nun sollte er in den Befreiungskriegen seine gesamte Macht und die meisten seiner Bundesgenossen verlieren.

Nach der Schlacht von Vittoria am 21. Juni 1813 mussten sich die Franzosen aus Spanien zurückziehen. Die neue Koalition von 1813 gegen Frankreich wurde zunächst von Russland und Preußen getragen, denen sich Österreich allmählich annäherte. Es begann zunehmend, die Rolle eines bewaffneten Vermittlers zwischen Frankreich, Russland und Preußen zu spielen und das Bündnis mit Napoleon aufzuweichen.

Der Frühjahrsfeldzug Russlands und Preußens gegen Frankreich verlief wechselhaft. Durch Metternichs Vermittlung ging Napoleon am 4. Juni 1813 auf den Waffenstillstandsvertrag von Pläswitz ein, den er später die *»größte Dummheit seines Lebens«* nannte, weil er seine Gegner eindeutig überschätzt hatte. Napoleon und Metternich trafen am 26. Juni in Dresden zusammen und machten aus, dass Metternich zwischen Frankreich und den Koalitionsmächten vermitteln solle. Der Korse konnte nicht ahnen, dass Metternich nur einen Tag später den Geheimvertrag von Reichenbach abschließen und Österreich damit dem gegen ihn gerichteten Bündnis beitreten würde. Es verpflichtete sich darin, Frankreich den Krieg zu erklären, sollte Napoleon bei den kommenden Friedensverhandlungen in Prag die geforderten Bedingungen, darunter die Auflösung des Rheinbundes und die Wiederherstellung von Österreichs Grenzen nach dem Stand vor 1805, nicht erfüllen.

Metternich nutzte die Friedensverhandlungen, um Österreich an die Spitze der neuen Koalition zu führen, und ließ sich von Napoleon und dessen Drohungen nicht einschüchtern. Da dieser zu keinerlei Zugeständnissen bereit war, scheiterte der Prager Friedenskongress, und Österreich trat gemäß der Reichenbacher Vereinbarung am 11. August 1813 auf der Seite der Koalition in den Krieg ein. An der Spitze der Koalitionstruppen stand nun der österreichische General Karl Philipp Schwarzenberg als Oberkommandierender den Franzosen gegenüber.

Nach wechselndem Kriegsverlauf wurde Napoleon von den verbündeten österreichischen, preußischen, russischen und schwedischen Truppen in der Völkerschlacht bei Leipzig vom 16. bis zum 19. Oktober 1813 entscheidend geschlagen. Eine halbe Million Soldaten waren gegen-

Napoleon nach der Völkerschlacht von Leipzig (zeitgenössische Karikatur).

29

einander angetreten, von denen ein Viertel tot oder schwerst verwundet liegen blieb. Fürst Karl Philipp zu Schwarzenberg schrieb an seine Frau: »*Die Niederlage des Feindes ist beispiellos, nie sah ich ein schaudervolleres Schlachtfeld.*«

Unmittelbar danach, am 20. Oktober 1813, erhob Franz I. im (1969 abgerissenen) Schloss zu Rötha, dem Hauptquartier der Alliierten, Metternich zum »öffentlichen Beweis der Erkenntlichkeit« für die Verdienste in schwerster Zeit in den Fürstenstand. Napoleon musste sich über den Rhein nach Frankreich zurückziehen. Der Rheinbund löste sich auf, die »Franzosenzeit« war zu Ende.

Selbst Napoleons Schwager Joachim Murat wechselte die Fronten, dafür garantierten ihm England und Österreich seine Herrschaft als König von Neapel, als welchen ihn sein Schwager 1808 eingesetzt hatte. Bayern hatte die Zeichen der Zeit richtig erkannt und sich wenige Tage vor der Völkerschlacht der Koalition angeschlossen. Württemberg, Baden, Hessen-Darmstadt und Nassau folgten, um ihre eigene Existenz zu sichern. Der geradlinigere König von Sachsen, Friedrich August I., versäumte hingegen den rechten Moment zum Abfall, wurde nach der Einnahme Leipzigs vom russischen Zaren und dem preußischen König gefangen genommen und im Berliner Schloss Friedrichfelde interniert.

Metternich bot Napoleon nun den Frieden unter Anerkennung der »natürlichen Grenzen« Frankreichs (der Rhein und die Alpen) an. Er wollte Frankreich nicht niederwerfen, sondern durch dessen Erhalt das politische Gleichgewicht Europas sichern und einen zu großen Machtzuwachs Russlands verhindern. Napoleon lehnte jedoch ab und entschied sich damit für die Fortsetzung des Krieges.

Niederlage und Verbannung

Um die Jahreswende überschritten die Verbündeten den Rhein. Sie gelobten einander im Vertrag von Chaumont am 9. März 1814, mit Napoleon nicht Frieden zu schließen, sondern die Bourbonen wieder auf den französischen Thron zu setzen. Damit hatte sich Kaiser Franz gegen die mögliche Thronfolge seines kleinen Enkels, des Königs von Rom, entschieden.

Nach Napoleons vernichtender Niederlage in der Schlacht von Arcis-sur-Aube nahmen die alliierten Truppen am 31. März 1814 Paris ein. Am 4. April dankte Napoleon zugunsten seines Sohnes ab, für den seine Gemahlin Marie Louise die Regentschaft übernehmen sollte. Die Alliierten verlangten jedoch am 11. April im Vertrag von Fontainebleau seine bedingungslose Abdankung. Napoleon unterzeichnete am 12. April. In der folgenden Nacht unternahm er einen Selbstmordversuch mit einer Opiumkapsel, die er seit dem Brand Moskaus ständig bei sich getragen haben soll. Der französische Außenminister Armand de Caulaincourt (1773–1827) und andere Zeitgenossen zweifelten daran, sie schrieben Napoleons starke Leibschmerzen einer beginnenden Magenkrebserkrankung zu, was auch Napoleons eigener Aussage entsprechen würde: *»Der Selbstmord entspricht weder meinen Grundsätzen noch dem Range, den ich in der Welt einnahm.«* Marie Louise, die es an Napoleons Seite zog, wurde geschickt an jeder Begegnung mit ihm gehindert, sie reiste ab.

Der Pariser Friede vom 30. Mai 1814 war ein Versöhnungsfriede, der Frankreich als Großmacht unter König Ludwig XVIII. (1755–1824), dem Bruder des hingerichteten Ludwig XVI., in den Grenzen von 1792 bestehen ließ. Das Land erhielt sogar seine Kolonien und Handelsniederlassungen zurück. Napoleon behielt den Kaisertitel, die Insel Elba, die eigentlich zur Toskana gehörte und damit habsburgisch war, wurde ihm als Fürstentum zugewiesen. Die Regelung aller anderen Fragen sollte dem großen Kongress in Wien überlassen bleiben.

Die Situation in Wien

Die Kongressstadt Wien

Die Lage Wiens war günstig für ein Treffen der europäischen Herrscher, und die Stadt sollte den Ansprüchen der Kongressteilnehmer vollkommen gerecht werden. Mit 240 000 Einwohnern, Vorstädte und Vororte eingeschlossen, war Wien eine der größten Städte Europas. Nach den jahrhundertelangen Auseinandersetzungen mit den Osmanen hatte es sich im 18. Jahrhundert zu einer prachtvollen Stadt entwickelt. Kaiser, Adel und Kirche hatten sie im Barockstil großzügig aus- und umbauen und viele Neubauten errichten lassen. Bei der zweimaligen Einnahme durch die Franzosen hatte sie allerdings Schäden hinnehmen müssen: 1809 hatten die Franzosen ohne jegliche militärische Notwendigkeit Teile der Bastionen vor allem im Bereich der Hofburg gesprengt, was als Demütigung für Kaiser Franz gedacht war. Der Äußere Burgplatz (heute Heldenplatz), das Äußere Burgtor, der Burggarten und der Volksgarten wurden an diesen Stellen erst später angelegt. Dennoch war die Stadt imstande, ihre Besucher zu begeistern, besonders, wenn sie diese von den Höhen des Wienerwaldes aus betrachteten.

Und noch einen Vorteil hatte sie ihren Gästen zu bieten: Viele Wiener sprachen mehrere Sprachen, da Wien ein Schmelztiegel der verschiedensten Völker der Monarchie war. Der Engländer John Morritt (1772–1843) berichtete 1794: »*Die Stadt ist ein reines Babylon, man trifft viele Männer und Frauen, die fünf oder sechs Sprachen sprechen, drei sprechen fast alle – Französisch, Deutsch und Italienisch.*« Genauso vielsprachig war das Herrscherhaus.

Die laute, verwinkelte Altstadt

Innerhalb der mächtigen Stadtmauern lag die »Altstadt« mit dem Stephansdom in der Mitte, dessen 137 Meter hoher Turm alle anderen Gebäude, darunter viele Kirchen und prachtvolle Palais, überragte. Sie war sehr dicht bevölkert, an die 54 000 Menschen lebten hier in den vielen mehrstöckigen Häusern. Sie waren dicht aneinander gebaut, Grünflächen gab es nur im Bereich der Hofburg.

Die wenigen kleineren und trotzdem oft unerschwinglichen Wohnungen in den Altbauten konnte sich nur die Mittelschicht leisten, billige Unterkünfte für die unteren sozialen Schichten gab es hingegen fast überhaupt nicht, diese wichen daher in die Vorstädte aus. Tag für Tag strömten sie zusammen mit den vielen fliegenden Händlern, Handwerkern und Bauern in die Stadt, um ihre Waren anzubieten und Dienstleistungen zu vollbringen, sodass es an den Stadttoren häufig zu regelrechten Staus kam. 1808 musste beim Kärntnertor ein zweites Stadttor errichtet werden, womit die erste Einbahnregelung eingeführt war.

Tagsüber herrschte hektisches Treiben wie auf einem riesigen Marktplatz. Man zählte über 600 Verkaufsstände auf den etwa 70 verschiedenen Straßen und Plätzen. Fußgänger lebten gefährlich, denn obwohl man die Gehsteige durch Steine gekennzeichnet hatte, wichen aufgrund des Platzmangels häufig Pferdekutschen, Ochsenkarren, Handwagen und Sänften dorthin aus. Die Entfernungen, die man in der Stadt zurückzulegen hatte, waren zwar kurz, dennoch kam keine höhergestellte Persönlichkeit auf den Gedanken, sie etwa zu Fuß zu bewältigen. Das Verkehrsaufkommen nahm ständig zu, woran auch die kurz zuvor eingeführten »Stellwagen« mit ihren fixen Fahrtrouten und relativ kurzen Intervallen nichts änderten. Die Straßen waren schmutzig, obwohl die Wiener Hausmeister vor ihren Häusern im Sommer zweimal täglich »aufspritzen« mussten.

Der Journalist und Schriftsteller Joseph Richter schrieb in seinen »Eipeldauer-Briefen«[2]: *Herr Vetter, es thut mir außerordentlich wohl, wenn ich aus der Stadt in d'freye Luft komm. In der Stadt ist's immer ein abscheuliches*

Ansicht von Wien zur Kongresszeit, Gemälde von Joseph Heideloff

(Standort: Akademie der bildenden Künste, Wien).

Grüchl: Aber es ist ja kein Wunder. Es stecken ja so viel Menschen und Pferd und Hund und Katzen beysammen, und die müssen nicht wenig ausschwitzeln. Aber die Wiener müssen Liebhaber von der Melnasch sein, weil's die Häuser immer noch höher bauen, damit nur keine frische Luft in d'Stadt herein kann.«

Besonders drastisch kritisiert das »Quodlibet von Wien« eines anonymen Verfassers die Stadt zur Kongresszeit:

»Ein Klumpen Häuser und Paläste,
voll Ungeziefer, voller Gäste,
ein Mischmasch aller Nationen,
die in Ost, West, Süd und Norden wohnen.
Gestank und Kot in allen Gassen,
viel Weiber, die den Eh'stand hassen,
viel Männer, die mit andern teilen,
so wenig Jungfern, lauter Fräulein.
Viel Kirchen, allzeit voller Sünder,
viel Schenken und darin viel Schinder,
viel Händel und viel Rechtsverdreher,
viel Richter, die das Recht verkaufen ...
viel Kuppler, viele Kupplerinnen,
viel, die mit Huren Geld verdienen ...
viel Stutzer und geborgte Kleider,
viel Säufer, Spieler, Beutelschneider.
Lakaien, Pferde, Pagen, Wagen,
viel reiten, fahren, gehen, tragen,
viel drängen, stoßen, zerren, zieh'n:
Dies ist das Quodlibet von Wien.«

Es fehlten damals auch noch *»öffentliche Aborte, wo man gegen ein geringes Entgelt die nötige Zeit verweilen kann«.* Daran änderte sich auch während des Kongresses nichts, dafür gab es die »Buttenweiber«: Sie gingen mit großen Holzeimern, den Butten, auf dem Rücken durch die Straßen und kündigten sich mit deftigen und unmissverständlichen Rufen an, von denen »*für zwei Kreuzer in die Butten*« noch der harmloseste war. Bei Bedarf setzten sie das originelle Mobilklo ab und schützten den Kunden taillenabwärts mittels eines großen Umhangs vor neugierigen Blicken. Und doch war Wien im Vergleich zu anderen Städten angenehm, da meist ein frischer Wind die üblen Gerüche vertrieb.

Die Hofburg

Die Hofburg bildete mit ihren vielen Gebäuden, Höfen sowie Gärten eine »Stadt in der Stadt« und war der wichtigste Schauplatz des Kongresses. Sie wurde in der ersten Hälfte des 13. Jahrhunderts gegründet und im Laufe der Jahrhunderte allmählich je nach Bedarf ausgebaut, also ohne einheitliche Planung. Da und dort wurde ergänzt, was an Wohn- und Kanzleiraum oder an Festsälen fehlte, und zwar immer in dem Baustil, der zur jeweiligen Zeit modern war. Das architektonische Gemisch aus vielen Jahrhunderten macht bis heute den besonderen Reiz der Hofburg aus.

Als Ferdinand I. (1503–1564) Wien zu seiner ständigen Residenz machte, ließ er die bereits recht unansehnliche mittelalterliche Burg im Stil der Renaissance zu einem repräsentativen Schloss mit einem kleinen Seitentrakt für seine Kinder umbauen und für seinen Erstgeborenen Maximilian II. (1527–1576) die Stallburg errichten. Wenig später entstand die Amalienburg, im 17. Jahrhundert kam zwischen dieser und dem Kindertrakt der Leopoldinische Trakt dazu. Im 18. Jahrhundert war zwar ein umfassender barocker Umbau der ganzen Hofburg geplant, realisiert wurden davon aber nur der Reichskanzleitrakt, der Prunksaal der Hofbibliothek, die Winterreitschule sowie etwas später die Redoutensäle. Kurz vor dem Kongress wurde im Auftrag von Kaiser Franz I. der Zeremoniensaal im rechten Winkel an den Leopoldinischen Trakt angebaut. Er ragte so auffällig aus dessen Front heraus, dass ihn die Wiener spöttisch »die Nase« nannten. Heute schließt die Neue Burg an ihn an.

Die von den Franzosen zerstörten Basteien.

Die Schäden der bereits erwähnten Sprengungen an den Hofburgbastionen durch Napoleons Truppen konnte man 1814 noch deutlich sehen. Laut Kanzleidirektor Ludwig von Remy (1776–1851) hatten diese zumindest *»außer Schrecken keine Schäden an den Hofgebäuden«* angerichtet. Allzu viel Schutt dürfte nicht mehr herumgelegen sein, da *»der Pöbel, vorzüglich aber die Hausmeistersleute«* eine Menge davon als Baumaterial fortschafften, bevor sie durch ein Verbot daran gehindert wurden. Für viele Wiener waren die zerstörten Bastionen ein Schandfleck, in der »Wiener Zeitung« vom 18. Oktober 1809 wurde ihr Fehlen allerdings als *»Verschönerung der Stadt«* bezeichnet und die nun *»von allen Seiten einströmende frische Luft«* gepriesen. Kaiser Franz beschränkte sich auf die notwendigsten Reparaturarbeiten an seiner Burg, da er sich wegen der extrem angespannten finanziellen Situation die Ausführung der ihm von seinen Hofarchitekten Johann Ferdinand Hetzendorf von Hohenberg (1733–1816) und Johann Nepomuk Aman (1765–1834) vorgelegten Umbaupläne nicht leisten konnte.

Die Hofburg ist ebenso hoch wie tief, unter ihren Gebäuden und Höfen befinden sich dreistöckige Keller, der tiefste (heute ein Bücherspeicher) führt sogar sieben Stockwerke tief unter die Erde. Sie wurden während der Osmanischen Kriege unter Kaiser Leopold I. (1640–1705) für militärische Zwecke angelegt: Hier wurden Waffen und Munition gelagert sowie Zisternen eingerichtet, um weiteren Belagerungen besser standhalten zu können. Später dienten die Räume als Werkstätten, Vorratskammern, Wäschekammern und Küchen. Der Weinkeller mit zahlreichen Eichenholzfässern und rund 60 000 Flaschen befand sich unter dem Leopoldinischen Trakt. Ein Teil des Flaschenkellers beinhaltete die »Ausländerabteilung« mit Weinen aus den verschiedensten Ländern, die ausschließlich für die kaiserlichen Galadiners bestimmt waren. Dazu gehörten Madeira, Sherry, Burgunder, Rheinweine, Bordeaux, Champagner und Tokajer aus Ungarn. Vorsorglich hatte man beim Herannahen der Franzosen die Eingänge zu den untersten Stockwerken des Hofkellers zugemauert, sodass die Soldaten nur einen kleinen Teil des Tokajers fanden und für Napoleon nach Paris mitnehmen konnten.

Von der Hofburg aus gab und gibt es zwischen den einzelnen Trakten und den umliegenden Häusern unterirdische Verbindungsgänge, die ältesten davon waren wohl als »Fluchttunnel« gedacht. Während des Kongresses bewährte sich vor allem der Tunnel von der Hofburg zur Staatskanzlei, dem heutigen Bundeskanzleramt am Ballhausplatz: So konnten die sowohl in der Burg als auch in der Staatskanzlei untergebrachten Beamten ihre Akten bei jedem Wetter hin- und herschaffen. Den Diplomaten dienten die Gänge, um ungesehen zu ihren Besprechungen (aber auch zum Mittagstisch) eilen zu können. Selbst Zar Alexander benützte sie häufig, um unbemerkt in die Staatskanzlei und auch in die Stadt zu gelangen. Diese von oben nicht einsehbaren Verbindungswege waren jedenfalls sehr gut dazu geeignet, die eigentliche Kongressarbeit vor den Wienern zu verbergen, und stellen sicher einen weiteren Grund dar, warum die Öffentlichkeit darüber viel weniger erfuhr als über die Festlichkeiten.

Das Glacis und die Vorstädte

Vor den Bastionen lag als breite, unbebaute Fläche das »Glacis«, das im 16. Jahrhundert angelegt worden war, um bei Belagerungen freies Schussfeld zu haben, und das in Friedenszeiten als Exerzierplatz diente. Im 18. Jahrhundert wurde es begrünt und von den Wienern als Naherholungsgebiet geschätzt. Auf der anderen Seite des Glacis dehnten sich bis zum »Linienwall«, der dem Verlauf des heutigen Gürtels entsprach, die Vorstädte aus. Sie waren in acht Polizeibezirke gegliedert, deren Namen zum Teil noch heute verwendet werden, wie »Landstraße« für den dritten oder »Mariahilf« für den sechsten Bezirk. Hier wohnte der Großteil der Wiener Bevölkerung, hier hatte der Hochadel seine prächtigen Gartenschlösser mit weitläufigen Parkanlagen errichtet, darunter das Belvedere des berühmten Feldherrn Prinz Eugen von Savoyen (1663–1736).

Eine weitere Vorstadt war die Leopoldstadt mit ihren vielen Theatern, an die der Prater angrenzte. Dieses einstige Jagdgebiet der Habsburger war 1766 von Kaiser Joseph II. (1741–1790) der Bevölkerung zugänglich

Der Zirkus Bach im Prater.

gemacht worden. Es hatte damals nicht lang bis zur Eröffnung der ersten Gaststätten und Kaffeehäuser gedauert. Rasch folgten Schaubuden, Kegelbahnen, Karusselle und andere Attraktionen wie die Feuerwerke der Familie Stuwer. 1808 wurde auf der Zirkuswiese vom Architekten Joseph Kornhäusel (1782–1860) der »Circus Gymnasticus« für den Kunstreiter Christoph de Bach (1768–1834) errichtet, der groß genug für rund 3000 Besucher war. Vorstellungen gab es nur am Nachmittag, denn die Abende waren den Theatern vorbehalten. Das Gebäude wurde 1852 abgerissen.

Die ländlichen Vororte und die idyllische Umgebung

Außerhalb des Linienwalls lagen die Vororte, deren Namen wie Grinzing, Sievering oder Ottakring sich bis heute erhalten haben. Die meisten von ihnen hatten dorfähnlichen Charakter, vom hektischen Treiben der Stadt war nicht viel zu bemerken. Hier lagen die Jagdreviere der Habsburger, Schönbrunn und Lainz, und des Hochadels mit ihren Jagdvillen und Jagdschlössern.

Schloss Schönbrunn, einst ein Jagdschloss der Habsburger, diente unter Maria Theresia (1717–1780) der kaiserlichen Familie als Sommerresidenz. Besonders gemütlich dürfte es dort zur Zeit des Kongresses nicht gewesen sein, denn unter Kaiser Joseph II. war nicht viel für die Erhaltung oder Verschönerung getan worden, es soll ziemlich heruntergekommen gewesen sein. Kaiser Franz hielt sich zwar gerne dort auf, konnte und wollte aber so wenig Geld wie nur möglich dafür ausgeben. Nach Napoleons erstem Aufenthalt wurden lediglich fünf Zimmer renoviert. Vor dem Kongress stellte man aber zumindest einige neue und etliche aus dem Schloss Laxenburg stammende Möbel in die abgewohnten Räume.

Die ländlichen Vororte und die idyllische Umgebung Wiens waren beliebte Ausflugsziele, gerne wanderte man in den Wienerwald, dessen Abhänge mit Weinstöcken bepflanzt waren. Von dort konnte man den

Die Franzosen ziehen in Schönbrunn ein.

Anblick der vielen Donauarme genießen, die sich ihren Weg durch grüne Wald- und Aulandschaften, Gemüsegärten, Felder und Wiesen suchten – und bei gutem Wetter sogar bis zum 65 Kilometer entfernten Schneeberg sehen.

Der Musiker und Komponist Louis Spohr (1784–1859), Kapellmeister am Theater an der Wien, beschrieb 1813 einen der damals so beliebten Ausflüge: *»Wir lernten schon im ersten Sommer unsres Aufenthaltes zu Wien die herrliche Umgebung der Stadt recht genau kennen, da wir fast jeden schönen Abend, in welchem ich im Theater unbeschäftigt war, im Freien zubrachten. Dann suchten wir, unser frugales Abendbrot in einem vom Kindermädchen getragenen Körbchen mit uns führend, irgendeinen schönen Aussichtspunkt auf und sahen dort die Sonne untergehen. So haben wir manchen schönen Abend bei der Spinnerin am Kreuze, wo man eine beson- ders herrliche und reiche Übersicht der Stadt hat, verlebt. Sonntags nahmen wir dann auch wohl an der Linie einen Zeiselwagen und machten weitere*

42

Ausflüge nach dem Leopoldsberge oder der Brühl, oder nach Laxenburg und Baden. « – Die Zeiselwagen, spöttisch Linienschiffe genannt, waren große, mit je zwei Pferden bespannte Leiterwagen, die als öffentliches Verkehrsmittel in die nähere Umgebung Wiens dienten.

Die wirtschaftliche Lage

D ie wirtschaftliche Lage Wiens war nach den langen Kriegen und wegen der hohen Rüstungskosten angespannt und hätte einer dringenden Reform bedurft. Wenn überhaupt, investierte man nur in die Produktion kriegswichtiger Güter. Dazu kamen noch enorme Schulden aus der Regierungszeit Kaiser Josephs II., die durch die verstärkte Ausgabe der »Bancozettel« nicht zu bekämpfen waren. Diese waren erstmals 1762 unter Maria Theresia als Papiergeld mit zwölf Millionen Gulden als Sicherstellung ausgegeben worden. Wegen der permanenten Geldnot des Staates folgten aber immer weitere Emissionen, sodass sie stetig an Wert verloren. 1811 waren Noten im Wert von rund einer Milliarde Gulden im Umlauf, ihr Nominalwert betrug jedoch nur noch ein Zwölftel davon. Wie immer in Krisenzeiten wurden daher Gold- und Silbermünzen, die als Kleingeld dienten, gehamstert und verschwanden vom Geldmarkt. Daher mussten minderwertige Silbermünzen und später sogar »Bancozettel-Teilungsmünzen« aus Kupfer ausgegeben werden.

Um den Staatsbankrott zu vermeiden, wurden die Abgaben und Steuern erhöht und neue eingeführt, wie 1803 die »Classensteuer«, die für jede Art von Arbeit eingehoben wurde, selbst für niedrige und schlecht bezahlte Tätigkeiten. Für Verträge oder notarielle Schriftstücke musste man Stempelgebühren, für Wertpapiere eine Kapitalsteuer bezahlen, und wer Dienstboten beschäftigte oder Luxusgüter erwarb, musste mit einer Art »Reichensteuer« rechnen. Die Preise, vor allem für Lebensmittel, stiegen dennoch ständig, was die Bevölkerung verständlicherweise beunruhigte. Als 1805 ein Bäcker zu kleines Brot verkaufte, kam es zu Tumulten, sodass schließlich Militär eingesetzt wurde. Der »Bäckerrummel« war aber eine Ausnahme, zu größeren Aufständen kam es ansonsten nicht – wohl dank der sprichwörtlichen »Wiener Gemütlichkeit«.

Die französischen Belagerungen hatten das Budget enorm belastet. Österreich hatte 85 Millionen Gulden an »Kontributionszahlungen« an Frankreich zu leisten, und zwar in Silber. Also mussten die Wiener ihr Silber an den Staat abliefern – vom privaten Silberbesteck bis hin zu den liturgischen Gegenständen der Kirchen. Auch der Großteil des Silber- und Goldgeschirrs des kaiserlichen Hofes wurde eingeschmolzen. Ähnlich hoch bezifferten sich die Schäden, die die Franzosen durch ihre Plünderungen und Zerstörungen sowie durch ihren Aufenthalt verursacht hatten: Die Wiener hatten nicht nur sich selbst, sondern dazu noch rund 80 000 französische Soldaten und viele Verwundete zu versorgen, somit in ihren eigenen Wohnungen einzuquartieren und zu verköstigen. Dazu kamen 10 000 Pferde. Die Verpflegung reichte bald nicht mehr für Mensch und Tier, denn von außerhalb wurden keine Lebensmittel mehr in die besetzte Stadt geliefert. Napoleon beanspruchte außerdem die Einnahmen aus dem Salz- und Tabakmonopol für sich, sodass die Stadt weitere Einkünfte verlor. Unbewiesenen Gerüchten zufolge produzierten die Franzosen sogar gefälschte Bancozettel und brachten sie in Österreich in Umlauf.

Stagnierende Wirtschaft, galoppierende Inflation, ständig steigende Lebensmittel- und Wohnungspreise, sinkende Kaufkraft, wachsende Armut – das Karussell drehte sich immer schneller, bis Österreich 1811 den Staatsbankrott erklären musste. Die Bancozettel wurden im Wert drastisch herabgesetzt, sie konnten im Verhältnis 1:5 in »Einlösungsscheine« umgetauscht werden, »Wiener Währung« genannt, von der reichlich Fälschungen auftauchten – um das ohnehin vorhandene Misstrauen der Bevölkerung in die neue Währung nicht noch zu verstärken, wurden sie akzeptiert. Die Abwertung nützte gar nichts, da man die Bancozettel nicht ihrem wahren Wert entsprechend im Verhältnis 1:12 umtauschte.

Es gab jedoch bei der Krise auch Gewinner: Spekulation mit Wohnungen und Grundbesitz führte in Verbindung mit der hohen Inflation zu ständig steigenden Mietpreisen. 1810 kam es zu Erhöhungen von bis zu 100 Prozent. Diejenigen, die durch Spekulation zu großem Reichtum gekommen waren, gaben das Geld mit beiden Händen wieder aus, kauften Häuser, Möbel, teure Kleidung und Schmuck.

Der Kongress belebte die Wirtschaft nur vorübergehend, denn er verschlang horrende Summen. Er konnte angesichts der anspannten finanziellen Lage nur mithilfe der Familie Rothschild finanziert werden, die zinsenfreie Kredite herbeischaffte, wofür sie 1815 geadelt wurde. 1816 kam es erneut zu einem völligen Einbruch der Finanzen. Eine nachhaltige Lösung der Probleme wurde erst durch die Gründung der Nationalbank 1816 erreicht.

Das Kulturleben

Trotz der wirtschaftlichen Probleme gaben sich die Wiener ungehemmt dem Vergnügen hin. Glücklich ist, wer vergisst, was doch nicht zu ändern ist! Teure Restaurants und billige Beiseln, Tanzsäle, Kaffeehäuser, Heurige und Praterattraktionen konnten nicht über einen Mangel an Besuchern klagen. Zahlreiche Theater wurden gegründet, wie 1801 das Theater an der Wien. Das Interesse des Publikums an unterhaltsamen Komödien war so groß, dass in vielen Theatern bis zu drei Stücke pro Tag aufgeführt wurden. 1806 gab der Wiener Journalist Adolf Bäuerle (1786–1859) eine »Theaterzeitung« heraus, in der mehrmals wöchentlich zwar selten Kritiken, dafür aber umso mehr amüsante Anekdoten rund ums Theaterleben zu lesen waren. Hübsche, bunte Szenenbilder karikierten auf humorvolle Weise so manche Aufführung und deren Darsteller.

Besonders beliebt waren die am 10. Jänner 1808 vom Mechaniker Sigmund Wolfssohn (1767–1852) eröffneten Apollosäle (heute Apollogasse). Hier standen den vergnügungssüchtigen Wienern fünf prachtvoll ausgestattete Tanzsäle zur Verfügung, die durch ihre feenhafte und prunkvolle Ausstattung großes Aufsehen erregten. Ein Wald von Sträuchern und Bäumen zwischen Grotten, Wasserfällen und Springbrunnen überraschte selbst in der rauen Winterzeit die Gäste mit frischen Blättern und duftenden Blüten. Kristallluster, Lampions und schön drapierte Spiegelwände sorgten für einen eigentümlichen Zauber, zu dem sogar lebende Schwäne beitrugen. Das Etablissement bot Platz für rund 8000 Menschen.

Klingendes, tanzendes Wien

Wien galt bereits vor dem Kongress als musikalisches Zentrum Europas. Kapellmeister Louis Spohr schrieb 1813: *»Wien war damals unbestritten die Hauptstadt der musikalischen Welt. Die beiden größten Komponisten und Reformatoren des Kunstgeschmacks, Haydn und Mozart, hatten dort gelebt und ihre Meisterwerke geschaffen. Noch lebte die Generation, die sie hatte entstehen sehen und an ihnen ihren Kunstgeschmack herangebildet hatte. Der würdige Nachfolger dieser Kunstheroen, Beethoven, lebte noch daselbst und befand sich eben im Glanzpunkte seines Ruhmes und der Kraft seines Schaffens. In Wien wurde daher bei Kunstleistungen stets der höchste Maßstab angelegt, und dort gefallen, hieß sich als Meister bewähren.«*

Es war tatsächlich Ludwig van Beethoven (1770–1827), der das Wiener Musikleben dominierte. Trotz seiner nicht besonders guten Manieren und seiner oft schroffen Art wurde er in adeligen Kreisen akzeptiert und verdiente sehr gut. Auch die Zeit eines anderen großen Musikers, der erheblich jünger war als Beethoven, war bereits angebrochen: Der erst 17-jährige Franz Schubert (1797–1828) brachte im September 1814 seine Messe Nr. 1 F-Dur erfolgreich öffentlich zur Aufführung. Sein Lehrer Antonio Salieri (1750–1825), der Kapellmeister der kaiserlichen Hofkapelle, war begeistert. Es ist seinem Einfluss zu verdanken, dass die Messe kurze Zeit später in der Augustinerkirche ebenfalls mit großem Anklang aufgeführt wurde.

Musikalische Dilettanten

Etliche Mitglieder des Kaiserhauses waren selbst großartige Musiker und sogar Komponisten, und der Adel eiferte ihnen nach. Zum Unterschied von Berufsmusikern nannten sie sich Dilettanten (von »dilettare«: »entzücken«). Dies war keineswegs abwertend gemeint und sagte nichts über ihr Können aus. Sogar Kaiser Franz spielte begeistert die erste Geige bei Streichquartetten, offenbar aber nicht immer zur Freude des Publikums: Es bezeichnete sein Spiel als *»hölzernes Gelächter«*.

In den Salons des Hochadels fanden qualitätsvolle Konzerte und sogar Uraufführungen statt. Die adeligen Mäzene machten sich besonders um die Kammermusik verdient, die bald Eingang in die bürgerlichen Haushalte fand. Die Hausmusik erfreute sich allgemeiner Beliebtheit. Dienstboten hatten bessere Chancen auf eine Anstellung, wenn sie über musikalische Fähigkeiten oder zumindest eine gute Singstimme verfügten.

1812 wurde die Gesellschaft der Musikfreunde zum Zweck der »Emporbringung der Musik in all ihren Zweigen« gegründet. Sie veranstaltete Konzerte, gründete ein Konservatorium und ein Archiv, das heute eine der wichtigsten Musiksammlungen der Welt darstellt.

Musik fand aber nicht nur in den neu entstehenden Konzertsälen für die oberen Schichten statt, sondern überall. In den vielen Gasthäusern, den großen Etablissements und beim Heurigen in den Vorstädten wurde eifrig musiziert. In den Sperlsälen in der Leopoldstadt wurde erstmals Walzer getanzt. Er galt zu Beginn als unzüchtig, weil die Tanzpartner einander körperlich sehr nahe kommen. Dennoch setzte er sich durch, und sogar bei Hofe löste er bald das damals übliche, steife Menuett ab und riss die Tänzer schon beim Kongress zu Begeisterungsstürmen hin.

Noch eine Einrichtung erfreute sich in Wien großer Beliebtheit: das Kaffeehaus. Da gab es Billard- und Kartentische, Zeitungen lagen auf, und häufig wurde man musikalisch unterhalten – die »Konzertcafés« wurden regelrecht gestürmt. Während der Napoleonischen Kriege war man von Kaffeelieferungen fast gänzlich abgeschnitten und auf Ersatzkaffee angewiesen gewesen. Um dem drohenden Ruin zu entgehen, wurden daher von den Kaffeesiedern auch andere Getränke sowie warme Speisen angeboten – die Geburt des typischen Wiener Kaffeerestaurants. Ab 1813 gab es wieder echten Kaffee.

Die Vorbereitungen

Die Planung der Verhandlungen

Die Vorbereitungen für den Kongress waren umfangreich und umfassten nicht nur die zu verhandelnden Agenden, sondern auch die Organisation der benötigten Räumlichkeiten, die Bestellung der nötigen Beamten sowie die Vorbereitung der entsprechenden Infrastruktur.

Die inhaltliche Vorbereitung stellte den wichtigsten Punkt dar. An »Negoziationsgegenständen« mangelte es dem Kongress wahrlich nicht, wie eine von Friedrich Gentz angelegte Liste zeigt, auf der die offenen Fragen der Reihe nach und fortlaufend mit den Buchstaben des Alphabets bezeichnet sind.

In der Staatskanzlei, die bereits unter Kaiser Karl VI. (1685–1740) erbaut worden war, lagen nicht nur Büros und Konferenzräume, sondern auch die Wohnung Metternichs und seiner Familie. Da somit für die vielen Beamten nicht ausreichend Platz war, ließ ihnen Metternich zusätzliche Räume in der Hofburg zuteilen. Für die Verhandlungen der vier Großmächte (Österreich, Russland, Preußen und Großbritannien, später unter Einbeziehung Frankreichs) war der Verhandlungssaal in der Staatskanzlei vorgesehen.

Um diesen Saal ranken sich einige Mythen. So wird erzählt, es habe für die fünf Monarchen von Österreich, Preußen, Frankreich, Russland und Großbritannien je eine eigene Türe gegeben, damit sie den Saal dem Zeremoniell entsprechend gleichzeitig betreten konnten, um die Wiener Kongressakte zu unterzeichnen. Das stimmt jedoch nicht, denn die Könige von Frankreich und Großbritannien waren gar nicht in Wien, und

Die Staatskanzlei (heute: Bundeskanzleramt).

außerdem wurden die Kongressakte nur von den Delegierten und nicht von Monarchen signiert.

Der Saal hatte aber tatsächlich eine Besonderheit: Darüber war von jeher ein Entlüftungsraum, da die Kristallluster mit Kerzen bestückt waren. Metternich schickte Stenografen nach oben, um über die Beratungen am Laufenden zu sein.

Den Planern des Kongresses wurde durch dessen Verschiebung auf Oktober 1814 zumindest etwas mehr Zeit für die Vorbereitungen verschafft. Wie sich bereits bei Vorbesprechungen in London im Juni dieses Jahres abgezeichnet und Metternich am 23. Juni Kaiser Franz brieflich mitgeteilt hatte, war der britische Delegationsleiter Lord Castlereagh (1769–1822) im August vom Londoner Parlament noch nicht abkömmlich. Die britische Kronprinzessin Charlotte Augusta (1796–1817) hatte sich 1813 mit Wilhelm von Nassau-Oranien (1792–1849), dem souveränen Fürsten der Niederlande, verlobt, sich aber später in Prinz Leopold von Sachsen-Coburg (1790–1865) verliebt, der zum Gefolge des Zaren gehörte und von ihrer Freundin, der Zarenschwester Katharina, als Bewerber favorisiert wurde. Der Bruch der Heiratsabmachungen war keine Privatangelegenheit: Das englische Parlament musste bereits geschlossene, staatsrechtliche Vereinbarungen lösen.

Die Geheimpolizei und ihre Konfidenten

Metternich verlangte, die wichtigsten Gäste mehr oder weniger lückenlos zu überwachen, und das wollte vorbereitet sein. Der polizeiliche Geheimdienst mit Sitz in einem Seitenflügel der Stallburg wurde ausgebaut und erreichte eine Dichte wie nie zuvor oder danach.

Wir verdanken die vielen Informationen über den Wiener Kongress neben den erhaltenen Tagebüchern einiger Teilnehmer zu einem großen Teil den »Konfidenten« oder »Naderern«, wie sie vom Volk genannt wurden. Der Präsident der Polizei-Hofstelle, Baron Franz Hager von Allentsteig (1750–1816)[3], erhielt täglich von seinen Agenten Berichte darüber, wer was gesagt oder getan hatte, selbst das unauffälligste Kommen und Gehen der Souveräne, ihrer Familien, der Delegierten und des Adels wurde registriert. Außerdem wurde ihm täglich Nachricht über jeglichen Schriftverkehr überbracht.

Die Arbeit des Geheimdienstes erfolgte in derselben Art und Weise wie schon unter Kaiser Joseph II. und dessen Polizeiminister Johann Anton von Pergen (1725–1814), nur in größerem Umfang: Hatte Joseph noch mit 10 000 Gulden jährlich sein Auslangen für den Geheimdienst gefunden, so verbrauchte Hager für diesen Zweck in den Jahren 1814 und 1815 50 000 Gulden.

Bereits in einer kaiserlichen Resolution von 1807 finden sich folgende Überlegungen und Anordnungen: »*Da es jetzt mehr als jemals darum zu tun ist, die Handlungen, Verbindungen der an meinem Hoflager aufgestellten*

Gesandten genau zu beobachten, so müssen zur Erreichung dieser wichtigen Zwecke notwendig ausgiebigere Mittel als bisher angewendet werden. Es ist die Gewinnung mehrerer in Häusern der Gesandten angestellter Individuen nicht länger zu verschieben, sondern diese wichtige Quelle unentbehrlicher Nachrichten so schnell und so ergiebig als möglich zu eröffnen. Bei der Korrespondenz, von welcher mittels des Geheimen Kabinetts Einsicht genommen wird, kommt es hauptsächlich darauf an, die geheimen Wege zu kennen, auf welchen diese Korrespondenz eingeleitet wird.«

Baron Hager, der Einsatzleiter der Konfidenten.

Ganz genau so verfuhr man während des Kongresses. Am 1. Juli 1814 richtete Hager an den Polizei-Oberdirektor Franz Martin von Siber (1751–1836) folgendes Schreiben: »Die bevorstehende Ankunft der fremden Souveräne erheischt vervielfachte Aufsichtsanstalten, wodurch man täglich zur Kenntnis alles dessen, was ihre allerhöchsten Personen und ihre nächsten Umgebungen betrifft, aller jener Individuen, die sich ihnen zu nähern suchen, und der Pläne und Unternehmungen, die an diese hohe Gegenwart sich reihen dürften, auf eine möglichst umfassende Weise gelangen könnte.« Selbst der Leiter des Judenamtes, Philipp Viktor La Roze (Laroze), wurde von Hager aufgefordert, seinen Einfluss auf die israelitischen Häuser geltend zu machen: »Die Chefs oder die durch bessere Bildung sich auszeichnenden Söhne derselben sind besonders geeignet, solche Notizen abzufassen, welche die Staatspolizei interessieren.«

Die Postlogen, »schwarze Kabinette« genannt, die Geheime Ziffernkanzlei und das Ziffernkabinett der Staatskanzlei bekamen gewaltige Arbeit. Vor der Öffnung der Briefe schützte nicht einmal die Zugehörigkeit zum Kaiserhaus, selbst die Briefe der Kaiserin, der Brüder des Kaisers und der Gemahlin Napoleons wurden geöffnet, ebenso die Korrespondenz des

Zaren und des Papstes, ganz zu schweigen von derjenigen der weniger hochgestellten Persönlichkeiten. Man ließ belauschen und bespitzeln, Briefe kopieren (die Abschriften hießen Interzepte) und danach weitersenden, Papierkörbe durchwühlen und selbst Aschenreste aus den Kaminen kehren. Diese kostbaren, vor der Vernichtung geretteten Dokumente nannte man »Chiffons«. Alles zusammen wurde zuerst von Baron Hagers verlässlichen Mitarbeitern, dann von ihm selbst gelesen und in einer Endauswahl dem Kaiser vorgelegt. Da Kaiser Franz sich besonders für die geheimen Liebesdinge der hochgestellten Personen interessierte, mussten diese ebenfalls ausgeforscht werden. Für die Hofstelle arbeiteten Konfidenten aus höheren Kreisen, die von ihr selbst angeworben worden waren und die mit der Polizei-Oberdirektion keine Verbindung hatten. In deren Sold standen nur die niederen Konfidenten, Diener, Lakaien, Kutscher und Kammerzofen, die ihre Beobachtungen und Berichte nur mündlich erstatteten.

Die Namen mancher Konfidenten sind bis heute nicht bekannt. Einer der erfolgreichsten wurde in den Akten lediglich unter dem Kürzel ** geführt und von Hager mit »*Höchstdieselben*« angesprochen. Hinter dem Kürzel *C-i* verbarg sich der Dichter und »Salonagent« Giuseppe Carpani (1751–1825)[4]. Selbst unter den Angehörigen des Hochadels gab es Spitzel, die »*Vertraute höheren Standes, die keine Quittung ausstellten, um nicht ihre Namen nennen zu müssen*«. Zu ihnen zählte ohne Zweifel Graf Benzel-Sternau, der Hager seine Dienste bereits im Juli 1814 angeboten hatte. Er stellte ihm bei seiner Bewerbung wegen »*seiner 22jährigen Vertraulichkeit mit den Bourbonen*« sowie seiner guten Kontakte zu anderen Königshäusern und Gesandtschaften besonders interessante Berichte in Aussicht, ein Versprechen, das er hielt und wofür er großzügig entlohnt wurde. Ein Redakteur der »Wiener Zeitung«, Konrad Bartsch, horchte den russischen Delegierten Johann von Anstett (1766–1835) aus, der bei ihm zur Untermiete wohnte. Dabei kam ihm zugute, dass Anstett im Oktober 1814 einige Tage lang ans Haus gefesselt war: Beim missglückten Versuch, seine Haare schwarz zu färben, waren diese feuerrot geworden, was ihm das Erscheinen in der Öffentlichkeit vorübergehend unmöglich machte. Anstett erwies sich als erstaunlich gesprächig und plauderte selbst persönliche Details über den Zaren aus.

Auch die Fremden verfügten über eigene Geheimdienste. Besonders die russischen Gesandten waren äußerst umtriebig und einfallsreich: Sie setzten sogar Dirnen ein, um den Angehörigen anderer Delegationen Geheimnisse zu entlocken. Das gegenseitige Ausspionieren, das Durchsuchen von Papierkörben und Öfen nach weggeworfenen und verbrannten Schriftstücken blieb jedoch nicht immer unbemerkt. Die Opfer wurden vorsichtig, jeder misstraute jedem, und vor allem misstraute man dem Fürsten Metternich.

Abgesehen davon hatte die Polizei alle Hände voll mit der Kleinkriminalität zu tun: Diebstähle waren nicht selten. Nicht erlaubt war es der Polizei, Amtshandlungen in Hofgebäuden, somit auch in der Hofburg, vorzunehmen, obwohl Polizeipräsident Hager für die Sicherheit der Gäste verantwortlich war. Er musste jederzeit mit der Möglichkeit rechnen, dass jemand ein Attentat auf ein gekröntes Haupt zu verüben versuchte oder ein eifersüchtiger Ehemann einen Diplomaten verprügelte, durfte die Räume der hohen Gäste aber nicht betreten. Für die Ordnung in den Hofgebäuden war nur das Obersthofmarschallamt zuständig.

Die Aufgaben der Obersthofämter

Während Metternichs Mitarbeiter Friedrich von Gentz und Johann Philipp von Wessenberg (1773–1858) sich auf dessen Geheiß mit den Verhandlungspunkten des Kongresses beschäftigten, musste Obersthofmeister Fürst Ferdinand von Trauttmansdorff (1749–1827) bereits Wochen vor Kongressbeginn für die Logistik sorgen. Er überwachte als Träger des obersten der vier Hofämter alle administrativen, finanziellen

und personellen Angelegenheiten des Hofes. Ihm direkt
unterstellt war Oberstjäger-
meister Johann Ferdinand Graf
zu Hardegg-Glatz (1773–1818),
der mit der Organisation der
vielen geplanten Hofjagden alle
Hände voll zu tun hatte.

An zweiter Stelle in der
Rangordnung der vier Hofämter
stand Oberstkämmerer Rudolf
Graf Wrbna-Freudenthal (1761–
1823). Er war nicht nur für die
kaiserlichen Kunstsammlungen
verantwortlich, sondern hatte
darüber zu bestimmen, wem der

**Verantwortlich für die Logistik: Obersthof-
meister Fürst Trauttmansdorff.**

Zutritt zu Hof gewährt wurde, und wem nicht. Da dies von den adeligen
Ahnen der jeweiligen Person abhing, betrieb sein Mitarbeiterstab akribi-
sche Ahnenforschung.

Johann Josef Maria Graf von Wilczek (1738–1819) bekleidete das Amt
des Obersthofmarschalls, er kümmerte sich um alle rechtlichen Angelegenheiten des Hofes. Der Sohn des Obersthofmeisters, Johann Joseph
Robert Trauttmansdorff (1780–1834), übte das Amt des Oberststallmeis-
ters aus und war für die Stallungen, das Gestüt und die Kutschen zuständig.
Die Vorbereitungen gestalteten sich für keinen von ihnen einfach.

Die Festlegung der Rangordnung

Die Planung der gesellschaftlichen Regeln und Rangordnungen verur-
sachte einige Aufregung, denn wann hatte man schon eine derart hohe
Anzahl von regierenden Monarchen gleichzeitig in einer Stadt gesehen? Es

musste festgelegt werden, wie und wann Einladungen zu erfolgen hatten, wer wem gegenüber den Vortritt hatte, wer welcher Dame, vor allem den Monarchinnen, den Arm zu reichen hatte, und vieles mehr. Schließlich fand man eine einfache Lösung, wie die »Lemberger Zeitung« am 24. Oktober 1814 berichtete: »*Bey allen Fahrten und sonstigen Zusammenkünften beachten die Monarchen keineswegs jene strenge Etikette, die so leicht den Frohsinn verbannt; sondern es ist unter ihnen angenommen, dass gewöhnlich der an Jahren ältere den Vortritt oder den Vorsitz übernimmt.*« Der Graf de la Garde (1783–1853)[5], eine nicht immer ganz zuverlässige Randfigur des Kongresses, schrieb diese Idee dem Zaren zu. Ihr zufolge gebührte dem König von Württemberg der Vorrang, ihm folgten der König von Bayern, der König von Dänemark, der Kaiser von Österreich, der König von Preußen und an letzter Stelle der Zar von Russland. Auch die Hoffähigkeit der Gäste und ihre Rangordnung bei Hof musste festgestellt werden.

Die Quartierbeschaffung

Die Unterbringung der erwarteten Kongressdelegationen stellte eine große Herausforderung dar. Der Obersthofmeister musste nicht nur darauf achten, das Protokoll einzuhalten und für die Sicherheit der Gäste zu sorgen, sondern darüber hinaus auf deren persönliche Freund- und Feindschaften Rücksicht nehmen, was schwierig genug war. Trauttmansdorff stimmte die Quartiere darüber hinaus mit Metternich ab, der den Einsatz seiner »Konfidenten« entsprechend planen wollte. Sogar der Kaiser selbst mischte sich ein, wie sein Schreiben vom 6. August 1814 zeigt: »*Auf die Bewohnung des an Meine Wohnung anstoßenden, dermal leer stehenden Appartements sowie auf die Räumung des geheimen Kabinets und der Audienzzimmer ist jedoch nur dann, wenn es unumgänglich nothwendig seyn sollte, der Antrag zu machen.*« Besonders begeistert dürfte er über die Einquartierungen in seiner unmittelbaren Nähe also nicht gewesen sein, zumal er Änderungen generell nicht schätzte: Als Kaiser bewohnte er noch

Die Hofburg, vom Michaelerplatz aus gesehen (rechts das alte Burgtheater).

immer dieselben Räumlichkeiten wie als junger Erzherzog und verbat sich deren Umgestaltung. Lediglich Bücher und Kunstgegenstände durften die ursprüngliche Einrichtung ergänzen.

Als größtes Gebäude der Stadt war die Hofburg schon zu normalen Zeiten voller Menschen, über 1500 Personen wohnten ständig hier: der Kaiser mit seinen vielen Verwandten, die Hofleute und die Hofbediensteten mit ihren Familien. Sehr viel Raum blieb da nicht für Gäste, weshalb nur gekrönte Häupter mit ihrem persönlichen Gefolge hier untergebracht werden sollten. Die jüngeren Familienmitglieder des Kaisers wurden ausquartiert, um Platz zu schaffen, und wohnten für die Dauer des Kongresses in Schönbrunn. Auch der kaiserliche Schwager Anton von Sachsen, der in Vertretung seines gefangenen Bruders König Friedrich August I. angereist war, wurde mit seiner Gemahlin Erzherzogin Maria Theresia dort untergebracht. Für den Zaren und seine Gemahlin wurde der zweite Stock der Amalienburg bereitgestellt, das »Alexander-Appartement« kann noch heute besichtigt werden. Das darunter liegende Stockwerk wurde für den König von Württemberg reserviert. Das bayerische Königspaar und seine beiden Söhne wurden im Reichskanzleitrakt einquartiert, ebenso wie die beiden Schwestern des Zaren, Herzogin Maria von Weimar (1786–1859) und Herzogin Katharina von Oldenburg. Für den König von Dänemark waren Räumlichkeiten im Schweizerhof, und zwar auf der Seite der Bastionen, vorgesehen, die gegenüberliegenden auf der Stadt- beziehungsweise Burghofseite wurden dem König von Preußen zugewiesen.

Die weiteren Familienmitglieder der gekrönten Häupter konnte man beim besten Willen nicht mehr unterbringen, daher wurden für sie Quartiere in der Innenstadt organisiert. Manchen von ihnen mag das gar nicht so unrecht gewesen sein, denn sie ersparten sich damit das ständige Salutieren der Burgwachen, das ein unbemerktes Kommen und Gehen unmöglich machte. Der Prinz von Württemberg bekam ein Quartier in der Kärntner Straße zugewiesen, Prinz August von Preußen (1779–1843) auf der Freyung. Herzog Karl-August von Sachsen-Weimar (1757–1828) wurde weit weg von seiner Frau Luise (1757–1830), die in der Hofburg wohnte, beim Müllerischen Gebäude[6] am Roten Turm untergebracht, was angesichts des äußerst schlechten Verhältnisses der Eheleute zueinander sicher eine gute Lösung war. Für die Delegierten machte man Platz in Gasthäusern, privaten Palais und Bürgerhäusern, die fast alle innerhalb der Stadtmauern lagen oder zumindest an attraktiven Plätzen in den Vorstädten wie der Leopoldstadt, wo man das Quartier für den Herzog von Braunschweig in der Jägerzeile 457 (heutige Praterstraße) einrichtete.

Manchmal traf man daneben: Für die englische Delegation reservierte man ein Quartier am Petersplatz, das immerhin aus 14 Hotelzimmern bestand. Da Lord Castlereagh sich aber vom österreichischen Dienstpersonal ständig bespitzelt fühlte, übersiedelte er bald zum Minoritenplatz Nummer 51 (heute Nummer 5) in ein privates Quartier mit 22 Räumen. Sein Nachfolger Wellington wohnte später ebenfalls dort. Eine ganze Reihe Delegierter wurde im Gasthof »Römischer Kaiser« auf der Freyung einquartiert, bösen Zungen zufolge diejenigen, die man für weniger wichtig hielt. Wurde der deutsche Delegierte Wilhelm von Humboldt (1767–1835) also für unwichtig gehalten? Sein Delegationsleiter Karl August von

Hardenberg (1750–1822) wohnte jedenfalls am Graben.

Für die französische Delegation war das Palais Questenberg-Kaunitz in der Johannesgasse vorgesehen, die riesige russische Delegation musste man hingegen auf mehrere Häuser aufteilen: Nesselrode wohnte in der Himmelpfortgasse und einer der engsten Vertrauten des Zaren, Fürst Czartoryski, auf der Mölker Bastei, die anderen Mitglieder der Delegation in der Kärntner Straße, am Neuen Markt und in der Teinfaltstraße.

Der deutsche Delegierte Wilhelm von Humboldt.

Die Offiziere und die anderen hochrangigen Militärpersonen, die zum Hofdienst bei den verschiedenen Monarchen einberufen worden waren, brachte man in verschiedenen Privatquartieren und Gasthäusern unter. Dort tauchte nach dem Kongress die berechtigte Frage auf, wer für die Kosten aufzukommen hätte, denn das hatte man bei der Planung vergessen zu klären. Die Wirte waren, im Unterschied zu Privatpersonen, nicht verpflichtet, Quartiere für das Militär zu stellen. Den Offizieren konnte man aber selbstverständlich nicht zumuten, ihre Unterkünfte selbst zu bezahlen. Also mussten letztendlich die nötigen 39 400 Gulden vom Hof übernommen werden. Die Mannschaften wohnten zum größten Teil in den Kasernen, zum Beispiel in der Alser Kaserne. Sie befand sich ungefähr dort, wo heute die Oesterreichische Nationalbank steht, und bot Platz für rund 6000 Soldaten. Etliche Soldaten wurden jedoch privat in den Vororten einquartiert, außerdem wurden Garnisonslager angelegt, deren größtes auf der Simmeringer Heide war.

Das Vergnügungsprogramm

Das von den Hofämtern zu erstellende Vergnügungsprogramm musste die Interessen aller Souveräne berücksichtigen: Der König von Dänemark interessierte sich für Kunst und soziale Einrichtungen, der tanzwütige Zar und sein Bruder, Großfürst Konstantin (1779–1831), hegten eine Vorliebe für das Militär, und der König von Württemberg liebte die Jagd. Die Gastgeber wollten ihre Gäste möglichst beeindrucken, daher wählte man beispielhafte Institutionen, Sammlungen, Manufakturen und karitative Einrichtungen zur Besichtigung aus.

Die Planung der Jagden und der Feste

Selbstverständlich vergaß man bei der Planung nicht auf die Jagden, schon allein wegen des schießwütigen Königs von Württemberg. Jagdgebiete rund um Wien gab es genug: die kaiserlichen Jagdreviere Augarten und Prater, Schönbrunn und vor Lainz waren äußerst wildreich. Auch die großen Veranstaltungen mussten im Voraus genau geplant werden, die Bälle und Redouten, die Carroussels (Reiterspiele) oder die Schlittenfahrten. Besonders die Planung Letzterer zeigte die weise Voraussicht des Obersthofmeisteramts, denn ursprünglich hatte man nicht mit einer so langen Dauer des Kongresses gerechnet.

Die Besichtigungsliste

Die von der Geheimratskonferenz am 20. September 1814 erstellte »*Liste der den fremden hohen Gästen zur Besichtigung vorgeschlagenen Sehenswürdigkeiten Wiens und seiner Umgebung*« verzeichnet 55 verschiedene Objekte, darunter militärische und auffallend viele karitative Einrichtungen.

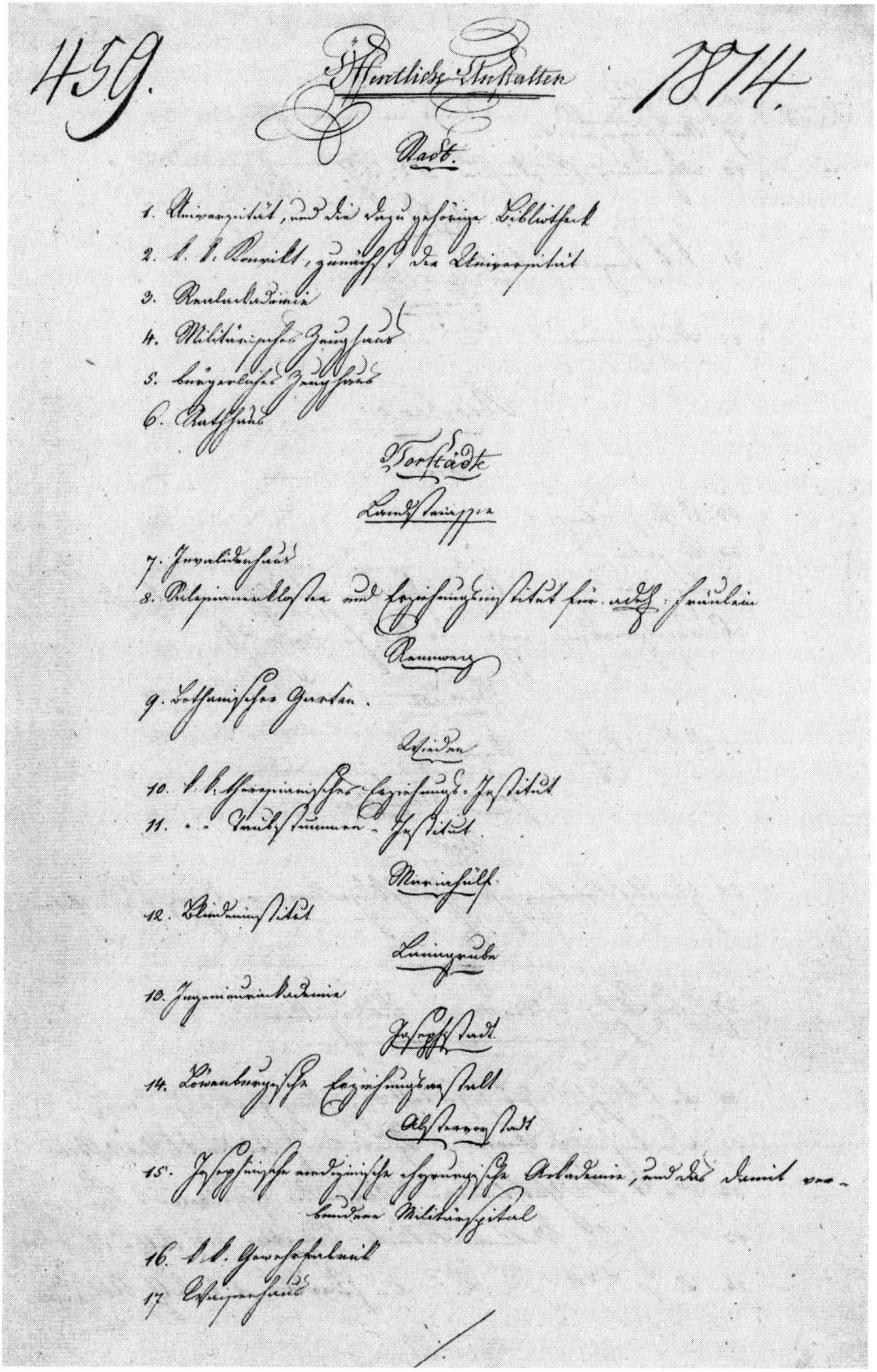

459. 1814.

1. ...
2. ...
3. ...
4. ...
5. ...
6. ...

7. ...
8. ...

9. ...

10. ...
11. ...

12. ...

13. ...

14. ...

15. ...

16. ...
17. ...

Die von der Geheimratskonferenz erstellte »Liste der den fremden hohen Gästen zur Besichtigung vorgeschlagenen Sehenswürdigkeiten Wiens und seiner Umgebung«.

Zur Unterhaltung der Gäste sollten vor allem die *Theater* beitragen, von denen das Hoftheater und das Theater an der Wien die wichtigsten waren. Ihnen wurde ein »*Verzeichnis derjenigen Trauer-, Schau- und Lustspiele, welche vermöge ihres anerkannten Werths sowohl, als der besseren Besetzung der Rollen während der Anwesenheit der allerhöchsten fremden Souterrains zur Darstellung geeignet sein würden*« überreicht, das Obersthofmeisteramt kaufte ausreichend Karten für die Souveräne und ihre Begleitung. Selbst kleinere Theater stellten sich auf das große Ereignis ein, an dem sie zu verdienen hofften. Das Optisch-Mechanische Theater in der Jägerzeile (heute Praterstraße) stellte aus beweglichen Figuren Szenen mit aktuellem Bezug auf, wie die Völkerschlacht von Leipzig oder den Brand von Moskau. Christoph de Bach renovierte seinen Zirkus im Prater, um laut dem Bericht des in Hofdiensten stehenden Rechnungsbeamten Matthias Perth (1788–1856)[7] diesen für die »*bevorstehende Ankunft der Monarchen und der übrigen Personen im erneuerten, glänzenden Geschmacke*« präsentieren zu können.

Von den Kunstschätzen standen die Sammlungen des Kaiserhauses mit ihren bedeutenden Werken von Rubens, Dürer oder Tizian im Vordergrund. Sie befanden sich damals im Oberen Belvedere, das mit seinem grandiosen Blick über die Stadt schon selbst ein attraktives Ausflugsziel bildete. Im Unteren Belvedere war die kunstvolle Ambraser Sammlung mit der berühmten Saliera von Benvenuto Cellini (1500–1571) aufgestellt. Die k. k. Hofbibliothek (heute Nationalbibliothek) mit ihrem beeindruckenden barocken Prunksaal und den kostbaren Büchern, Handschriften und Musikalien stand ebenfalls auf der Liste, genau wie die Schatzkammer, das Naturalienkabinett und das Münz- und Antikenkabinett. Die Führungen für die hohen Herrschaften hatten die Direktoren der jeweiligen Einrichtungen persönlich zu übernehmen.

Sogar private Sammlungen wurden berücksichtigt, wie die Gräflich Lamberg'sche Gemäldegalerie in der Annagasse oder die Fürstlich Liechtenstein'sche Lithogalerie, eine Gemälde- und Kupferstichsammlung im Gartenpalais der Familie in der Rossau.

Außerhalb der Stadt stand Schloss Schönbrunn auf dem Programm. Die Orangerie wurde für die Veranstaltung von Festen entsprechend ausgestattet, und das Schönbrunner Schlosstheater bereitete sich auf Opern- und Ballettaufführungen vor. Der botanische Garten am Rennweg war ebenso angeführt wie das Stift Klosterneuburg mit seinen Schätzen und seinen erlesenen Weinen.

Von den zahlreichen Kirchen Wiens wurden erstaunlicherweise nur fünf ausgewählt: der Stephansdom, die Peterskirche, die Augustinerkirche, die Kapuzinerkirche und die Karlskirche.

Von den aufgenommenen Bildungseinrichtungen ist an erster Stelle die Universität zu nennen, die sich damals noch im alten Universitätsgebäude in der Innenstadt befand (heute Sitz der Akademie der Wissenschaften), sowie die dazugehörige Bibliothek und das k. k. Konvikt für arme Studierende, die kostenlos Unterricht sowie Kost und Logis erhielten. Nicht fehlen durfte das Theresianische Erziehungsinstitut, die ehemalige Favorita. Die dort ebenfalls untergebrachte Orientalische Akademie der morgenländischen Sprachen diente der Ausbildung künftiger Diplomaten und Dolmetscher. Ferner waren die Löwenburg'sche Erziehungsanstalt in der Piaristengasse, die k.k. Erziehungsanstalt für Offizierstöchter in Hernals und das k.k. Civil-Mädchenpensionat in der Alserstadt als mögliche Ausflugsziele vorgesehen.

Die Besichtigung zweier Manufakturen, der Spitzenmanufaktur in der Weihburggasse und der Porzellanfabrik in der Rossau, war möglicherweise als Damenprogramm vorgesehen, sollte aber sogar bei männlichen Kongressbesuchern auf Interesse stoßen. Die russische Zarin Elisabeth und der dänische König besuchten die Hauptmünzanstalt, die sich damals im ehemaligen Winterpalais des Prinzen Eugen in der Himmelpfortgasse befand. Auch das Versatzamt in der Dorotheergasse (heute Dorotheum), von den Wienern »Pfandl« genannt, stand zur Auswahl, genau wie die k. k. Gewehrfabrik (heute Währinger Straße 11–13). Interessanterweise war man sogar bereit, den hohen Gästen das Gefängnis für »böse Schuldner und Bankerottmacher« am Hohen Markt und die Hauptmaut am Dominikanerplatz zu zeigen.

Im Militärischen Zeughaus am Rennweg lagerten rund 150 000 Gewehre, ferner konnte man zahlreiche kostbare und seltene Rüstungen genauso bewundern wie eine eiserne Kette aus 8000 Gliedern, mit der die Osmanen 1529 die Donau bei Budapest hatten absperren wollen. Im Bürgerlichen Zeughaus am Hof konnte man 5500 Feuerwaffen, 7000 Stangengewehre, 2000 Schwerter und andere Stich- und Hiebwaffen sowie 1000 Harnische und 700 Helme und Pickelhauben besichtigen. Das waren genug Waffen für eine Bürgerwehr von mehr als 20 000 Mann.

Außer den Kasernen waren militärische Institute auf der Liste zu finden, so die 1785 gegründete k. k. Medizinisch-chirurgische Akademie und das damit verbundene Militärspital in der Währinger Straße (heute Josephinum). Die angehenden Militärärzte wurden hier in Medizin, Chirurgie, Geburtshilfe sowie Augenheilkunde unterrichtet und mussten danach eine lange Dienstzeit von bis zu 14 Jahren absolvieren. An der 1735 gegründeten k. k. Ingenieursakademie auf der Laimgrube wurden rund 300 junge Männer zu »militärischen Ingenieur-Wissenschaftern« ausge-bildet, um danach in Regimentern wirken zu können. Eine besondere Attraktion war die Militärschwimmanstalt und -schule beim Prater, wo die Soldaten in den Sommermonaten regelmäßig schwammen. Die Schule stand gegen Entgelt auch Zivilisten zur Verfügung, Zuschauer mussten Eintritt bezahlen. »Frauenzimmer« durften nur an Sonn- und Feiertagen – zusehen. Weitere Besichtigungspunkte waren die Militärakademie in Wiener Neustadt und die Kaserne in Stockerau mit der k. k. Monturs-Ökonomie-Kommission, die für die Beschaffung und Verwaltung von Heeresgut verantwortlich war.

Von den karitativen Einrichtungen ist vor allem das Allgemeine Kran-kenhaus zu nennen, das mit seiner Gründung durch Kaiser Joseph II. sogar über ein eigenes Gebäude für geisteskranke Menschen verfügte, den Narrenturm – ein Novum für die damalige Zeit. Unweit davon befanden sich das Waisenhaus und das Findelhaus der Stadt. Weiters waren das Inva-lidenhaus auf der Landstraße, dem Zar Alexander 1000 Gulden spendete, und die Rekonvaleszenzanstalt der Barmherzigen Brüder in der Leopoldstadt auf der Liste angeführt, wo jährlich rund 3000 Kranke unentgeltlich behandelt wurden, darunter arme Handwerksburschen auf der Walz »*ohne Unterschied der Nation und Religion*«. Besonderheiten stellten auch das Taubstummeninstitut auf der Wieden und das Blindeninstitut in Mariahilf dar.

Während des Kongresses wurden einige Wohltätigkeitsveranstaltungen zugunsten bestimmter Institutionen abgehalten, so zum Beisspiel für das Invalidenhaus und das medizinische Witweninstitut.

Das Militär

Während des Kongresses waren in Wien etliche Regimenter stationiert, deren Zahl ständig wechselte und für deren Unterbringung und Verpflegung ebenfalls gesorgt werden musste. Für das geplante Fest anlässlich des Jahrestages der Völkerschlacht von Leipzig standen 14 000 Soldaten bereit, die alle dort gekämpft hatten. Artillerie wurde ebenfalls benötigt, um die jeweils erforderlichen Salutschüsse beim Einzug der Monarchen und etlichen anderen Gelegenheiten abzufeuern.

Die Soldaten dienten also weder dem Schutz der hohen Gäste noch dem der Stadt. Sie waren Staffage, »lebendes Spielzeug«, damit die Kongressteilnehmer sich martialisch gebärden konnten. Denn in Österreich herrschte die Sitte, nicht nur jedem männlichen Habsburger ein Hausregiment zuzuteilen, sondern sogar Mitgliedern fremder Herrscherhäuser. Vor allem Großfürst Konstantin hatte Spaß daran, sein Kürassierregiment Nummer 8 (ehemals Friedrich Anton Fürst von Hohenzollern-Hechingen) regelmäßig in den weißen Uniformen mit den scharlachroten Ärmel- und Brustaufschlägen und den gelben Knöpfen aufmarschieren zu lassen. Auch für die anderen Regimentsinhaber wurden Paraden und Manöver geplant, so ein Artilleriemanöver in Simmering,

Übungen der Pontoniere (der militärischen Brückenbauer) in Klosterneuburg oder ein Manöver der österreichischen Spezialeinheiten bei Bruck an der Leitha.

Dem Zaren wurde während des Kongresses das Ungarische Infanterie-Regiment verliehen, das bis dahin unter dem Befehl von Johann Freiherr von Hiller gestanden hatte. Es war in Leipzig dabei gewesen und mit ihm gemeinsam mit dem Maria-Theresien-Orden ausgezeichnet worden. Die Uniform bestand aus einem weißen Rock mit kaisergelben Aufschlägen sowie gelben Knöpfen. Kaiserin Maria Ludovika (1787–1816) fertigte persönlich anlässlich der Regimentsverleihung eine Fahnenschleife als Geschenk für den Zaren an, auf der mit Silberfäden und Goldschnürchen gestickt die Worte »*Unauflöslicher Bund zwischen den Kaisern Alexander und Franz*« zu lesen waren.

Dem Kronprinzen Wilhelm von Württemberg (1781–1864) gehörte das Husarenregiment Nummer 6 (ehemals Ernst Graf Blankenstein), das bunt gekleidet war: schwarze Csakos, lichtblauer Rock und Hose, mit gelben Knöpfen. Der König von Preußen war Inhaber des Husarenregiments Nummer 10 (ehemals Joseph Freiherr Stipsics von Ternova), und der König von Bayern des Dragonerregiments Nummer 2 (ehemals Prinz Friedrich Karl Wilhelm Hohenlohe-Ingelfingen).

Österreichs Armee war berühmt für das umfangreiche Farbspektrum ihrer Uniformen, es gab allein zwölf verschiedene Rottöne. Kein Wunder, dass man in Wien respektlos vom »Farbenkastl« sprach, aber so konnte man die verschiedenen Regimenter wenigstens voneinander unterscheiden.

Auf dem Inneren Burghof waren täglich Platzkonzerte geplant, er blieb trotz der hohen Gäste allgemein zugänglich. Die Kapellen der diversen Regimenter sollten vor allem »türkische Musik« spielen, worunter man ziemlich laute Militärmusik nach dem Vorbild der Osmanen mit Trommeln, Becken und Tamburinen verstand.

66

Kostenrechnungen und Vorauszahlungen

Die Budgets, die für die einzelnen Veranstaltungen erstellt wurden, waren beachtlich: Die Hofbehörden errechneten die voraussichtlichen Kosten für Speisen und Getränke aus der Hofküche, der Hofzuckerbäckerei, dem kaiserlichen Weinkeller sowie für die Beleuchtung. Für drei Veranstaltungen, eine Redoute mit 10 000 Gästen, einen Bal paré mit 3500 bis 4000 Gästen und für ein großes Konzert mit 4000 Zuhörern, machten sie beispielsweise 119 290 Gulden aus.

Dazu kamen für die Dauer des Kongresses die erhöhten Personalkosten: Das vorhandene Personal hatte mehr Arbeit zu leisten, zusätzliches Personal musste aufgenommen werden. Dessen Kosten allein betrugen im Oktober 1814 rund 30 000 Gulden.

Rechtzeitig waren die Vorbestellungen bei den Hoflieferanten für die benötigten umfangreichen Warenlieferungen zu tätigen und gewaltige Vorauszahlungen zu leisten. So erhielt der Hofbäcker Eberl ab September 1814 6000 Gulden pro Monat für seine Lieferungen. Auch für Geschenke wurde eine hohe Summe vorgesehen. Die tatsächlichen Kosten lagen dann fast immer über den Voranschlägen, was irgendwie vertraut klingt.

Die Gastgeber

Die kaiserliche Familie

Der gute Kaiser Franz

Der gebürtige Florentiner Kaiser Franz I. hatte die Regierung bereits im Alter von 24 Jahren angetreten. Von seinem Vater, Leopold II. (1747–1792), hatte er charakterlich wenig geerbt, er ähnelte eher seiner etwas phlegmatischen, bourbonischen Mutter Maria Ludovica (1745–1792). »*Der Kaiser mit tausend Kapricen, die man auf den ersten Augenblick so leicht für Festigkeit nimmt, ausgerüstet mit einer Arbeitsamkeit sondergleichen, aber ohne Genie und Überblick, verliert sich immer in das Detail, setzt diesen seinen Willen mit aller Eigenheit und ohne Widerspruch zu dulden durch und glaubt dann, dass er regiert*«, befindet 1809 General Ludwig Knesebeck (1768–1848), der spätere Adjutant des preußischen Königs.

Von den Ideen der Französischen Revolution und der Hinrichtung seiner Tante Marie Antoinette zutiefst erschreckt, befürchtete Franz ein Übergreifen der Revolution auf Österreich. Daher kämpfte er mit großer Zähigkeit gegen Frankreich, aber auch gegen etwaige »Verschwörer« und Reformer in seinen eigenen Ländern, die er überall vermutete, selbst in der eigenen Familie. Seine Geheimpolizei hatte die Aufgabe, die »korrekte« Gesinnung aller seiner Untertanen zu überwachen.

Franz war zwar nicht genial, aber sehr belesen. Er legte neben einer Porträtsammlung eine Privatbibliothek für sich an, die spätere »Fideikommiss-Bibliothek«, die in erster Linie aus naturwissenschaftlichen und botanischen Werken, Klassikern, Reisebüchern und geografischen Werken bestand und heute Teil der Österreichischen Nationalbibliothek ist. Er

Kaiser Franz in seinem Arbeitszimmer, das heute noch existiert.

interessierte sich besonders für Botanik. Die von ihm angelegte Sammlung von Herbarien heimischer Pflanzen befindet sich im Naturhistorischen Museum.

Der Wiener Dichter und Hofrat Franz Grillparzer (1791–1872), der nicht auf bestem Fuß mit seinem Herrn stand, schrieb in seinen Tagebüchern über den Kaiser: »*In gewöhnlichen Zeiten fiel er in seine eigentliche Natur zurück, und die war nicht böse, nicht unklug, nicht gerade schwach, nicht niedrig – schon ›gemein‹ wäre zu hart: Sie war ordinär. Es war keine Elevation, keine Art Hoheit in ihm. Aus Mangel einer Vorstellung von der Würde der menschlichen Natur war er misstrauisch gegen jedermann und Angeberei sein Schoßkind und seine Vorliebe. Von Versprechen hielt er die als Privatmann gegebenen bis zum Fehlerhaften (wie ein Edelmann seine Spielschulden zahlt); als Fürst nahm er keinen Anstand, die förmlichsten zu brechen.*«

Der Schweizer Bankier und Delegierte Jean Gabriel Eynard (1775–1863)[8] schilderte Franz recht treffsicher: »*Der Kaiser von Österreich hat das denkbar schmächtigste Aussehen. Er sieht ganz gebrochen und alt aus; klein, dünn von Gestalt, mit rundem Rücken und einwärts gebogenen Knien. Sein Festkleid ist stets das gleiche: ein weißer Rock, rote Beinkleider und schwarze Stiefel; er zeigte sich während des Gesprächs sehr schüchtern und verlegen. Man kann unmöglich weniger einem Souverän und mehr einem Kleinbürger aus einer Provinzstadt gleichsehen als er. Dieser Herrscher wird von seinem Volk und dem ganzen Hof sehr geliebt; überall vernimmt man sein Lob. Der Ausdruck seines Gesichts ist tatsächlich äußerst geistig, erscheint jedoch wenig geistreich.*«

Franz zeigte sich bei privaten Gelegenheiten recht gern im Frack. Er hatte für sich persönlich viel vom bürgerlichen Lebensstil übernommen, ohne aber die bürgerlichen Ideale zu teilen. Man sagte ihm einen gewissen Geiz nach, umso mehr müssen ihn die Kosten des Kongresses gestört haben. Die Aristokraten waren meist nicht von ihm eingenommen, das Volk aber liebte seine im Wiener Dialekt vorgetragenen, gutmütigen Scherze.

Von seinen Söhnen war ausgerechnet Kronprinz Ferdinand (1793–1875) nicht im Vollbesitz seiner geistigen Kräfte. Da aber weder Franz noch Metternich je daran dachten, ihn von der Thronfolge auszuschließen, hätte man wesentlich mehr Augenmerk auf seine sorgfältige Erziehung und Betreuung legen müssen.

Die göttliche Kaiserin

An der Seite des Kaisers stand eine bemerkenswerte Frau, Kaiserin Maria Ludovika Beatrix von Österreich-Este, allgemein Luise genannt, seine junge und schöne Kusine, eine entfernte Nachfahrin der Lucrezia Borgia und wie diese eine Förderin der Künste. Sie war allgemein beliebt, Goethe, Talleyrand und Grillparzer waren von ihr genauso angetan wie viele andere ihrer Zeitgenossen: »*Sie ist eine göttliche Frau – gerne möchte man für sie sein*

Leben hingeben. Sie hat die Gabe zu gefallen und sozusagen die Anmut einer Französin. Sie ist höchst angenehm, heiter und fröhlich, mit lebhaften Augen und rascher Rede, original in allem, was sie über die verschiedensten Dinge sagte; so war sie die prädestinierte Hausfrau einer unvergleichlichen Generalversammlung von Geistern und Schönheiten. Mit ihr lebte die volle Kaiserpracht der Hofburg, wie sie unter Karl VI. gestrahlt, in weltbewegenden Festen wieder auf. Die zarte Blondine schwebte gleich

Maria Ludovika, die von Goethe bewunderte Kaiserin.

einer Feenkönigin durch das Kongressgewühl und erfand sich einen eigenen Stil lebensfroher Majestät. Von den großen Festen abgesehen, fand in ihren >Kammern< auch manche intimere Vereinigung statt. Schon die Etikette brachte das mit sich, war doch selbst bei ihren großen Kammerbällen sogar das diplomatische Korps ausgeschlossen.«

Ihre Räume befanden sich im zweiten Stock des Leopoldinischen Traktes der Hofburg und waren schon einige Zeit vor dem Kongress mit erheblichem Kostenaufwand neu und glänzend im Empire-Stil eingerichtet worden. Es gab darüber hinaus ein chinesisches, ein orientalisches und ein ägyptisches Zimmer. Eine Beschreibung verdanken wir dem Weimarer Buchhändler Carl Bertuch (1777–1815)[9], der sich am 25. Jänner 1815 in *den Räumen der Kaiserin aufhielt:* »*Unter den übrigen [Zimmern] ein egyptisches gelbliches Maser und schwarz Ebenholz, die Isisfiguren als Caryatiden. Die Stühle angemessene Verzierungen. Chinesisches Zimmer, in der buntesten Farbenpracht, mit allen möglichen Sorten von chinesischem Porzellan und Lackierarbeit geziert. Ofen auch chinesisch. Zwei Kasten mit*

Bronzearbeit, durch Prinz Eugen erobert.« Das ägyptische Zimmer kann man noch heute im Hofmobiliendepot sehen.

Die temperamentvolle Kaiserin war weit mehr als eine Hausfrau oder Feenkönigin: Sie war eine Erzfeindin Napoleons, da sie mit ihrer Familie vor ihm aus der Lombardei hatte fliehen müssen. Ihre Familie, vor allem ihre verwitwete Mutter Maria Beatrice von Este (1750–1829), hatte großes Interesse an seinem Sturz, um das Erbe der Este zurückzubekommen. Sie gehörten am Wiener Hof zur Kriegspartei.

Als Napoleon 1809 Wien eroberte, floh die Kaiserin nach Ungarn und lebte monatelang in der kalten Burg von Ofen (Buda). Dadurch verschlechterte sich ihr Lungenleiden. Das Kaiserpaar hatte sich damals aufgrund der unterschiedlichen Charaktere und Ansichten bereits auseinandergelebt. Der österreichische Botschafter Fürst Louis Starhemberg notierte in seinen noch unveröffentlichten Memoiren: »*Geistvoll und anmutig, schüchterte ihre augenscheinliche Überlegenheit den Kaiser ein, dem ihre zarte Gesundheit keine häusliche Entschädigung bot. Obwohl er mit ihr gut auskam, glaube ich, dass sie ihm nur wenig konvenierte und er ihr bei ihrem Tode [1816] kaum nachtrauerte.*«

Man wusste in Wien genau Bescheid über Kaiser Franz' körperliche Bedürfnisse, die er bei einer Hofratstochter stillte.

Nach Wien zurückgekehrt, war die Kaiserin Metternichs Feindschaft ausgesetzt. Er fing sogar ihre Briefe ab, wovon sie keine Ahnung hatte. Dass sie sehr offen über ihre politischen Ansichten an Erzherzog Joseph (1776–1847) und über ihre ganz privaten Gefühle an ihre Freundin, die Gräfin Esterházy, schrieb und sogar erwähnte, dass die Liebe zu ihrem Gatten der Vergangenheit angehörte, kam dem Minister sehr gelegen. Er legte alles dem Kaiser vor. Dieser verdächtigte seine Frau daraufhin zwar nicht der Untreue, wohl aber der politischen Intrige. Metternich durfte weiter ungehindert in ihrer Korrespondenz schnüffeln und beim Kaiser gegen sie Stimmung machen.

Unterstützt von ihrer Hofdame Gräfin Josefa (Pepi) O'Donell, geborene Gaisruck (1781–1835), der Witwe des 1810 verstorbenen, ehemaligen

Finanzministers Franz Joseph O'Donell, leitete Kaiserin Luise alle Veranstaltungen mit unglaublicher Ausdauer. Maria Ludovika erfüllte ihre Repräsentationspflichten ohne Rücksicht auf ihre immer mehr versiegenden Kräfte, wie die Schwägerin des russischen Delegierten Rasumowsky, Gräfin Lulu von Thürheim (1788–1864)[10], bewegt schilderte: »… *Kaiserin Luise, die Fee all dieser Festlichkeiten, die sie wie mit Zauberschlag erschuf, an denen sie aber keine eigentliche Freude hatte, denn ihre schwache Konstitution machte ihr jede Teilnahme äußerst beschwerlich. Es kam öfters vor, dass sie mitten im geistreichsten Gespräch ohnmächtig niedersank und in ihre Gemächer getragen werden musste. Zart, sanft und liebenswürdig kämpfte sie mutig ihre körperliche Schwäche nieder. Doch waren es diese Leiden nicht allein, die ihre Gesundheit untergruben, sondern sie empfand auch schmerzlich die Ungnade, in die ihre ganze Familie gefallen war, die auffallende Kälte ihres Gemahles, dem sie nicht genügte, und die boshaften Verdächtigungen gewisser Hofschranzen über sie bei Kaiser Franz. Der Kummer und die Übermüdung, welche die Kaiserin während des Kongresses zu erdulden hatte, beschleunigten jedenfalls den vorzeitigen Tod dieser geistig hochstehenden und liebenswürdigen Prinzessin.*«

Die Brüder des Kaisers

Des Kaisers Brüder, vor allem die Erzherzöge Karl, Johann und Joseph, waren ihm geistig und körperlich überlegen, weshalb er ihnen gegenüber stets misstrauisch blieb. Er fürchtete, sie würden ihm seinen Thron streitig machen oder Teile seines Reiches abspalten. Metternich schürte dieses Misstrauen nach besten Kräften, um ihren politischen Einfluss auf seinen Herrn weitgehend auszuschalten.

Erzherzog Karl hatte bereits 1792 sehr erfolgreich die militärische Laufbahn eingeschlagen. 1809 kommandierte er als Generalissimus die österreichischen Angriffstruppen in Süddeutschland. Durch zwei Niederlagen wurde er gezwungen, an die Donau zurückzugehen, wo es ihm immerhin

Erzherzog Karl, der Sieger von Aspern, fiel bei seinem Bruder in Ungnade.

gelang, die siegreichen Franzosen beim Donauübergang in der Schlacht bei Aspern zurückzuschlagen. Kurz darauf unterlag er ihnen in der Schlacht bei Wagram. Daraufhin schloss er mit Napoleon eigenmächtig den Waffenstillstand von Znaim und wurde deshalb von seinem kaiserlichen Bruder am 23. Juli suspendiert. Nach der Niederlage Napoleons war er kurz als möglicher Herrscher von Elsass-Lothringen im Gespräch, wurde aber weder von Franz noch von Metternich unterstützt. Zur Kongresszeit lebte – wie ein Relikt aus besseren Zeiten – noch sein Adoptivvater, der kinderlose, verwitwete Herzog Albert von Sachsen-Teschen (1738–1822) in seinem Palais (heute Albertina) innerhalb des Großkomplexes der Hofburg. Die Franzosen hatten ihn und seine Gattin Marie Christine (1742–1798), eine Tochter Maria Theresias, aus Belgien vertrieben, und auch als Feldmarschall der Reichsarmee gegen die Franzosen hatte er wenig Glück gehabt. Er zählte zur kaiserlichen Familie, widmete sich nur mehr seinen Sammlungen und spielte am Kongress eine rein gesellschaftliche Rolle.

Erzherzog Johann war, obwohl friedliebend, ebenfalls von Jugend an gezwungenermaßen im Felde. Er stand in enger Verbindung mit Josef Hormayr (1782–1848), dem Anreger und Führer des Alpenbundes, dessen Ziel der Widerstand gegen Napoleon und die verhasste bayerische Herrschaft war. Im Einverständnis mit dem Erzherzog bereitete er 1809 den Tiroler Aufstand vor und übernahm neben Andreas Hofer dessen Leitung als Hofkommissär. Und ebenfalls mit Wissen Johanns arbeitete er 1813 an einem weiteren Aufstand in Tirol, obwohl Österreich zu der Zeit mit Napoleon verbündet war. Der Alpenbund wurde verraten, Hormayr auf Metternichs Veranlassung verhaftet und dem Erzherzog 20 Jahre lang das Betreten Tirols verboten.

»Prinz Hans« machte Metternich für seine Ausschaltung verantwortlich und hasste ihn sein Leben lang. Er lehnte eine Verbindung mit Zar Alexanders Schwester, der Großfürstin Anna, ab und heiratete schließlich morganatisch die Postmeisterstochter Anna Plochl (1804–1885).

Erzherzog Joseph stellte ein Bindeglied zum russischen Herrscherhaus dar, denn er hatte in erster Ehe 1799 eine andere von Alexanders Schwestern geheiratet, Großfürstin Alexandra, die schon 1811 starb. Seine Freundschaft mit Kaiserin Maria Ludovika wurde ihm von Metternich zu beider Nachteil ausgelegt. Er residierte als Palatin in Ungarn und gründete die ungarische Linie des Hauses Habsburg. Da er sich gegen Maßnahmen aus Wien wehrte, die nicht mit den ungarischen Gesetzen vereinbar waren, wurde ihm unterstellt, den ungarischen Thron anzustreben.

Erzherzog Ferdinand von Toskana (1769–1824) galt bei seinen Zeitgenossen als äußerst passiv und entschlussscheu. Erst nach der Völkerschlacht bei Leipzig löste er am 26. Oktober 1813 seine Verbindung mit Frankreich und schloss sich der alliierten Koalition an. Durch den bayerisch-österreichischen Staatsvertrag vom 3. Juni 1814 verlor er seine Besitzungen an Bayern und kehrte in das Großherzogtum Toskana zurück, das am 30. Mai 1814 im Pariser Friedensvertrag restituiert worden war.

Erzherzog Anton Viktor (1779–1835) war der letzte Kurfürst von Köln, übte das Amt aber nicht mehr aus. Im Jahr 1804 übernahm er die Position des Hochmeisters des Deutschen Ordens. Im Jahr 1805 versuchte er vergeblich, genau wie Metternich, Preußen zu einer Allianz mit Österreich zu bewegen. Von 1816 bis 1818 amtierte er als Vizekönig des lombardo-venetianischen Königreiches.

Erzherzog Rainer Joseph (1783–1853) wurde als Corpscommandant 1809 in der Schlacht von Abensberg von Napoleon geschlagen, worauf er seinen Abschied nahm. Im Winter 1815/16 reiste er gemeinsam mit seinem

Bruder Erzherzog Johann nach Frankreich und England, nach seiner Rückkehr erhielt er den Titel eines Generalartilleriedirektors. Er vertrat seinen kaiserlichen Bruder gelegentlich und wurde von ihm testamentarisch an die Spitze der Geheimen Staatskonferenz berufen, die während der Regierung Ferdinands I. von 1836 bis 1848 die Staatsgeschäfte führte. Von 1818 bis 1848 hatte er das Amt des Vizekönigs von Lombardo-Venetien inne.

Erzherzog Ludwig (1784–1864) unterstützte als Vertreter des Absolutismus die Politik des Staatskanzlers Metternich. Nach der Märzrevolution 1848 verließ er das politische Parkett und zog sich ins Privatleben zurück.

Erzherzog Rudolph (1788–1831) trat 1805 in den geistlichen Stand ein und wurde der wichtigste Förderer Ludwig van Beethovens. 1819 wurde er zum Kardinalerzbischof von Olmütz ernannt.

Randfigur Marie Louise

Es gab im Schloss Schönbrunn noch jemanden, der zur kaiserlichen Familie gehörte, zumindest einmal gehört hatte: die Kaiserin der Franzosen, Marie Louise. Ihre Lage war recht heikel, denn die Rechtmäßigkeit ihrer Ehe mit Napoleon wurde von vielen Seiten angezweifelt. Der Wunsch vieler Franzosen, sie als Regentin im Namen ihres Sohnes zurück auf den französischen Thron zu bringen, wurde von Kaiser Franz und Metternich nicht einmal ernstlich diskutiert. Metternich schätzte sie völlig richtig ein: Sie war eine sinnliche Frau ohne politische Fähigkeiten, Ehrgeiz und Tatkraft. Um ihre Gedanken an Napoleon zu unterbinden, versorgte er sie mit einem unwiderstehlichen Stallmeister, dem verwegenen einäugigen Grafen Adam Albert von Neipperg (1775–1829). Der machte sich bald unentbehrlich, begleitete Marie Louise auf ihren Exkursionen über Berge und Gletscher, musizierte mit ihr, war immer um sie und sorgte dafür, dass Napoleons Boten nicht zu ihr vordrangen. Das Volk von Wien sah in ihr nach wie vor ein Opfer, das ihm zumindest eine kurze Friedensperiode gesichert hatte.

Der »Eipeldauer« schilderte die Rückkehr der Kaiserin nach Wien: »*Gott! sei Lob und Dank, Hetzt ist den wahren Patrioten der letzte Stan vom Hiarzen g'fall'n, unsre verehrte Prinzessin vom Haus Österreich, die Kaiserin von Frankreich, die sich anno zehn mit so viel Standhaftigkeit fürs allgemeine Beste aufg'opfert hat, ist am 21sten Mai abends um halb siebene glücklich und frisch und g'sund in Schönbrunn eing'troffen,*

Da hat man schon von weiten auf der Penzinger Straßen 's Vivatg'brüll g'hört. Jetzt is auf einmal ein grasgrüner französischer Kurier beim großen Gattern hereing'sprengt, drauf is unser Herr Postmaster in aner roten Uniform und ein' Menge anderer Herren in Uniformen vor und hintern Wagen daherg'ritten, und da is hald der weibliche Schutzengel von Österreich dring'sessen, um ein'n Gedanken magerer (wie hald a so a Frau, die schon vier Jahr verheirat't is und schon ein'n Sprößling ihrer Lenden auf d' Welt g'bracht hat, doch etwas schmäler auszusehen pflegt), aber viel schöner noch, wann's mögli is, als vorher, 's G'sichterl wie Milch und Blut, frisch wie ein' Rosen, 's Figurl, als wann's vom Drachsler kummet, 's Füßerl, no das is hald schon per se 's erste Exemplar von ein'n weiblichen Füßerl in der Welt, und hald so frisch und g'sund und alles, daß mir vor Freuden die Augen übergangen seind und daß ich heimlich im Herzen meinem Gott g'dankt hab' für die Gnad', daß er a Frau, die sich mit der nämlichen Standhaftigkeit wie ihr glorreichster Herr Vater für's allgemeine Beste so aufg'opfert hat, in sein'n göttlichen Schutz g'nomen und zur Freud' von ganz Europa so bewahrt und erhalten hat ...

Im Wagen also ist unsere schön' österreichische Frau Kaiserin [Maria Ludovika] mit ihrer angebornen Freundlichkeit dag'sessen und hat der fremden Frau Kaiserin [Marie Louise] die rechte Hand g'geben, und da hab'n die Leut' die Hut in d' Höh' g'worfen und hab'n hald a Fifat ang'stimmt, daß man's wenigstens bis nach Penzing wo nicht goar bis Aderkling g'hört hat.«

Schon im Juni 1814 unternahm Marie Louise mit dem Grafen Neipperg eine Bäderreise nach Aix, ihren Sohn ließ sie in Wien zurück. Erzherzog Johann kritisierte ihr Verhalten in seinem Tagebuch heftig: »*Ich verstehe gar nicht, wie meine Nichte hier ihr Kind lassen und so weit in ein Bad gehen kann; wo ist Überlegung, wo Mutterliebe? O genug, genug. Und*

77

wie wir, wie es behalten? Wollen wir uns aussetzen, wenn ihm etwas wider-
fährt, den Verdacht einer Untat auf uns zu laden? Wer Teufel ratet so meinem
redlichen Kaiser?«

Die Ex-Kaiserin nahm nicht an den Festlichkeiten des Kongresses teil,
denn das wäre einem Skandal gleichgekommen. Sie wurde von den Gästen
dennoch nicht ignoriert, sondern von etlichen Souveränen und sogar
Diplomaten wie Talleyrand in Schönbrunn besucht.

Die Diplomaten

Der Kanzler und Kongressleiter Metternich

Niemand wäre besser als der aus Koblenz stammende Klemens Fürst
Metternich geeignet gewesen, die Großen der Welt in Wien willkommen
zu heißen und mit ihnen die Zukunft Europas auszuhandeln: Er kannte sie
alle persönlich, die Franzosen ebenso wie die Russen, Preußen und Sachsen,
die Fürsten, die Männer von Einfluss und die großen Damen. Metternich
war ein Frauenfreund, sofern die Damen von höchstem Stand waren, und
hielt viel von ihren diplomatischen Fähigkeiten. Zum Entsetzen Erzherzog
Johanns soll er sogar einmal geäußert haben, er könne sich eine Frau als
Außenminister vorstellen.

Die Öffentlichkeit war und ist bis heute sehr geteilter Meinung bezüglich Metternich, nicht zuletzt deshalb, weil seine Biografen aus unterschiedlichen politischen Lagern kamen und dies in ihr Urteil einfließen
ließen. Wird er von einigen als selbstsüchtiger Genussmensch und kurz-
sichtiger Reaktionär verurteilt, so sehen andere in ihm einen der größten
österreichischen, europäischen Staatsmänner, und manche sogar einen
Propheten des Vereinten Europa.

Metternich, der Vielgeliebte oder Vielgehasste, muss ganz gewiss in
und aus seiner Zeit heraus, geprägt durch deren Ängste und Moralbegriffe,

Bekanntestes Porträt Metternichs von Thomas Lawrence.

und innerhalb der ihm vorgegebenen Grenzen verstanden werden, zumindest bis zum Beginn und für die Zeit des Wiener Kongresses sowie in der ersten Zeit danach.[11] Gentz schrieb in seinem Tagebuch scharfsinnig über ihn: »Der Minister ist *immer mit hundert Dingen und vielleicht etwas zu sehr mit seinen eigenen Interessen beschäftigt; er besitzt Begabung und Geschick und Unerschrockenheit, ist aber leichtfertig, oft von Zerstreuungen in Anspruch genommen und von sich selbst erfüllt. Sollte ihm sein Stern treu bleiben – dann wird er wohl imstande sein, sich und Österreich in angemessene Verhältnisse zu bringen.*«

Metternich war ein besonders gut aussehender, intelligenter, charmanter, höflicher und vor allem friedliebender Mann, der an der Universität von Straßburg denselben Staatsrechtslehrer – Christoph Wilhelm

Metternichs kongeniale Gattin Eleonore von Kaunitz, genannt Lorel.

Koch (1737–1813) – gehört hatte wie Montgelas, Stein und Talleyrand. Er war mit der Aufklärung und mit dem Gedankengut der Jakobiner bestens vertraut, betrachtete diese jedoch als Gefahr für Europa. Seine einzige eigene revolutionäre Handlung bestand darin, dass er ohne die damals für einen Adeligen noch verpflichtende Perücke ausging. Da »*diese verfluchte Stadt Straßburg*« nach dem Sturm des trunkenen Pöbels auf das Stadthaus nicht mehr sicher genug war, setzte er seine Studien in Mainz fort.

Kürzere Aufenthalte in Frankfurt, wo der junge Mann an den Kaiserkrönungen von 1790 und 1792 teilnahm, und Brüssel, wo sein Vater als Gouverneur auf verlorenem Posten gegen die Franzosen stand, und danach im sicheren London folgten. Überall verkehrte Metternich in den höchsten Kreisen. 1794 erreichten die Franzosen Koblenz, und die Metternichs verloren ihre reichen Besitzungen. Sie flohen – wie viele

Vertriebene – nach Wien, wo die im September 1795 erfolgte Heirat Metternichs mit Prinzessin Eleonore (Lorel) von Kaunitz-Rietberg, der Enkelin des 1794 verstorbenen österreichischen Staatskanzlers Wenzel Anton Graf Kaunitz-Rietberg, ihm die Türen zur besten Gesellschaft öffnete. Lorel war eine ehrgeizige Frau, die mehr am Ziel als am Weg interessiert war, und das Ziel hieß: Aufstieg zur Macht. Wie ein Geschäftspartner arbeitete sie ihrem Gatten in die Hände, er konnte sich ihr Leben lang blindlings auf sie verlassen.

Das Jahr 1801 führte ihn als Botschafter nach Dresden. Von seinem Monarchen war ihm eine preußenfreundliche Politik vorgeschrieben worden, er hatte wenig zu tun und genoss seine Freizeit. Die aristokratischen Kreise lebten damals noch so frivol und ungeniert wie im 18. Jahrhundert, was ihm sichtlich zusagte. Er nahm an vielen Gesellschaften teil und lernte dabei eine 18-jährige Russin kennen, mit der er eine heftige Liebesaffäre begann. Sie hieß Katharina Bagration (1783–1857) und sollte für ihn noch eine wichtige Rolle spielen.

Im November 1803 wechselte Metternich als Boschafter nach Berlin, wo er gute Kontakte zum russischen Zaren Alexander knüpfen konnte. Ab 1797 regierte Friedrich Wilhelm III. als König von Preußen und Markgraf von Brandenburg, verheiratet mit der schönen Luise von Mecklenburg-Strelitz (1776–1810), einer eingeschworenen Feindin Napoleons. Metternich und die tugendhafte Königin kannten einander, er hatte als Zeremonienmeister bei der Krönung von Kaiser Franz in Frankfurt mit ihr den Ball eröffnet. Daneben entwickelte er eine weit weniger tugendhafte Beziehung zur Herzogin Wilhelmine von Sagan (1781–1839), die mit Unterbrechungen bis 1816 bestand. Man sagte ihm damals nach, er sei immer verliebt und immer zerstreut, was ihm in der Politik und ganz besonders in der Liebe schade. Vergeblich versuchte er den überängstlichen preußischen König und dessen Außenminister Christian Graf Haugwitz (1752–1832) für ein Bündnis mit Österreich zu gewinnen.

1806 ging Metternich als Botschafter nach Paris, wo er *»die schwere Kunst der vollen Selbstbeherrschung, des Verbergens seiner Gedanken unter* kalter Zurückhaltung oder, wenn er wollte, unter einem glatten, verbindlich lächelnden Äußeren, des Lachens mit dem einen und des Weinens mit dem anderen Auge, des liebenswürdigen Konversierens mit tödlicher Feindschaft im Herzen« lernte. Seine Lehrmeister hießen Talleyrand und Joseph Fouché (1759–1820), seine Herzensdamen Caroline Murat (1782–1839), die Lieblingsschwester Napoleons, und Laurette Junot (1784–1838), die Gattin des Marschalls und Herzogs von Abrantès. Sie urteilte über ihn: »Seine Erscheinung war überaus schön, sein Blick, so ruhig und rein, war so beredt wie ein immer wohlwollendes Wort und erweckte Vertrauen, weil dieser Blick in Harmonie war mit einem anmutigen, wenngleich halb ernsten Lächeln, so wie es für einen Mann sich schickte, der mit den Interessen eines großen Reiches belastet zu dem gesandt war, den die ganze Welt mit berechtigter Furcht betrachtete.« Die hochgebildete Schriftstellerin Madame Germaine de Staël (1766–1817) hatte hingegen kein Glück bei dem jungen bien-aimé, der »kein Buch umarmen und sich auch nicht von einem Buch umarmen lassen« wollte.

Metternichs Beziehungen zu Napoleon waren zumindest anfänglich recht freundlich. Erst später wurden sie gespannt, und Napoleon sagte: »Metternich ist auf dem besten Wege, ein Staatsmann zu werden. Er lügt schon ganz hübsch.« Metternich war – nicht zuletzt durch den Umgang mit Talleyrand und Fouché – davon überzeugt, dass sich Napoleon nicht halten würde, und riet in Wien zum Krieg. Bei einem Empfang warf ihm der Franzosenkaiser vor, dass Österreich aufrüste, und fragte: »Wünscht Ihr Kaiser, dass ich ihn in Wien besuche?« Bei einem allerletzten Empfang kündigte er Metternich an, dass er über Rastatt und München nach Wien marschieren werde, stieg zu Pferd und ließ sich von seiner Garde bejubeln. Der französische Außenminister Jean-Baptiste Nompère de Champagny (1756–1834) trat auf Metternich zu und versicherte ihm in Napoleons Namen, dass dieser keine persönliche Feindschaft gegen ihn hege, auch wenn es manchmal so ausgesehen habe. Metternich verneigte sich wohlerzogen: »Sagen Sie Seiner Majestät, dass ich Seine Äußerungen nie ganz ernst genommen habe.«

Bei Ausbruch des Fünften Koalitionskrieges wurde der Botschafter verhaftet und an der Grenze gegen den französischen Geschäftsträger am Wiener Hof ausgetauscht. Er reiste mit der Postkutsche eilig nach Wien und kam gerade zurecht, um die Entscheidungsschlacht von Wagram an der Seite von Kaiser Franz zu beobachten. Am 4. August 1809 wurde er durch ein kaiserliches Handschreiben zum Staatsminister ernannt und am 7. Oktober mit der Leitung der Staatskanzlei betraut. Seine Eignung für dieses Amt wurde damals zwar in weiten Kreisen bezweifelt, doch verstand er es, seinen Kaiser von sich zu überzeugen.

Zu Metternichs engsten Vertrauten zählte Legationskommis Philipp Freiherr von Neumann (1781–1851). Man sagte von ihm, er sei ein Sohn des Kurfürsten Maximilian Franz (1756–1801), des jüngsten Sohnes der Maria Theresia, des letzten Fürsterzbischofs von Köln, gewesen. Jedenfalls galt dessen vertrauter Kammerdiener und Reisekurier offiziell als »Vater« Philipps. Als Erzeuger Philipps kommt jedoch auch Metternichs Vater in Frage.

Gentz, der schillernde Kongresssekretär

Metternichs engster Berater am Kongress, Friedrich von Gentz, war dem Staatskanzler in vielen Dingen sehr ähnlich. Sein gutes Aussehen, seine elegante Kleidung und sein gewandtes Benehmen, gepaart mit Ehrgeiz, Machtstreben und geistiger Wendigkeit, verhalfen ihm zu Erfolgen auf dem diplomatischen Parkett – und auch bei der Damenwelt. Seine Geburtsstadt war Breslau in Schlesien, 1783 ging er nach Königsberg und wurde Schüler des berühmten Philosophen Immanuel Kant (1724–1804). Das Studium kam wegen seines ausschweifenden Lebensstils etwas zu kurz, für seine spätere Beamtenlaufbahn in Berlin war ein Abschluss aber ohnehin nicht erforderlich.

Berlin war damals eine sehr lebendige Stadt mit fast 200 000 Einwohnern und galt als weltoffen und sittenlos. Der junge Mann machte enorme

Friedrich von Gentz, Publizist und Kongresssekretär.

Spielschulden, besuchte die Bordelle der Stadt und litt ständig unter Geldnot. Er verkehrte in den Salons des Bürgertums, wo er wegen seines nie versiegenden und »befruchtenden« Redeflusses den Spitznamen »Nil« bekam. Als Opportunist achtete er immer genau darauf, mit Leuten zu verkehren, die seinem beruflichen Weiterkommen nützen konnten, und er führte darüber sogar Tagebuch. Unter anderem lernte er Wilhelm von Humboldt kennen. Dieser zählte bald zu seinem engeren Freundeskreis, obwohl er sich über den zügellosen Charakter von Gentz keine Illusionen machte und bei ihm »*jede Regelmäßigkeit und Verlässlichkeit*« vermisste. Seine Tätigkeit als Beamter, die »*sklavische und mechanische Arbeit*«, entsprach ebenfalls nicht seinen Vorstellungen. Ab 1790 wandte er sich einer Tätigkeit zu, die ihn wesentlich mehr interessierte und die er bald meisterhaft beherrschen sollte: Er begann, publizistisch zu arbeiten.

Besonders mit der 1793 von ihm übersetzten und kommentierten Ausgabe der »Betrachtungen über die Revolution in Frankreich« des britischen Schriftstellers und Politikers Edmund Burke (1729–1797) zeigte er sich als Gegner der Revolution, was in Berlin sehr freundlich aufgenommen wurde, da Preußen zu dem Zeitpunkt Krieg gegen Frankreich führte. Als Preußen aber 1795 mit Frankreich Frieden schloss und danach Neutralität wahren wollte, wurde Gentz als deklarierter Gegner Frankreichs und Anhänger Englands argwöhnisch beobachtet. Er versorgte

London mit Berichten, was ihm ab 1800 regelmäßige finanzielle Zuwendungen einbrachte.

Seine Schriften fanden nicht nur in England Gefallen, sondern auch in Österreich. Gentz verfasste einen österreichfreundlichen Artikel, den Kaiser Franz veröffentlichen ließ. Beim Autor bedankte er sich mit einer goldenen Dose. Somit war der Weg nach Wien erfolgreich geebnet, wo man ihn als Verfasser zündender politischer Schriften gut gebrauchen konnte, denn die öffentliche Meinung wurde immer wichtiger.

Also brach Gentz 1802 nach Wien auf. Bei einem Aufenthalt in Dresden lernte er Metternich kennen, mit dem er sich auf Anhieb gut verstand und dessen politische Ansichten er teilte. Kaiser Franz I. mochte Gentz nicht, das selbstbewusste Auftreten des Deutschen und vor allem dessen hochdeutsche Sprache, die »*geschnaufte, geschwollene Rederei*«, stießen ihn ab. Aber Gentz hatte mächtige Fürsprecher, also wurde er in den österreichischen Staatsdienst als »kaiserlicher Rat« aufgenommen. Er war ein freier Mitarbeiter, der gelegentlich politische Schriften publizieren und damit die öffentliche Meinung im Sinne der Regierung beeinflussen sollte. Er sandte auch weiterhin Berichte nach England, was eigenartigerweise niemanden störte.

Da er offiziell noch in Preußens Diensten stand, suchte er schriftlich um seine Entlassung an. König Friedrich Wilhelm III. erfüllte seine Bitte mit kränkender Geschwindigkeit. Offenbar war man froh, den unbequemen Gentz so elegant losgeworden zu sein. Der preußische Außenminister Haugwitz meinte: »*Nun sind wir mit Österreich quitt. Wir haben ihnen Schlesien genommen, wir geben ihnen Gentz dafür.*«

Als die Franzosen 1805 Wien besetzten, floh Gentz nach Dresden, wo er wieder mit Metternich zusammentraf. 1810 kehrte er nach Wien zurück – erstaunlicherweise als »ökonomischer Fachmann«, der dem Land aus der wirtschaftlich katastrophalen Situation heraushelfen sollte, was keineswegs sein Fachgebiet war.

Er half Metternich auch bei der Gründung des »Österreichischen Beobachters«, einer Wiener Tageszeitung, die 1810 erstmals erschien. Nun wirkte er nicht mehr im Hintergrund, sondern war dank Metternich Österreichs inoffizieller Propagandaminister. Bei ihm liefen alle Nachrichten zusammen, welche den Kriegsverlauf und die Zukunft Europas betrafen. Er verfügte über die besten Kontakte und alle Voraussetzungen, um beim Wiener Kongress eine wichtige Rolle zu spielen. Als Führer des Protokolls der Kongressberatungen, als Mitglied so mancher Ausschüsse und Kommissionen, gingen die ersten Staatsmänner mit ihm auf gleicher Höhe um. Für den niederländischen Diplomaten Ernst von Gagern war er einer der wichtigsten, tätigsten und geschicktesten Männer auf dem Kongress. Aber er hatte nicht nur Freunde, wie Humboldt im Dezember 1814 an seine Frau schrieb: »*Stein sagte neulich zu mir nach einer Unterredung mit ihm: Was wollen Sie, er gibt mir in allem recht, weil er sich vor mir fürchtet. Es ist ein Mensch von vertrocknetem Gehirn und verfaultem Charakter.*«

Obwohl Gentz und Metternich befreundet waren und vieles gemeinsam hatten, betrachteten sie einander kritisch und gaben dies auch offen zu.

Wessenberg, der ungesellige Diplomat

Zwischen all den glänzenden und interessanten Menschen wirkte Johann Philipp Freiherr von Wessenberg-Ampringen am Kongress ein wenig fehl am Platz: Er war klein und unscheinbar, nicht besonders elegant oder gesellig, all diese Feste ließen ihn eher kalt. Das kam seiner Arbeit zugute: Er war maßgeblich an der Ausarbeitung der Wiener Schlussakte beteiligt, die auch seine Unterschrift trägt. Der aus dem Breisgau stammende Diplomat gehörte von Jugend an zum Freundeskreis der beiden tüchtigen Erzherzöge Johann und Karl. Als Diplomat in Berlin war er dem österreichischen Außenminister Johann Philipp Graf Stadion (1763–1824) unterstellt gewesen, der an ihm die »*Schmiegsamkeit im Umgange*« sowie das »*leichte, gesellige Wesen*« vermisste, das für einen

Diplomaten unbedingte Voraussetzung war. Wessenbergs verbindlicher Charakter glich das jedoch bei Weitem aus und ermöglichte ihm eine erfolgreiche Karriere, unter anderem als kaiserlicher Ministerresident in Frankfurt. Dort heiratete er eine Bankierstochter, was sich sehr günstig auf seine Finanzen auswirkte. Bei den Verhandlungen für den Pariser Frieden spielte er bereits eine wichtige Rolle. Zurück in Wien, wurde er von Kaiser Franz I. zum zweiten Bevollmächtigten Österreichs beim Wiener Kongress ernannt.

Die Gäste

Die Vorbereitungen waren getroffen, nun konnten die Gäste kommen. Es waren fast 30 000 Menschen: 200 Gemeinschaften hatten Vertreter entsandt, von den Großmächten bis zu den Schweizer Kantonen und den schwer überschaubaren kleinen deutschen und italienischen Herrschaften.

Unter ihnen befanden sich ein Kaiser, einige Könige und zukünftige Könige, einige von Napoleon erhöhte oder abgesetzte Fürsten, ferner mediatisierte ehemals selbstständige Regenten und Kirchenfürsten. Sie erschienen mit ihren Verwandten und ihrem teils beträchtlichen Hofstaat. Dazu kamen die vielen Bevollmächtigten und Diplomaten, welche die Verhandlungen führen sollten, samt ihren Frauen und ihren Mitarbeitern.

Die verschiedenen Uniformen boten zusammen mit denen der österreichischen Soldaten ein buntes Bild, das noch zusätzlich belebt wurde durch den türkisch mit Turban gekleideten Pascha von Widin (im heutigen Bulgarien), der sich von einem Dolmetscher im Kaftan begleiten ließ, und durch einen großen schlanken Herrn mit dickem Schnurrbart und hoher Pelzmütze: Prinz Manuc Bey von Mirsa (gemeint ist der Armenier Emanuel Mârzayan aus Moldavien, 1769–1817). Der Vatikan wurde vom päpstlichen Staatssekretär, Kardinal Ercole Marchese Consalvi (1757–1824), vertreten.

Sie alle brachten ihre Dienerschaft mit, die von österreichischer Seite noch durch etliche Personen ergänzt wurde. Die Tageszeitungen vermeldeten jede wichtige Ankunft und verzeichneten jedes Quartier.

Die Monarchen und ihre Familienmitglieder

*D*er Kaiser Franz hatte in seinem Palast seine erhabenen Besucher aufge-
nommen«, schrieb Graf Auguste de la Garde in seinem »Gemälde des
Wiener Kongresses 1814–1815«. »Man zählte damals zwei Kaiser, zwei
Kaiserinnen, vier Könige, eine Königin, zwei Kronprinzen, der eine ein
kaiserlicher, der andere ein königlicher, zwei Erzherzoginnen [gemeint sind
wohl die zwei Großfürstinnen] und drei Prinzen, die in der Burg wohnten.
Die junge Familie des Kaisers war genötigt gewesen, nach dem Schlosse zu
Schönbrunn zu ziehen.«

Die Russen

ZAR ALEXANDER, EINE UMSTRITTENE PERSÖNLICHKEIT   Der inter-
essanteste und merkwürdigste Gast war Alexander I., der Herrscher aller
Reußen. Allgemein wurde sein gutes Aussehen gerühmt, er war stets eitel
darauf bedacht, sich vorteilhaft zu kleiden. Man wusste sich in ganz Europa
so manches böse Gerücht über ihn zu erzählen: Als Kind war er der Lieb-
ling seiner Großmutter, der großen Katharina (1729–1796), gewesen und
sehr sorgfältig erzogen worden. Auf den Thron war er gelangt, nachdem –
und vielleicht mit seinem und seiner Schwester Katharina Wissen – sein
Vater Paul I. (1754–1801) in der Nacht vom 11. März 1801 brutal in seinem
Schlafzimmer geschlagen und erdrosselt worden war. Katharina habe ihm
geholfen, seine Schuldgefühle als »Vatermörder« zu besiegen, sie sei sogar
seine Geliebte geworden, wollte der Tratsch wissen. Der spätere russische
Außenminister Graf Capo d'Istria sagt über ihn: »*Der Kaiser ist geistreich,
es fehlt ihm aber der Überblick, der sogenannte coup d'œil. Er misstraute auch
seiner Überzeugung und ließ sich lieber von anderen führen. Doch war er
durchaus gut und edel und wollte das Gute nicht allein in seinem Reiche,
sondern in der ganzen Welt verbreiten.*«

Alexanders Regierung hatte sich zu Beginn gut angelassen: Er schaffte Geheimpolizei, Folter und Prügelstrafe ab und begnadigte tausende von politischen Gefangenen. Er wollte sein Land liberalisieren, modernisieren und öffnete es zum Westen hin. Zielstrebig, ideenreich und voller Energie wollte er gegen den Widerstand des Adels die Leibeigenschaft abschaffen und die Gewaltenteilung einführen. Als friedliebender Mann wollte er sich zuerst aus den Revolutionskriegen heraushalten, dann aber bewunderte er Napoleon und wollte mit ihm die Macht in Europa teilen. Erst nach Napoleons Einfall in sein eigenes Reich entdeckte er seine göttliche Mission, Europa vom »*Unterdrücker und Weltfriedensstörer*« zu befreien.

Zusammen mit seinen Verbündeten führte er seine Armeen persönlich an und marschierte nach etlichen militärischen Erfolgen immer weiter nach Westen. Als er am 31. März 1814 triumphierend in Paris einzog, standen die verbündeten Monarchen in seinem Schatten.

Er sprach hervorragend Deutsch und Französisch. Da er in Paris als geistreich gegolten hatte, erwartete man sich dies auch in Wien von ihm. Seine Gespräche und Reden stellten sich aber eher als mittelmäßig heraus. Napoleon schien dies schon lange zuvor so empfunden zu haben, er hatte zu Metternich über Alexander gesagt: »*Neben so viel Bestechendem im Umgang liegt etwas in seinem Wesen, das ich nicht bezeichnen und worüber ich mich nicht besser aussprechen kann, als indem ich Ihnen sage, dass bei ihm in allen Dingen einem ein ETWAS fehlt.*«

Alles in allem machte er den Eindruck eines »guten Kerls«, wie folgende Geschichte zeigt: In der Hofburg soll er einem Dieb auf die Schliche gekommen sein. Er entdeckte hinter einem Vorhang einen mit feinsten Weinen und köstlichen Leckerbissen gefüllten Korb, obenauf einen Burgunderbraten, und brachte den Fund sofort in sein Appartement. Am nächsten Tag setzte er dem überraschten Kaiser Franz ein Frühstück aus dem Korb vor und bat ihn, den schuldigen Lakaien nicht zu bestrafen.

Auch Graf de la Garde berichtete von einer netten Geste: »*Auf einem Spazierritt im Prater wollte Kaiser Franz absteigen und suchte mit den*

*Augen jemanden von seinem Gefolge, aber vergeblich. Durch die Volks-
massen von ihm abgeschnitten, konnten seine Stallmeister ihn nicht sehen.
Alexander errät seine Absicht, springt rasch vom Pferde und beeilt sich,
seinem Freunde hilfreiche Hand zu
bieten: So hatte einst der große Friedrich Joseph II. den Steigbügel gehalten.
Bei diesem Anblick brach von allen
Seiten freudiger Jubel los, und es zeigte
sich, wie sehr die Menge Alexander für
die anmutige Aufmerksamkeit Dank
wusste.*«

Der Zar mischte sich gerne unter
das Volk, und so kam er eines Tages
zum Naschmarkt, wo er sich, da er
perfekt Deutsch beherrschte, mit einer
Obstverkäuferin (Fratschlerin) in ein
Gespräch einließ. Auf seine Frage, wie
es ihr gehe, antwortete sie: »*Gut, wenn
die da drinnen nit alles so verteuern
möchten!*«, womit sie die fremden

Zar Alexander I. von Russland, ein wider-
sprüchlicher Charakter.

Gäste in der Hofburg meinte. Abends
brachte der Zar an der Tafel dann einen Trinkspruch »*auf die da drinnen*«
aus und erzählte zur Erheiterung der Gäste das Gespräch mit der Obst-
lerin.

Die Wiener hatten vor seiner Ankunft beschlossen, den Zaren zu
lieben, denn, wie der in russischen Diensten stehende Offizier Graf Nostitz
(1781–1838)[12] erzählte: »*Der Kaiser Alexander ist einfach glänzend und
vornehm zuvorkommend. Sein Hang für die Frauen spricht sich so deutlich
aus, dass die russischen Damen manchmal ungehalten sind über die Aufmerksamkeit, welche ihr Monarch den Wienerinnen bezeigt. Doch bleiben, soviel
man weiß, alle Gunstbezeigungen in den Schranken des öffentlich-gesell-
schaftlichen Lebens.*«

Der äußere Schein sprach zunächst zu seinen Gunsten. Da er aber unentwegt beobachtet wurde, gab er bald genügend Anlass zu Klatsch und Tratsch, vor allem beim Adel. Als er auf einem Ball beim Grafen Pálffy die schöne Gräfin Széchenyi-Guilford traf, deren Mann gerade von Wien abwesend war, wollte er inzwischen dessen Platz besetzen. Sie antwortete schlagfertig: »*Hält mich Euer Majestät für eine Provinz?*«

Von den Damen der Ersten Wiener Gesellschaft wurde der Zar immer wieder in die Schranken gewiesen. Anders verhielt es sich mit den russischen Damen, besonders der schönen Fürstin Bagration, bei der sich Leidenschaft und Politik, Liebe und Abneigung gegen Metternich vermischten. Der Leichtsinn in Frauenangelegenheiten trug dem Zaren den Vorwurf der kindlich-jugendlichen Wildheit und Ungezügeltheit ein, wie der italienische Abbé Carpani meinte: »*Die in Wien gegenwärtig anwesenden Könige können ihre Eifersucht nicht verbergen, dass alle Honneurs so evident für den russischen Kaiser sind, der persönlich doch nichts als ein Wildfang ist.*«

Graf Spaun ging noch weiter: »*Kaiser Alexander ist ein wilder Mensch, man kann sich von dessen Wildheit gar keinen Begriff machen. Die sämtlichen in Wien anwesenden Könige und Souveräne und derselben Kabinette und Minister haben diese Opinion von Kaiser Alexander: Wäre er doch zu Hause geblieben, was hätte er für einen Namen behauptet!*«

Alexander verlor in Wien rasch an Beliebtheit. Carpani bemerkte an ihm »*abwechselnd einen affektierten Ton, bald russischer, bald französischer Art, und niemand traut seiner äußerst gezwungenen Höflichkeit. Er gilt als falsch, leichtsinnig, unbeständig; gleichzeitig verschlossen und hochmütig.*« Und in einem Polizeirapport vom 2. November 1814 heißt es sogar: »*Man hält ihn für einen Schwindler [fourbe], der sich vor ehrenwerten Leuten den Anschein des Philanthropen gibt, aber auch die Kanaille an sich zieht, um alle Welt für sich zu haben. Man glaubt, er sei falsch und ohne moralischen Fond, obgleich er von Religion redet wie ein Heiliger und allen äußeren Schein wahrt.*«

DER UNGELIEBTE ENGEL DES HIMMELS   Luise Marie Auguste von Baden (1779–1826) war eine der sieben Töchter des Erbprinzen Karl Ludwig von Baden und seiner Frau Amalie von Hessen-Darmstadt. Im Alter von 14 Jahren, am 28. September 1793, wurde sie mit dem damals 17-jährigen russischen Großfürsten und späteren Zaren Alexander I. verheiratet, nachdem sie zum russisch-orthodoxen Glauben übergetreten war und den Namen Elisabeth Aleksejevna angenommen hatte. Die anfangs glückliche Verbindung wurde bald getrübt durch Alexanders Beziehungen zu anderen Damen.

Die ungeliebte Zarin Elisabeth.

» Dieser Engel des Himmels«, erzählt Graf de la Garde über die Zarin, *» vereinigte in sich alles, was das Glück ihres Gatten und das ihrige begründen konnte. Ihr Gesicht hatte einen hinreißenden Ausdruck und ihre Augen strahlten die Reinheit ihrer Seele wieder. Sie hatte das schönste, cendréblonde Haar, das sie gewöhnlich auf die Schultern fallen ließ. Ihre Figur war elegant, schlank und schmiegsam. Mit einem liebenswürdigen Charakter verband sie einen lebhaften, gebildeten Geist, Liebe zu den schönen Künsten und eine Großmut ohne Grenzen. Die zierliche Anmut ihrer Person, der Adel ihrer Haltung, ihre unerschöpfliche Güte gewannen ihr alle Herzen. Von einem Gatten, den sie anbetete, seit den ersten Augenblicken ihrer Verbindung vernachlässigt, hatte sie in Einsamkeit und Kummer einer süßen Schwermut Raum gegeben. Ihre Züge trugen das Gepräge dieser Stimmung, welche dem Ton ihrer Stimme, ihren geringsten Bewegungen etwas Bezauberndes und Unwiderstehliches verlieh.«*

Die melancholische Zarin hatte ihren Geliebten Czartoryski mitgebracht und ließ sich von ihm in seinem reizenden Wiener Schlösschen trösten, nachdem ihr Gatte sie gezwungen hatte, der Bagration einen Besuch abzustatten.

Der Bruder der Zarin und der Königin von Bayern, Großherzog Karl Ludwig Friedrich von Baden (1786–1818), war auch gekommen und auf dem Bauernmarkt 617 einquartiert. Er war mit Stéphanie de Beauharnais (1789–1860), einer Adoptivtochter Napoleons, verheiratet und hatte sie nach dessen Sturz trotz des Druckes durch seine Familie nicht verlassen.

EIN WINDBEUTEL OHNE MANIEREN War schon das Benehmen des Zaren manchmal etwas gewöhnungsbedürftig, so wurde er von seinem Bruder, Großfürst Konstantin, noch übertroffen. Dieser hatte offenbar den ungezügelten Charakter seines Vaters, Zar Paul I., geerbt, der wegen seiner legendären Wutausbrüche das Bild eines Geisteskranken geboten hatte. Konstantin verkehrte am liebsten mit Angehörigen des Militärs und sprach hauptsächlich über militärische Angelegenheiten. Er hatte an den Feldzügen gegen Frankreich teilgenommen und dabei großen Mut bewiesen. Am liebsten zeigte er sich in der weißen Uniform seines Leibregiments, das gab ihm laut dem Konfidenten Graf Benzel-Sternau Gelegenheit, seine *»kräftige Gestalt in allen Umrissen sehen zu lassen, was manchen Damenfächer in Bewegung setzte und verschämte Erinnerungen hervorrief«*.

In Wien zeichnete er sich vor allem durch kindische, für die Betroffenen recht unangenehme Streiche aus, wie Graf Benzel-Sternau berichtete. Es bereitete ihm große Freude, im Inneren Burghof von einem versteckten Platz aus *»Wache heraus«* zu brüllen und sich dann über die unnötig herauslaufenden Wachen schiefzulachen. In Schönbrunn soll er die Bitten der Gärtner, die Parkanlagen nicht zu beschädigen, mit einem *»verdrießlichen widernatürlichen Brummen«* quittiert haben. Er ritt weiter über die Blumenbeete und richtete etlichen Schaden an. An diplomatischen Gesprächen und gesellschaftlichen Kontakten lag ihm nichts. Konnte er es nicht vermeiden, Mitgliedern der Gesellschaft einen Besuch abzustatten, so ließ er genaue Erkundigungen einholen, wann die betreffenden Personen sicher nicht zu Hause waren. Genau dann sprach er vor, mimte Enttäuschung und gab seine Visitenkarte ab, worauf er sich zufrieden entfernte. Seine gesellschaftliche Pflicht hatte er erfüllt, lästigen Gesprächen aber war er erfolgreich entkommen.

Erzherzog Johann schrieb in seinen Tagebüchern über ihn: »*Welch' roher, ausgelassener Mann! Dabei Windbeutel im höchsten Grade. Gott bewahre vor so einem Fürsten*!«

Niemand weinte Konstantin eine Träne nach, als er im November Wien verließ, um schließlich in Kongresspolen Militärgouverneur zu werden. Auch dort gelang es ihm, sich rasch unbeliebt zu machen.

DIE SCHÖNE SCHWESTER DES ZAREN Katharina von Oldenburg, die Lieblingsschwester des Zaren, war ebenfalls angereist. Sie hatte großen Einfluss auf ihren Bruder Alexander, der sie in glühenden Liebesbriefen als »Cathou« und »geliebtes Äffchen« bezeichnete, was vielen als Beweis dafür galt, dass die beiden mehr als nur geschwisterliche Liebe verband. Man bescheinigte Katharina Willenskraft, Intelligenz und Liebenswürdigkeit, aber auch Verschlagenheit und eine Neigung zu unkontrollierten Wutausbrüchen. Carpani nannte sie eine »*höchst falsche Intrigantin ersten Ranges*«, die »*viel Geist sowie politische Kenntnisse besitzt und sich mit allen Mitteln zu gefallen und zur Geltung zu bringen sucht*«.

Als Katharina ins heiratsfähige Alter gekommen war, hatten sie und ihre Mutter Maria Fjodorowna (1759–1828) ehrgeizige Pläne: Der künftige Gemahl sollte ein Mitglied des Hauses Habsburg sein. Als die zweite Gattin von Kaiser Franz I. im Jahre 1807 verstorben war, schien die Gelegenheit gekommen. Ein Unterhändler wurde nach Wien geschickt, der Katharina dem Kaiser mehr oder weniger auf dem Silberteller anbot, was in Wien auf einiges Befremden stieß. Letztlich scheiterten die Pläne an den politischen

Verhältnissen. Weder Alexander noch Kaiser Franz hielten die Verbindung für günstig. Katharina gab nicht auf: Wenn schon nicht den Kaiser, dann wollte sie wenigstens einen seiner Brüder haben. In die nähere Wahl kamen Erzherzog Ferdinand und vor allem Erzherzog Johann, aber auch dieser Plan ging nicht auf. Napoleon aber, der selbst Interesse an der Zarenschwester zeigte, wurde von ihr vehement abgelehnt, da sie ihn zutiefst verabscheute.

Viel Auswahl blieb ihr nun nicht mehr, einige Heiratsmöglichkeiten in deutsche Fürstenhäuser blieben ihr wegen der politischen Umstände verwehrt, und letzten Endes heiratete sie 1809 den Prinzen Georg von Holstein-Oldenburg. Die Ehe war glücklich, obwohl Zar Alexander seiner Schwester weiterhin schwülstige Liebesschwüre zukommen ließ, wie zum Beispiel am 21. November 1811: »*Nun kann ich nicht mehr von meinem Recht profitieren, mit den zärtlichsten Küssen Ihre Füße zu bedecken!*« Lange konnte Katharina ihre Ehe nicht genießen, denn Georg starb nach nur drei Jahren.

Katharina Pawlowna, die Schwester des Zaren, als Königin von Württemberg.

Die neuerliche Suche nach einem geeigneten Ehemann begann. Und, wenig überraschend, konzentrierte Katharina sich dabei abermals auf das Haus Habsburg, und wieder sollte es ein Bruder des Kaisers Franz sein, dieses Mal Erzherzog Karl. Dieses Ansinnen äußerte Katharina in einem Schreiben an Alexander im Februar 1814. Auch jetzt zögerte Alexander mit der Zustimmung, obwohl zwischen Katharina und Erzherzog Karl bereits zarte Bande geknüpft waren und man am Wiener Hof der Sache durch die veränderten politischen Gegebenheiten positiv gegenüberstand. Am Scheitern dieser Heiratspläne war Katharina selbst schuld: Sie verliebte sich in Prinz Wilhelm von Württemberg, den sie 1814 bei einem Aufenthalt in London näher kennengelernt hatte und in Wien während des Kongresses wieder traf. Wilhelm schien ihr ebenfalls zugetan zu sein, was ihn allerdings nicht davon abhielt, mit einer anderen Katharina, nämlich der Fürstin Bagration, ein intimes Verhältnis zu unterhalten. Ein Verhältnis, das der Großfürstin vermutlich verborgen blieb, denn eisern hielt sie an Wilhelm fest, worüber sie Erzherzog Karl vorerst im Unklaren ließ.

Lange blieb ihre Liebe zu Wilhelm nicht geheim, so schrieb Erzherzog Johann am 1. Oktober 1814 in sein Tagebuch: *»Mir kömmt etwas vor, was mich nicht freut; die Großfürstin Katharina scheint für Karl zu erkalten, warum, das weiß ich nicht; es sind so viele kleine Umstände, die mir es beweisen; ich riet, ohne es zu sagen, Karln, kategorisch zu sprechen; tut er dies, so weiß er, woran er ist; er verdient es nicht, herumgezogen zu werden.«*

Am 8. Oktober teilte Karl seinem Bruder Johann mit, dass sein Verhältnis zu Katharina »abgebrochen« sei. Viel Sympathie erntete Katharina durch ihr Verhalten nicht, handelte es sich bei Karl doch nicht nur um einen österreichischen Erzherzog, sondern auch um einen gefeierten Kriegshelden. Doch musste er sich mit den Tatsachen abfinden und tröstete sich im Jahr darauf durch die Verlobung mit Henriette von Nassau-Weilburg (1797–1829). Katharina und Wilhelm heirateten 1816.

Die Preußen

FRIEDRICH WILHELM, DER UNTRÖSTLICHE WITWER König Friedrich Wilhelm III. von Preußen, ab 1797 an der Macht, war – ganz im Gegensatz zum Zaren – eher zurückhaltend und bevorzugte eine militärisch knappe Sprache. In manchem war er dem österreichischen Kaiser nicht unähnlich: Seine Bescheidenheit grenzte fast an Geiz, er schätzte das einfache Leben

Friedrich Wilhelm III. mit Königin Luise auf der Pfaueninsel (Gemälde von Friedrich Georg Weitsch).

und zog die schlichte Häuslichkeit jedem großartigen Gesellschaftsleben vor. Auch war er musikalisch – bis heute wird noch gelegentlich ein von ihm komponierter »Präsentiermarsch« gespielt.

Sein Auftreten war vornehm und würdevoll. Manchen seiner Zeitgenossen war er aber etwas zu steif, er wirkte, als hätte er den sprichwörtlichen Stock verschluckt. Fürst de Ligne nannte ihn einmal eine »*Gestalt aus der Rüstkammer*«. Obwohl sein Wesen lange nicht so gewinnend war wie das von Kaiser Franz oder jenes des Zaren zu Beginn seines Aufenthalts, sondern er immer – wie Nostitz vermerkt – aussah wie »*Groll und Zorn*«, war er bei den Wienern zumindest anfänglich nicht unbeliebt, schrieb man doch seinen Gesichtsausdruck der Trauer um seine 1810 verstorbene Gattin Luise zu. Man war gerührt, denn er hatte mit der geschworenen Feindin Napoleons eine äußerst glückliche Ehe geführt. Gräfin Elise von Bernstorff (1789–1867), die Gemahlin des dänischen Delegierten, beschreibt ihn als »*Heldengestalt, aber schlicht, männlich und einfach. Er imponierte durch seine ernst militärische Haltung, und die Steifheit und Strenge bezog man gern auf die Trauer um seine heimgegangene Königin.*«

Die halbherzige Begeisterung der Wiener für Friedrich Wilhelm hielt nicht lange an. Man hatte nicht vergessen, dass der Preußenkönig sich 1809 geweigert hatte, auf Seiten Österreichs gegen Frankreich zu kämpfen. Darüber hinaus kriselte es bald zwischen Österreich und Preußen. Friedrich Wilhelm betrachtete nicht Kaiser Franz, sondern den Zaren als seinen Freund und Schutzherren, dem er seiner Ansicht nach die Rettung seines Königreichs verdankte und der ihn weiterhin unterstützen würde. Die Spötter ernannten ihn heimlich zum »Kammerdiener« des Zaren. Lulu von Thürheim urteilte wenig schmeichelhaft: »*Einst im Unglück schwach und mutlos bis zur Herabwürdigung, ist er jetzt im Glück stolz, hart, unversöhnlich und habsüchtig.*«

DIE PREUSSENPRINZEN   Der König von Preußen brachte seinen Bruder Wilhelm (1783–1851) und seinen Onkel August mit, die von Gräfin Bernstorff als »*sehr gut und sehr stattlich*« beschrieben wurden. Nostitz hingegen äußerte sich weniger freundlich: »*Der Prinz August ist die Langeweile der Gesellschaft. Wie ist es möglich, dass Wissen, Figur und Geburt, in einem Prinzenhaupt zusammengenäht, sich so unausstehlich machen können?*« Man muss dem von Nostitz so arg gebeutelten Prinzen aber immerhin zugutehalten, dass er in zahlreichen Schlachten mutig kämpfte und viele Mängel der preußischen Armee erkannte, die er ab 1815 als Generalinspekteur der preußischen Artillerie im Zuge der Neuorganisation beseitigte.

Nostitz' Urteil über Wilhelm fiel positiver aus, er bezeichnete ihn als »*Mignon der Frauen*«, und das trotz seiner »*jungfräulichen Zurückhaltung*«. Eine erstaunliche Aussage, immerhin war Wilhelm zu dieser Zeit über 30 Jahre alt und seit zehn Jahren verheiratet. Der mutige und politisch talentierte Prinz war 1809 von seinem Bruder als Gesandter nach Paris geschickt worden. Dort bot er sich und seine Gemahlin dem Franzosenkaiser als Geiseln bis zur Bezahlung der preußischen Kontributionen an. Der edle Vorschlag beeindruckte Napoleon zwar tief, wurde von ihm aber abgelehnt.

Wilhelms Umsicht und sein Verhandlungsgeschick verdienten alle Anerkennung, ebenfalls seine aktive und mutige Beteiligung an den Koalitionskriegen. Er hatte anders als der König schon 1809 gegen Frankreich kämpfen wollen, was ihm die Wiener hoch anrechneten.

Die Bayern

DER GUTMÜTIGE KÖNIG MAX Maximilian Joseph Herzog von Pfalz-Zweibrücken (1756–1825), aus einer Nebenlinie der Wittelsbacher stammend und erst durch zwei Todesfälle zum bayerischen Thronfolger geworden, hatte lange in Frankreich gelebt und als Oberst im Corps d'Alsace der französischen Armee gedient. 1799 wurde er Kurfürst und Herzog von Bayern und spielte danach unter Napoleon eine führende Rolle im Rheinbund. Dafür war er 1806 von ihm zum König erhoben worden. Erst einige Tage vor der Völkerschlacht hatte er sich auf Metternichs Drängen der Koalition gegen Napoleon angeschlossen.

König Max von Bayern.

Er war von liebenswürdiger Wesensart, zu der noch eine entwaffnende Offenheit gegenüber jedermann kam, was auf dem blanken Parkett der Diplomatie für einige Überraschung sorgte. Kurz und bündig schrieb Erzherzog Johann in sein Tagebuch: »*Den König von Bayern empfangen; ein Herr gut, glatt, hiermit ist es aus.*« Nicht selten bediente sich Max recht derber Ausdrücke, weshalb ihn Graf Nostitz »*grober, verdrießlicher, bayrischer Fuhrmann*« nannte.

Allzu ernst nahm man ihn am Kongress nicht. Der preußische König brachte ihm aus Eifersucht wenig Freundschaft entgegen, denn er wäre gern der einzige König in Deutschland geblieben. Alle Diskussionen darüber, ob die »*Könige von Napoleons Gnaden*« ihre Titel weiter führen sollten, wurden aber von England abgeschmettert, das eben im Begriff stand, mit Hannover und den Niederlanden zwei weitere Königreiche zu schmieden. Diese Bestrebungen wurden nicht überall positiv aufgenommen, so schrieb Caroline von Humboldt (1766–1829) im November 1814 an ihren Gemahl: »*Das Königreich Hannover missfällt mir auch sehr. Nicht wegen der tieferen Pläne, die vielleicht für die Zukunft damit verbunden sind, aber wegen der Nachahmung französischer alberner Standeserhöhungen. Das hätte, meine ich, einer der ersten Schritte sein sollen, dass man den avancierten Fürsten unter Napoleon wie Bayern, Württemberg usw. angedeutet hätte, freiwillig auf ihre Titel als etwas sie selbst Befleckendes zu entsagen und ihre früheren Namen wieder anzunehmen.*«

DIE BAYERNPRINZEN   Maximilian war in Begleitung seiner zweiten, protestantischen Gattin Karoline Friederike von Baden (1776–1841), der Schwester der Zarin, und seiner beiden Söhne aus erster Ehe, Kronprinz Ludwig Karl August (1786–1868) und Prinz Karl Theodor (1795–1875), erschienen.

Der Kronprinz war von Geburt an schwerhörig, was seine von Nostitz gerügte »*schwere Sprache*« erklärt. Der Graf fand überhaupt wenig Gutes an ihm: »*Der Kronprinz von Bayern sieht schlecht aus, fahles Haar, ein Mund ohne Zähne, eine Gestalt ohne Ausdruck. Es ist ein Prinz, der das Gute will, doch es nie tun wird, wenn es Geld oder Entschlossenheit fordert.*«

Günstiger beurteilte Nostitz den Prinzen Karl Theodor: »*Er ist ein junger munterer Bursch, dem seine Verhältnisse, seine Jugend und sein hübsches Aussehen un air de fatuité [einen Hauch von Selbstgefälligkeit] geben, das die Glücksgünstlinge so leicht annehmen. Er verspricht einen guten Soldaten, ist aber ein großer enragé.«* Der »enragé« (»Wüterich«) Karl Theodor wurde später Feldmarschall und Oberbefehlshaber der bayrischen Armee.

BEAUHARNAIS, DER SCHWIEGERSOHN Ebenfalls zu den Bayern zählte man Eugène-Rose de Beauharnais (1781–1824). Der von Napoleon adoptierte Sohn seiner ersten Gattin Joséphine (1763–1814) und bis zur Geburt des Königs von Rom »Kronprinz«, hatte 1806 in München auf Anweisung Napoleons die 17-jährige Prinzessin Auguste Amalie (1788–1851) geheiratet, wodurch er ein Schwiegersohn von König Max geworden war. Aus dieser Heirat aus Staatsräson entwickelte sich eine innige Liebe.

Eugène war Vizekönig von Italien, als er an Napoleons Russlandfeldzug teilnahm. Während Napoleon bei Leipzig niedergerungen wurde, kämpfte Eugène in Italien weiter. Die Abdankung Napoleons entband ihn schließlich von seinem Treueeid. Er streckte im April 1814 die Waffen, verließ Italien und begab sich mit seiner Familie an den bayerischen Königshof. Während des Wiener Kongresses und der Herrschaft der 100 Tage war er kurzzeitig als möglicher Großherzog von Genua beziehungsweise sogar als Regent Frankreichs im Gespräch. Von seinem königlichen Schwiegervater wurde er später zum Herzog von Leuchtenberg und Fürsten von Eichstätt ernannt.

Dänemark

Der König von Dänemark, Friedrich VI. (1768–1839), *»ist einer der garstigsten Menschen, dabei aber der beste König der Welt, edel, freigebig, wohltätig, geistreich und stets mit dem Wohlergehen seines Volkes beschäftigt«*, erzählte Lulu von Thürheim. Er war der beliebteste und volkstümlichste der fremden Monarchen und verdankte seinen Thron nicht Napoleon, sondern seinen Ahnen. Man nannte ihn den »König vom Tandelmarkt« in Anspielung auf die lustige Travestie »Hamlet, Prinz vom Tandelmarkt«, wie Graf de la Garde berichtete. Dänemark und Tandelmarkt (= Trödelmarkt) klangen ähnlich.

Friedrich war sehr dünn und hager, hatte von Geburt an weiße Haare, rote Augen und ein langes, hässliches Gesicht. Da er sehr schüchtern war, drängten sich die Frauen nicht gerade um ihn. Der

König Friedrich VI. von Dänemark.

Zufall kam ihm zu Hilfe. Als er eines Abends seinem Gefolge entkommen war und die Kärntner Straße entlangwandelte, fiel sein Blick auf eine junge Frau mit herrlichen Formen, schönem Gesicht und langem, schwarzem Haar. Sie hieß Margarete Berger, stammte aus Preßburg und war ein Schützling des Mädchenhändlers Leiser Fränkel aus Polen, der wegen seiner Ähnlichkeit mit dem letzten König von Polen nur der »polnische König« genannt wurde. Die Wiener nannten Margarete die »Königin vom Tandelmarkt«, die Romanze war bald in aller Munde – Margarete gab sich nämlich bei der Fürstin Paar, in deren Palais der König für sie eine prachtvolle Wohnung gemietet hatte, als Königin von Dänemark aus. Die wütende Fürstin verbot der Maitresse daraufhin den Aufenthalt in ihrem Haus. Als sich Friedrich aus Wien verabschiedete, meinte der Zar, der Dänenkönig nähme alle Herzen mit. Der antwortete, auf die Ländergewinne Russlands anspielend: »*Die Herzen vielleicht, aber keine einzige Seele.*«

Württemberg

FRIEDRICH, DAS WÜRTTEMBERGISCHE MONSTER Nicht schön anzusehen war auch Friedrich von Württemberg (1754–1816), der König von Napoleons Gnaden und der Onkel des Zaren. Er war über zwei Meter groß und unmäßig dick, in diplomatischen Kreisen nannte man ihn gar »le monstre wurtembergeois« (»das württembergische Monster«). Eine vermutlich von den Engländern in Umlauf gebrachte Karikatur zeigt ihn als unförmige Gestalt mit großem Hosenknopf. Auf diesem ist sein kleines Königreich dargestellt, der König selber ruft mit erhobenen Händen aus: »*Oh, wie unglücklich bin ich, dass ich mein Land nicht übersehen kann!*« 1805 soll Napoleon zu ihm gesagt haben: »*Ich wusste gar nicht, dass sich die Haut so weit ausdehnen kann*«, woraufhin Friedrich konterte: »*Und ich wusste nicht, dass in einem so kleinen Kopf so viel Gift stecken kann.*« Das Bündnis mit Napoleon hatte Friedrich erst nach der Völkerschlacht beendet, was ihn nicht gerade beliebter machte.

Der wohlbeleibte König Friedrich I. von Württemberg.

Er war in Wien mit allem unzufrieden, man konnte ihm nichts recht machen. Erzherzog Johanns Tagebuch verrät: »*Sein vorzüglicher Verstand, sein Stolz und seine Grobheit sind bekannt. Ordnung ist in seinen Staaten, aber die Untertanen sind sehr gedrückt.*« Sie mussten ständig Wild für ihren Herrscher zusammentreiben, denn außer der Jagd machte ihm nichts Spaß. An Damen war er nicht interessiert, es hieß, er sei homosexuell. Die Reize von Metternichs weiblichen Spionen verfingen daher bei ihm nicht.

Friedrich benutzte seine eigene, merkwürdig gebaute Kutsche, die er völlig ausfüllte und die von vier Pferden gezogen wurde. Selbst bei Tisch musste man sich etwas einfallen lassen, wie Lulu von Thürheim schrieb: *»Ich weiß nicht, wo der König von Württemberg seinen kolossalen Bauch hinschleppte. Dieser war so mächtig, dass die Tischplatte an seinem Platz einen halbrunden Ausschnitt haben musste, damit der arme König überhaupt sitzen konnte.«*

Genau das sollte seine frühzeitige und abrupte Abreise im Dezember verursachen: Bei einer Sitzung, deren Verlauf nicht seinen Vorstellungen entsprach, sprang er in äußerster Erregung auf. Vor ihm stand jedoch ein Tisch, bei dem der übliche runde Ausschnitt für seinen Bauch fehlte, sodass er diesen mit allem, was darauf lag, umwarf. Wütend verließ er sofort den Verhandlungsraum und noch am selben Tag Wien.

KRONPRINZ WILHELM VON WÜRTTEMBERG   Sein Sohn, Kronprinz Wilhelm von Württemberg, wohnte in der Kärntner Straße, was gut war, denn das Verhältnis der beiden Männer zueinander war mehr als gespannt. Sie konnten gar nicht gegensätzlicher sein und verabscheuten einander heftig. Der harte, absolutistische Regierungsstil des Vaters entsprach nicht den Vorstellungen des Sohnes, der 1816 den Thron besteigen und das Land reformieren sollte. Er war nie ein Anhänger Napoleons gewesen. Lulu von Thürheim sagte über Wilhelm: *»Der Kronprinz von Württemberg hat ein edles, wenn auch unschönes Gesicht, er ist untersetzt, aber elegant. Sein Charakter ist stark, er besitzt Widerstandskraft. In seinem Land ist er sehr beliebt.«* Erzherzog Johann beschrieb Wilhelm hingegen nicht so schmeichelhaft: *»Was nützen Mut, Kenntnisse und Talent, wenn der Charakter nicht gerade fest, unerschütterlich ist?«*

Um nicht wie seine Schwester Katharina mit einem Mitglied der neuen »kaiserlichen« Dynastie Bonaparte verheiratet zu werden, hatte sich

Wilhelm seinerzeit recht plötzlich mit Karoline Charlotte Auguste (1792–1873), der Tochter von König Max, vermählt. Die Ehe wurde nie vollzogen, noch vor Beginn des Kongresses geschieden – und die Braut ihrem Vater zurückgeschickt. Man kann sich vorstellen, dass die Bayern darüber nicht gerade erfreut waren. Der bayerische Kronprinz Ludwig hatte in Wien für seinen ehemaligen Schwager Wilhelm nur blanken Hass übrig, und dieser revanchierte sich gern mit beißendem Spott. Das Verhältnis zwischen den beiden Familien besserte sich erst, als die verstoßene Charlotte Auguste 1816 nochmals heiratete, und zwar Kaiser Franz von Österreich. Kaiserin Karoline Augusta, wie sie sich nun nannte, war zwar keine Schönheit, sie erfreute sich im Gegensatz zu ihrer schönen Vorgängerin aber bester Gesundheit und wurde über 80 Jahre alt.

Tratsch und Klatsch

Neugierige rund um die Hofburg

Man kann sich vorstellen, dass viele Wiener zur Hofburg kamen, sei es, dass sie dienstlich etwas zu erledigen hatten, sei es aus Neugier, nur um die Gäste zu sehen und möglichst viel über deren Tagesablauf und Verhalten zu erfahren. Der Durchgang zum Schweizerhof und der Burghof waren immer voller Menschen, denn es wurde nie abgesperrt.

Was man da so mitbekam, war – abgesehen von den repräsentativen Anlässen – alles andere als spektakulär. Laut de la Garde war »*das Auftreten der Monarchen das einfacher Privatleute. Man sah es ihnen an, dass sie es liebten, frei vom Zwange der Etikette zu sein. Oft begegnete man dem Kaiser von Österreich und dem Könige von Preußen in bürgerlicher Kleidung Arm in Arm auf den Straßen. Alexander ging ebenfalls häufig mit dem Prinz Eugen [Eugène Beauharnais] spazieren. Sie besuchten einander und überraschten sich gegenseitig wie gute alte Freunde: es war mit einem Worte eine königliche Kameradschaft. Alexander und der König von Preußen kamen auf die Idee, den Kaiser Franz an seinem Namenstage beim Lever [zeremonielles Aufstehen] zu überraschen, und überreichten ihm, der eine ein Hauskleid mit Marderzobel gefüttert, der andre ein Waschbecken und eine Kanne aus Silber der vorzüglichsten Berliner Arbeit. Diese Szenen häuslicher Vertraulichkeit machten im Publikum bald die Runde und bildeten den Gegenstand aller Tagesgespräche.«*

Die Wiener erfuhren bald, dass bei offiziellen Anlässen der Zar und die österreichische Kaiserin nebeneinander saßen, und lachten darüber, dass beide etwas schwerhörig waren, und zwar jeweils genau auf dem Ohr, das die beiden einander zuwandten. Ihre Unterhaltung muss recht mühsam gewesen sein. Doch die Etikette erlaubte ihnen nicht, die Plätze miteinander zu tauschen.

Die Leute interessierten sich für jeden Tratsch und Klatsch, für die Liebschaften des Zaren, die Bemühungen des Königs von Preußen um die schöne Gräfin Julie Zichy, die homosexuellen Neigungen des Königs von Württemberg, die derbe Ausdrucksweise des Königs von Bayern, hingegen nicht so sehr für die politischen Wünsche der großen und kleinen Staaten und für den Gang der Verhandlungen. Der Ausspruch des bayerischen Königs *»Unser Leben hier ist sehr angenehm, nur wissen wir ganz und gar nicht, was vorgeht«* zeigt, dass selbst die Souveräne wenig Einblick hatten.

Es dauerte nicht lange, da hatten die Wiener die Eigenheiten der gekrönten Häupter auf den Punkt gebracht. Dies zeigt eine Karikatur mit deren Porträts und Namen:

»Er liebt für alle: Alexander
Er denkt für alle: Friedrich Wilhelm
Er spricht für alle: Friedrich von Dänemark
Er trinkt für alle: Maximilian von Bayern
Er frisst für alle: Friedrich von Württemberg
Er zahlt für alle: Kaiser Franz«

Ehrenposten und Equipagen

Die Zaungäste liebten es, die Ehrenposten vor den Wohnungen der Monarchen zu beobachten. Es war schön anzusehen, wie sie das Gewehr präsentierten, und erhebend, die Wache zu beobachten, wenn sie herausgerufen wurde und sich samt Fahnenträger aufstellte, während der Offizier seinen Säbel zum Gruß blankzog. Das geschah jedes Mal, wenn einer oder mehrere der hohen Gäste die Hofburg verließen oder betraten, was laut Lemberger Nachrichten vom 24. Oktober 1814 im Schnitt alle 15 Minuten geschah. Diese Hofburgwache gab es seit 1802, sie bestand aus bis zu 173 Mann, Unteroffizieren und Soldaten der Armee, und war dem Kapitän der Trabanten-Leibgarde unterstellt.

Auf dem Josefsplatz konnte man hingegen die auf die hohen Herrschaften wartenden Equipagen mit den uniformierten Kutschern und den schönsten Pferden sehen. Dort standen tagsüber und oft noch bis tief in die Nacht auch die Pferde der Ordonnanzen und der berittenen Hofdiener bereit.

Nicht erschienen

König Georg III. und sein Prinzregent Georg August Friedrich

Kein Mitglied des britischen Königshauses war nach Wien gekommen. Der König des Vereinigten Königreichs von Großbritannien und Irland und Kurfürst von Hannover, Georg III. (1738–1820), war regierungsunfähig. Sein Sohn, der spätere König Georg IV. August Friedrich (1762–1830), herrschte ab 1811 in seinem Namen als Prinzregent. Er und seine Brüder fielen eher durch private Skandale als durch staatspolitische oder militärische Leistungen auf.

Die Bourbonen von Frankreich, Spanien und Neapel

Das besiegte Frankreich entsandte keinen Angehörigen des Herrscher-hauses zu den Verhandlungen, genau wie Spanien. Der einzige Bourbone auf dem Kongress war Prinz Leopold von Salerno (1790–1851), der sechste Sohn der Erzherzogin Maria Karoline (1752–1814) und König Ferdinands I. von Neapel-Sizilien (1751–1825). Auf Betreiben Metternichs heiratete er 1818 Erzherzogin Maria Klementine (1798–1881), seine eigene Nichte – sie war eine Tochter von Kaiser Franz I. und dessen erster Gattin, Marie Therese von Bourbon-Neapel (1772–1807), Leopolds Schwester. Durch Leopolds zärtliche Beziehung zur Ballerina Fanny Elßler (1810–1884), der ein Sohn entspross, ging er in die Sittengeschichte ein. Ansonsten ist nichts Bemerkenswertes über ihn zu berichten.

Bernadotte, der Kronprinz von Schweden

Eine sehr wichtige Persönlichkeit, der Kronprinz von Schweden und Norwegen, Jean-Baptiste Bernadotte (1763–1844), war ebenfalls nicht erschienen, obwohl Schweden zu den Siegermächten gehörte. Napoleons ehemaliger Feldmarschall und Kriegsminister war 1810 vom kinderlosen König Karl XIII. (1748–1818) aus der Dynastie Holstein-Gottorp adoptiert worden. Als Oberbefehlshaber der alliierten Nordarmee gegen Napoleon hatte er kräftig zu dessen Sturz beigetragen, sich aber geweigert, auf französischem Boden zu kämpfen, obwohl der Zar ihm Napoleons Nachfolge angeboten hatte. In Wien erinnerte man sich noch gut an ihn, denn 1798 hatte er als Botschafter des Direktoriums in Wien den Auftrag erhalten, die Botschaft mit republikanischen Farben zu schmücken. Der Anblick der Trikolore verursachte damals einen Volksauflauf von über 3000 Menschen. Bernadotte wäre dabei fast ums Leben gekommen, da Militär und Polizei erst nach Stunden einschritten. Zur Erinnerung daran wurde jene Straße 1898 in Fahnengasse umbenannt.

Die Delegationen

Um Europa neu zu ordnen und ihre eigenen Wünsche möglichst durchzusetzen, hatten sich 64 Delegationen in Wien versammelt. Ihre Stärke, aber auch ihre Bedeutung für den Kongress war sehr unterschiedlich, denn zu reden hatten letztlich doch nur die acht Signatarmächte des Friedens von Paris. Diese waren neben den »großen Vier« (England, Russland, Preußen und Österreich) noch Schweden, Spanien und Portugal sowie das besiegte Frankreich.

Großbritannien

CASTLEREAGH, DER RUHIGE DIPLOMAT   Großbritannien wurde durch Henry Robert Stewart, Viscount of Londonderry, Viscount Castlereagh vertreten. Castlereaghs politische Gesinnung war derjenigen von Metternich nicht unähnlich, er war sachlich und galt als kühler Diplomat. Erzherzog Johann beschrieb ihn als *»solid und still, sehr gut denkend, bedacht und langsam redend. Mir scheint aber, nicht die Schmiede, um etwas durchzusetzen. Immer sehr interessant, mit ihm zu sprechen.«* Für die Gräfin Bernstorff war er von *»offener Treuherzigkeit und Biederkeit«*, doch *»sein Mangel an Festigkeit, seine zu große Nachgiebigkeit mochten seiner Politik oft den Anstrich von Falschheit geben«*.

Da seine Kenntnisse über die Geografie des Kontinents mangelhaft waren, war ihm unbekannt, dass Leipzig eine Stadt in Sachsen war, wie Talleyrand im Jänner 1815 seinem König brieflich verriet: *»Castlereagh besitzt so geringe Kenntnis von allem, was militärische Topografie und auch einfache Geografie des Kontinents betrifft – ich kann sogar sagen: keinerlei Kenntnis, sodass es notwendig ist, ihn über die nichtigsten Sachen aufzuklären.«*

Die Wiener machten sich gern über Castlereaghs altmodische Kutsche lustig: Die Kutscher trugen Puderperücken, die längst völlig aus der Mode

Der Leiter der englischen Delegation Lord Castlereagh und sein Bruder Lord Stewart, in Wien »Lord Pumpernickel« genannt.

waren, und die beiden Lakaien verwendeten bei jeder Ausfahrt lange Stangen, um entgegenkommende Wagen zum Ausweichen zu zwingen. Noch mehr Belustigung lösten die Auftritte von Lady Castlereagh aus (siehe Seite 145f.).

LORD PUMPERNICKEL SORGT FÜR HEITERKEIT   Ebenfalls zur englischen Delegation gehörte Castlereaghs Bruder, Lord Charles William Stewart (1778–1854), der ab 1815 neun Jahre lang als Botschafter in Wien residierte. Während des Kongresses fiel er weniger durch Arbeit als durch etliche Skandale auf, und der hohe Alkoholkonsum verbesserte seinen etwas labilen Geisteszustand nicht.

Einmal ritt er lachend und offenbar berauscht über Graben und Kohlmarkt nach Hause, mit einem großen Busch Maiblumen in der Linken, sein Pferd ebenfalls mit Maiblumen geschmückt. Die Leute lachten nicht zum ersten Mal über ihn. Man nannte ihn bald nur mehr »Lord Pumpernickel« oder »Goldfasan«, da er gerne gelbe Stiefel trug. Respekt flößte er niemandem ein.

Die Engländer waren alle nicht sehr beliebt, ihr mitunter etwas sonderbares und desinteressiert wirkendes Benehmen wurde als arrogant empfunden. Zudem ärgerten sich die Wiener Geschäftsleute über sie, da sich diese »englischen Kleinstädter« zwar alle Waren zeigen ließen, dann aber doch nichts kauften.

WELLINGTON, DER STRAHLENDE KRIEGSHELD Umso mehr wartete man im Februar 1815 voller Neugier auf Castlereaghs Ablösung durch Arthur Wellesley, Duc, Marquis and Count of Wellington (1769–1852), der dem Vernehmen nach eine Respektsperson sein sollte.

Die Wiener kannten ihn bis dahin nur durch Beethovens erfolgreiches Werk »Wellingtons Sieg oder die Schlacht bei Vittoria«, das bereits im Dezember 1813 uraufgeführt worden war. Wellington stammte aus englisch-irischem Adel, durch Karl Graf von Nostitz kennen wir sein Aussehen: »*Er ist von großer Statur, seine Haltung ist zuverlässig, einfach und fest. Er hat eine römische Nase, eine hohe Stirn und frische, doch weder sehr glänzende noch strahlende Augen.*« Er bemängelte an dem gutaussehenden Mann nur die schiefen Zähne, die »*die Harmonie des Ganzen störten*«. Der Held hatte ab 1807 in Spanien und Portugal gegen die Franzosen gekämpft, schließlich 1813 die gesamte Iberische Halbinsel erobert und war nach Napoleons Niederlage zum Herzog von Wellington ernannt worden. In diplomatischen Kreisen erhoffte man sich von ihm schnellere Entscheidungen als von Castlereagh und dachte, er würde weniger nachgiebig bei den Verhandlungen sein: »*Er wird nichts einstecken, er wird imponieren.*«

Wellington benahm sich gern überheblich und beleidigte sogar die Könige. So lehnte er ein Ansuchen des bayerischen Königs um ein Treffen mit der Begründung ab, dass »*sein ganzer Tag schon ausgefüllt sei*«. Dass er nicht wie die meisten anderen Herren ständig unterwegs war, erzählte Graf Starhemberg: »*Der Herzog von Wellington geht nicht aus. Die Engländer sagten mir gestern: He got a cold. Andere nehmen die Sache schon ernster und sagen, man glaube, es sei der Beginn eines Nervenfiebers. Doch ist bisher kein Grund vorhanden, diesem Unsinn Glauben zu schenken. Er hat eine Pflegerin aus Paris mitgenommen, die ihm Gesellschaft leisten wird; ich meine Madame Grassini, die sich in seinem Gefolge befindet.*« Die Anwesenheit der schönen Sängerin und ehemaligen Geliebten Napoleons war aber nur ein Gerücht, Wellington reihte sich in die lange Reihe der Gönner der Fürstin Bagration ein.

Der berühmte Herzog von Wellington.

Die Interessen des Hauses Hannover ließ der englische Prinzregent Georg August Friedrich getrennt durch einen ihm besonders vertrauten Minister vertreten, den Grafen Ernst Friedrich zu Münster-Ledenburg (1766–1839), der seine eigenständige Verhandlungsposition auch durchzusetzen wusste. Das Kurfürstentum Braunschweig-Lüneburg, umgangssprachlich Kurfürstentum Hannover oder Kurhannover genannt, war 1714 eine Personalunion mit Großbritannien geworden, nun wurde seine Erhebung zum Königreich angestrebt.

Münster-Ledenburg galt auch als einer der wichtigsten Vertreter der kleineren Staaten, Erzherzog Johann nannte ihn einen »*verständigen, rechtlichen, klugen, mehr verschlossenen Mann*«.

Im November 1814 heiratete er Wilhelmine Charlotte Prinzessin zu Schaumburg-Lippe (1783–1858), die von Humboldt als »*ungeheuer hässliche Frau*« bezeichnet wurde.

Russland

Zar Alexanders Delegation war die größte von allen, sie bestand aus über 50 Personen. Die meisten waren gar keine Russen, wie der aus einer rheinländischen Familie in Livland stammende Nesselrode und der Rheinländer Stein, der Elsässer Anstett, die Griechen Capo d'Istria und Ypsilanti oder der Pole Czatoryski. Viele waren nicht einmal Diplomaten. Der französische Delegierte Frédéric-Séraphin de La Tour du Pin (1759–1837) nannte sie abschätzig »*Kalmücken, Baskieren und nordische Barbaren*«.

NESSELRODE, DER MITTELMÄSSIGE DELEGATIONSLEITER Karl Robert Graf von Nesselrode (1780–1862) wurde 1811 zum Staatssekretär ohne Geschäftsbereich ernannt und fungierte als außenpolitischer Sprecher des Zaren. Alexander setzte ihn als Delegationsleiter ein, doch wurde Nesselrode von seinem Herrn wiederholt behindert, indem dieser die Leitung oft selbst übernahm und ihn nicht einmal über seine Pläne und Absichten informierte. Ging es dann aber darum, sachlich zu arbeiten, zog sich der Zar rasch zurück.

Der Elsässer Johann von Anstett stand seit 1789 in russischen Diensten und war erbittert über Nesselrodes Bestellung, über dessen armselige Fähigkeiten er offen sprach. Nesselrode sei ein »*Sybarit*«[13] und jeden Abend »*sehr betrunken*«. In den Berichten der Geheimpolizei wurde Anstett selbst als genusssüchtig und verschwenderisch beschrieben, er »*sehne sich nach Ruhe und Lebensgenuss*«. Anstett erzählte seinem Quartiergeber Konrad Bartsch ohne jede Vorsicht viel zu viel über den Gang der Verhandlungen und die Wankelmütigkeit sowie die erotischen Abenteuer

des Zaren. Er war sehr unzufrieden und meinte, ihm
stünde seitens des Zaren
mehr Dankbarkeit zu.
Einmal äußerte er, dass er
*»Russland und dem russi-
schen Volk sehr abgeneigt sei
und um keinen Preis der Welt
in Russland leben möchte«*.
Dennoch galt er den Beob-
achtern als der *»Einzige, der
Talent und Kenntnisse hat«*,
wohingegen Nesselrode
generell als schwächstes
Glied der ohnedies eher
mittelmäßigen russischen
Delegation galt.

Der unfähige Leiter der russischen Delegation:
Karl Nesselrode.

STEIN, DER UNBEHERRSCHTE BERATER DES ZAREN   Heinrich Friedrich Karl Reichsfreiherr vom und zum Stein (1757–1831) war 1804 vom
preußischen König zum Staatsminister für Wirtschaft und Finanzen
ernannt worden, fiel 1807 durch Intrigen der Hofkamarilla kurzzeitig in
Ungnade, wurde aber noch im selben Jahr zum leitenden Minister ernannt.
Gemeinsam mit Hardenberg begann er mit der Vorbereitung wichtiger
Reformen. Als erklärter Gegner Napoleons akzeptierte er das Bündnis
zwischen Preußen und Frankreich nicht und trat 1812 in den Dienst des
Zaren. Er beriet ihn bei den Pariser Friedensschlüssen und beim Wiener
Kongress, nahm aber nicht aktiv an den Verhandlungen teil. Erzherzog
Johann äußerte sich positiv über ihn: *»Stein interessierte mich außerordent-
lich. So viel ich an ihm sehe, so hat er viel Verstand, festen Willen. Diesen
Mann will ich pflegen und genauer kennenlernen.«*

Mit seinen Ansichten stand Stein meist alleine da, und da er sich nicht scheute, dem Zaren unverblümt seine Meinung zu sagen, fiel er bald in Ungnade. Graf de la Garde berichtete von einer Aussage des Fürsten Koslowski, dass er »*von Natur aus heftig und leicht aufgeregt ist und trotz der Berührungen mit der diplomatischen Welt niemals die Heftigkeit seines Charakters mäßigen kann*«. Stein hatte sich nämlich auf einen unerwünschten Besucher, den Geschäftsführer eines deutschen Prinzen, gestürzt, ihn beim Kragen gepackt und eigenhändig hinausgeworfen. Den Ruf eines unbeherrschten Sonderlings wurde er nie mehr los. Er zog sich noch während der Verhandlungen aus Wien und damit aus der aktiven Politik zurück.

Die beiden Griechen der russischen Delegation, Graf Ioannis Antonios Graf Kapodistrias (Capo d'Istria, 1776–1831) und Fürst Alexander Ypsilanti (1792–1828), verfolgten vor allem ihre eigenen Interessen: den griechischen Freiheitskampf gegen die Osmanen.

DER LIEBHABER DER ZARIN   Der Pole Adam Georg Fürst Czartoryski (1770–1861) war 1793 nach Moskau gekommen, wo er rasch die Freundschaft des Thronfolgers Alexander gewonnen hatte und ihm in den schwierigen Jugendjahren beigestanden war. Nach der Thronbesteigung Alexanders wurde er 1804 Außenminister und gehörte zum engsten Beraterkreis, dem »Intimen Komitee«, in dem regelmäßig über Russlands Probleme und die notwendigen Reformen diskutiert wurde. Der Zar hatte offenbar nichts gegen Czartoryskis Verhältnis mit der Zarin einzuwenden, er hatte es vermutlich sogar selbst eingefädelt, da auch er seiner eigenen amourösen Wege ging. Die Freundschaft erkaltete jedoch allmählich, da der Pole in politischer Hinsicht von Alexander enttäuscht war und ihn nicht mehr rückhaltlos unterstützte, vor allem hinsichtlich des russisch-preußischen Verhältnisses. Natürlich verfolgte er seine persönlichen Ziele hinsichtlich Polens, wie Gräfin Bernstorff berichtete: »*Der liebenswürdige Fürst Adam Czartoryski nahm eine ganz andere Stellung am Kongress ein. Still und in sich versunken, erschien er nur wenig bei den Festlichkeiten, suchte aber desto eifriger das Beste für sein Volk zu wirken. Seine Physiognomie, sein ganzes Wesen zogen mich sehr an, und mit Interesse und Trauer habe ich sein Schicksal verfolgt.«*

In Wien flammte die alte Leidenschaft zwischen Czartoryski und Zarin Elisabeth wieder auf, was der Geheimpolizei nicht entging.

RASUMOWSKY, DER BOTSCHAFTER IN WIEN   Einer der wenigen echten Russen der Delegation war Fürst Andreas Kyrillowitsch Rasumowsky (1752–1836), seit 1793 russischer Botschafter in Wien. Er vermählte sich hier mit Konstantine von Thürheim (1785–1867), deren Schwester Lulu wir so viele scharfäugige Betrachtungen ihrer Zeit und Zeitgenossen verdanken. Der Fürst galt als immens reich, sein Palais im dritten Bezirk, dessen Park bis zur Kleinen Donau (Donaukanal) reichte, stellte eine der großen Sehenswürdigkeiten von Wien dar.

Das ehemalige Palais Rasumowsky auf der Landstraße.

Der Fürst war ein großzügiger Musikliebhaber und Mäzen, der mit anderen Adeligen zusammen dafür sorgte, dass Beethoven ein sorgenfreies Leben führen konnte.

Preußen

STAATSKANZLER HARDENBERG – FLEISSIG, ABER TAUB Preußens Verhandlungen beim Kongress wurden von Staatskanzler Karl August von Hardenberg und Wilhelm von Humboldt geführt. Nostitz schrieb, dass *»man von Hardenberg am besten spricht. Er ist ein Mann, der zart, liberal und fest ist«.* Er galt als einer der fleißigsten Kongressteilnehmer, vielleicht weil er wegen seiner Taubheit nicht zu viel Zeit bei Gesellschaften in den Salons verlor. Er war eher zu Kompromissen bereit als Humboldt, Konfidentenberichten zufolge soll er allerdings dafür den einen oder anderen hohen Geldbetrag empfangen haben. Geldgeschenke waren damals aber durchaus üblich.

HUMBOLDT, HARDENBERGS RECHTE HAND Während des Kongresses fungierte Wilhelm von Humboldt als Hardenbergs rechte Hand. Der Staatsrechtler und äußerst gebildete Mann hatte in Preußen als Leiter der Sektion des öffentlichen Unterrichts umfangreiche Reformen des Ausbildungswesens durchgeführt, deren Höhepunkt die Gründung der Berliner Universität darstellte. 1811 war er zu Preußens *»außerordentlichem Gesandten und bevollmächtigtem Minister in Wien«* ernannt worden, wo er seinen alten Freund Gentz wiedertraf. Bemerkenswert sind seine Briefe, die er während des Kongresses an seine Frau Caroline schrieb, eine streng preußische Patriotin, die Metternich und Gentz als *»gefährliche Närrin«* bezeichneten. Er berichtete ihr zwar sehr viele Verhandlungsdetails, nicht aber Einzelheiten seiner eigenen Freizeitaktivitäten bei Gentz, wo es nicht um Politik, sondern um ganz andere, sehr weltliche und sinnliche Genüsse ging.

Schweden und Portugal

Schwedens Gesandter Carl Axel Graf Löwenhielm (1772–1861) erwies sich als ebenso würdig wie die Vertreter Portugals, die geschickten Diplomaten Dom Pedro de Sousa-Holstein Herzog von Palmella (1781–1850), Dom António de Saldanha da Gama (1778–1839) und Graf Joaquim Lobo da Silveira (1772–1846). Der Graf de la Garde sagte in seinen Erinnerungen über sie: »*Allgemein rühmt man die Verständigkeit und Weisheit der portugiesischen Gesandten Lobo, Saldanha, Palmella. Durch solide Kenntnisse in jedes besondere Interesse eingeweiht, nehmen sie dasselbe nur insofern auf, als es Bezug hat auf das ihrige.*«

Der schwedische Delegierte Carl Axel Graf Löwenhielm.

Spanien

Pedro Gómez Labrador, Marquis von Labrador (1772–1850) war 1812 zum spanischen Staatssekretär ernannt worden, was einem Außenminister entsprach. Er war nach Wien gekommen, um die Ansprüche der spanischen Bourbonen auf der Iberischen und der Apenninischen Halbinsel ebenso wie in Amerika durchzusetzen. Da er als äußerst mittelmäßiger und inkompetenter Diplomat beschrieben wurde – Wellington nannte ihn »*den dümmsten Mann, den ich je in meinem Leben gesehen habe*« –, kann man sich vorstellen, dass er wenig erfolgreich war. Er schaffte es nicht einmal, ein einziges Fest zu geben. Das war aber wohl darauf zurückzuführen, dass sein König die Kosten seines Wienaufenthalts nicht übernahm, er musste für alles selbst aufkommen.

Sachsen

Der König von Sachsen durfte als Verbündeter Napoleons nur in Preßburg auf das Ergebnis warten, nicht aber selber am Kongress teilnehmen. Er entsandte daher seinen Bruder Anton und sieben Diplomaten nach Wien, darunter Friedrich Albrecht Graf von der Schulenburg-Klosterroda (1772–1853), sächsischer Gesandter in Wien von 1810 bis 1830. Seine Position beim Kongress war ungleich schwieriger als die vieler anderer Delegierter. Von der am Kongress beschlossenen Teilung Sachsens war Schulenburg überdies privat betroffen, denn sein Gut Klosterroda lag danach auf preußischem Boden.

Frankreich

TALLEYRAND – WENDEHALS ODER PATRIOT? Frankreich wurde durch einen Mann vertreten, der Metternich und dem Zaren geistig überlegen war, was er diese durchaus spüren ließ. Als Sprössling aus altadeligem, aber nicht besonders vermögendem Haus hatte Charles-Maurice de Talleyrand-Périgord (1754–1838) auf sein Erstgeburtsrecht verzichten müssen, da er mit einem Klumpfuß zur Welt gekommen war. Er selbst gab an, die Behinderung sei die Folge eines Unfalls. Mit einem solchen Makel behaftete adelige Kinder konnten in der damaligen Welt nur als Geistliche vorankommen, eine Neigung zum Priesteramt, richtiger Glaube oder geschlechtliche Enthaltsamkeit waren dazu nicht erforderlich.

Talleyrand verfügte über nichts davon, wohl aber über sein beeindruckendes aristokratisches Auftreten und seinen geschärften Verstand. Er wurde 1779 zum Priester geweiht und 1788 zum Bischof von Autun ernannt, hielt sich dort aber nur kurz auf. Der Klerus wählte ihn zum Abgeordneten der 1789 einberufenen Generalstände, womit er in den Bann der Französischen Revolution geriet. Er wechselte in den Dritten Stand, um in die neu gebildete Nationalversammlung eintreten zu können, und entfernte sich immer mehr von den Interessen der Kirche. Als er 1791 den Eid auf die neue Verfassung leistete, wurde er vom Papst exkommuniziert und seiner kirchlichen Ämter enthoben. Trotz alledem neigte Talleyrand aber doch eher zur Staatsform der Monarchie: »*Wer das Ancien Régime nicht kannte, wird niemals wissen können, wie süß das Leben war.*«

1792 verließ er Frankreich, offiziell in diplomatischen Angelegenheiten. Dies ermöglichte ihm 1796 die Rückkehr, da er nicht als Emigrant galt. 1797 wurde er durch das Direktorium zum »Bürger Außenminister« berufen, gefördert von Madame de Staël. Als er die

Diese französische Karikatur prangert die wechselhafte Lebensgeschichte Talleyrands an.

wunderschöne Kurtisane und Salondame Noëlle-Catherine Grand (1762–1834) vor der Hinrichtung rettete, war das der Beginn einer langjährigen Liebesbeziehung. Schon bald unterstützte Talleyrand Napoleon; 1799 wurde er von diesem neuerlich zum Außenminister ernannt und 1802 aus Schicklichkeitsgründen zur Eheschließung gezwungen. Zu der Zeit war er mit Napoleons Kriegspolitik schon längst nicht mehr einverstanden, denn seiner Auffassung nach hatte Frankreich mit dem Frieden von Amiens alle wünschenswerten Ziele erreicht. Da er mit seiner Ansicht nicht durchkam, reichte er nach dem Frieden von Tilsit seine Demission ein.

Von 1806 bis 1815 war Talleyrand souveräner Fürst von Benevent in Italien, wo er sich durch eine gute Verwaltung auszeichnete. Nachdem Napoleon gestürzt worden war, vertrat er Frankreich auf dem Wiener Kongress. Hier befand sich an seiner Seite nicht die inzwischen gealterte, etwas vulgäre Ehefrau, sondern die elegante kurländische Prinzessin

Charles-Maurice de Talleyrand-Périgord (Gemälde von Pierre Paul Prud'hon).

Dorothea von Biron (1793–1862), Gattin seines Neffen Edmond de Talleyrand-Périgord (1787–1872).

Unter Talleyrands Gästen bewegte sich häufig der Graf de la Garde, dem wir eine Schilderung seines ersten Besuchs in der französischen Gesellschaft verdanken: »*Ich kam schon frühzeitig in die Gesandtschaft und traf nur Herrn von Talleyrand, den Herzog von Dalberg und die Gräfin von Périgord an. Der Fürst begrüßte mich mit dem erlesenen Anstand, der ihm zur zweiten Natur geworden ist; er ergriff meine Hand mit jener gütigen Gebärde, die an ein längst vergangenes Zeitalter erinnert, und sagte: Ich muss also nach Wien kommen, Monsieur, damit ich das Vergnügen habe, Sie in meinem Hause begrüßen zu dürfen. – Ich hatte ihn seit dem Jahre 1806 nicht mehr gesehen, aber ich war wieder einmal tief gerührt von seinem geistvollen Ausdruck, von der unzerstörbaren Gelassenheit seiner Züge, von der ganzen Haltung dieses außerordentlichen Mannes, in dem ich – gleich allen damals in Wien versammelten Besuchern des Kongresses – den größten Diplomaten der Zeit erblickte. Unverändert war der ernste und tiefe Klang seiner Stimme, unverändert waren die ungezwungenen und natürlichen Umgangsformen, unverändert auch seine tief verwurzelte Vertrautheit mit den Sitten der besten Gesellschaft; alles wirkte damals schon wie eine vom Schicksal aufbewahrte Spiegelung einer Welt, die nicht mehr bestand, und die er als einer ihrer letzten Vertreter so überaus vollkommen verkörperte. Er beherrschte, so schien es mir, die ganze erlauchte Versammlung durch den Zauber seines Geistes und die unwiderstehliche Kraft seines Genies.*«

Talleyrand war nicht nach Wien gekommen, um jedermann von seinem Charme zu überzeugen oder sich selbst zu amüsieren, sondern um als derjenige zu arbeiten, der er schon immer gewesen war: ein Patriot, für den das Wohl Frankreichs, und nicht das von dessen jeweiligem Herrscher oder Staatsform, im Mittelpunkt stand.

DER HERZOG VON DALBERG   Emmerich Joseph Herzog von Dalberg (1773–1833) war ein Neffe von Karl Theodor von Dalberg (1744–1817), dem letzten Kurfürsten von Mainz und Fürstprimas des Rheinbundes. Da seine Besitzungen auf dem linken Rheinufer lagen, nahm er die französische Staatsbürgerschaft an und war an den Vorbereitungen zu Napoleons Eheschließung mit Marie Louise beteiligt. Daraufhin wurde er zum Staatsrat und zum Herzog erhoben. Als Talleyrand im April 1814 an die Spitze der provisorischen Regierung trat, wurde er zu einem der fünf Regierungsmitglieder ernannt, welche die Restauration der Bourbonen durchführten.

Die bekannteren Vertreter anderer Staaten

WREDE, GRAF VON NAPOLEONS GNADEN   Bayerns Delegation bestand aus mehr als 30 Diplomaten, an deren Spitze Graf Carl Philipp Joseph von Wrede (1767–1838) und Maximilian Carl Graf von Montgelas (1759–1838) standen.

Wrede war maßgeblich an der Eroberung Salzburgs und Innsbrucks im Jahre 1809 beteiligt gewesen, worauf er von Napoleon in den Grafenstand erhoben wurde. Nach Bayerns Wechsel auf die Seite der Alliierten wurde er 1813 schwer verletzt. Graf de la Garde schrieb über ihn: »*Ein Mann, der die günstigsten Eindrücke des letzten Krieges durch ein steifstolzes, kaltes und arrogantes Wesen, ohne jeden äußeren Anstand, allenthalben verwischt.*«

Montgelas war trotz seines französischen Namens ein echter Bayer. Er wurde zwar offiziell als Delegierter geführt, blieb aber in München und gab Wrede von dort aus Anweisungen.

LA HARPE, DER EHEMALIGE LEHRER DES ZAREN Frédéric-César de la Harpe (1754–1838) gehörte zur Schweizer Delegation. Er war 1783 von Zarin Katharina II. zum Lehrer der russischen Großfürsten Alexander und Konstantin berufen worden, denen er sein gemäßigt-liberales Gedankengut vermittelte, bis er sich 1794 nach Genf und später nach Paris zurückzog. Er blieb danach ständig in Briefwechsel mit seinem ehemaligen Schüler, dem Zaren, und übte einigen Einfluss auf ihn aus, dank dessen er die Aufteilung der Schweiz verhindern konnte.

Alexander sagte über ihn: »*Ein Fürst ist in der Regel nur ein Fürst. La Harpe aber hat aus mir einen Menschen gemacht, und ich werde ihm dafür mein Leben lang dankbar sein.*« Der Fürst de Ligne nannte La Harpe hingegen einen »*großen, aber gefährlichen und bösartigen Kopf*«.

CONSALVI, EIN GESELLIGER, ABER GEFÜRCHTETER VERHANDLER Kardinal Ercole Consalvi war im Jahre 1800 von Papst Pius VII. zum Kardinal und Staatssekretär ernannt worden. Beim Kongress setzte er sich vehement für die Wiederherstellung des Kirchenstaates ein, was ihm den Ruf eines »*egoistischen Verhandlers*« einbrachte, der ohne Rücksicht auf die Interessen der anderen Staaten nur für die eigene Sache arbeitete. Den Vertretern der katholischen Länder und vor allem dem als Freimaurer geltenden Metternich drohte er sogar einmal, die Angelegenheiten des Kirchenstaates dem türkischen Sultan und dem protestantischen König von Schweden zu überlassen.

Er war sehr gesellig und den weltlichen Freuden zugeneigt, bei mancher Redoute hielt er bis in die frühen Morgenstunden durch. Auch lud er gerne Gäste ein, laut einem Bericht der Geheimpolizei hatte er eine »*gute Küche und alltäglich sechs oder acht Gäste, um alles zu erfahren, was beim Kongress und in den Häusern vorgeht«.*

GAGERN, EIN FREUND VON ERZHERZOG JOHANN   Hans Christoph Ernst Freiherr von Gagern (1766–1852) hatte ab 1811 einige Zeit in Wien gelebt und war in engem Kontakt zu Erzherzog Johann gestanden. In England traf er den Prinzen von Oranien, der ihn nach Wien entsandte, um die Interessen der Niederlande zu vertreten, was ihm bestens gelang.

Erzherzog Johann war sehr erfreut über sein Kommen: »*Gagern, mein alter Freund, war bei mir, ich habe ihn mit Freuden wieder gesehen. Exaltiert nennt man ihn, das mag sein, allein ein redlich deutsches Herz, ein fester treuer Sinn liegt in ihm. Ein Mann, unbeugsam an Verstand und Herz.*«

DIE BRÜDER BERNSTORFF   Auch der dänische König hatte, obwohl selbst beim Kongress anwesend, seine Diplomaten mitgebracht, an der Spitze die Brüder Christian Günther Graf Bernstorff (1769–1835) und Joachim Frederik Graf Bernstorff (1771–1835). Schon der Vater der Grafen Bernstorff war Politiker – der dänische Staatsminister stammte aus einem Mecklenburger Adelsgeschlecht. Christian war ab 1810 als dänischer Gesandter in Wien, Erzherzog Johann beschrieb ihn als »*rechtlichen, vernünftigen Mann*«.

Zaungäste

Alles in allem zog der Kongress schätzungsweise 100 000 Menschen in die Stadt, sodass sich die Wiener wie »*Fremde im eigenen Land*« vorkamen. Gekommen waren nicht nur die Teilnehmer, sondern auch viele Künstler, Prediger, Wissenschaftler, Geschäftemacher, etliche Abenteurer aus höheren und niedrigeren Kreisen, allerlei Taschendiebe und licht-scheues Gesindel. Und schließlich waren unzählige Damen angereist: hohe Damen, galante Damen, lebenslustige Damen und scharenweise Prostitu-ierte, die sich vom Kongress Einfluss und Unterhaltung oder einfach Geld erwarteten.

Unter den Leuten, die von sich reden machten, befanden sich einige recht bekannte Persönlichkeiten mit der Absicht, ihre Erfindungen, Künste, Kunstwerke oder Weltanschauungen zu präsentieren.

Der Schöpfer der Draisine

Die Laufmaschine von Karl Friedrich Frei-herr von Drais kam in Wien bald in Mode.

Wegen der schlechten Ernten des Jahres 1812, welche die Haferpreise enorm ansteigen ließen, erfand Karl Friedrich Freiherr von Drais (1785–1851) aus Karls-ruhe ein Fortbewegungsmittel, das nicht wie die Pferde gefüttert werden musste und auch keine Pferdeäpfel hinterließ: die Laufmaschine. Dieses Vehikel hatte vier Räder, eine Tretkurbelwelle zwischen den Hinterrädern und wurde, ähnlich einem Fahrrad, allein mit Muskelkraft betrieben. 1813 führte Drais seine Laufmaschine dem Zaren vor, als dieser gerade bei seiner Schwiegermutter Markgräfin Amalie von Baden (1754–1832) zu Besuch weilte. Diese erste Laufmaschine musste noch von zwei Menschen bedient werden, denn derjenige, der zu treten hatte, sah nach hinten. Also brauchte man zusätzlich einen Lenker, der in Fahrtrichtung saß.

Der Zar war trotz dieses Mangels so begeistert, dass Drais ein Jahr später beschloss, seine Maschine in Wien zu präsentieren. Er baute sie so um, dass sie nur mehr einen Fahrer benötigte, der in Fahrtrichtung saß und selbst treten konnte. Dann fuhr er damit von Karlsruhe nach Wien, und das waren hin und zurück immerhin 1600 Kilometer. Nicht ganz Wohlmeinende behaupteten, er wäre per Schiff angereist und hätte nur die Rückfahrt mit der Laufmaschine gemacht, und das noch dazu mit zwei vorgespannten Pferden.

In Wien erregte sein »Fiakersurrogat« ziemliches Aufsehen, doch statt des erwarteten Beifalls erntete Drais nur Spott und schallendes Gelächter. Den hohen Herrschaften waren die Haferpreise nicht hoch genug, um auf ihre Pferde zu verzichten und ihre eigenen Muskeln zu bemühen.

Der Beamte Matthias Perth berichtete über Drais' Fahrt von der Hofburg in den Prater in seinen Tagebüchern: »*Es gewährte auf jeden Fall einen ganz besonderen Anblick, einen Wagen, vor dem keine Pferde gespannt sind, so schnell dahinrasseln zu sehen. Und wäre vor 50 Jahren ein solcher Wagen zu einem Dorfe hineingefahren, die Bauern würden sich bekreutziget haben, und niemand hätte ihnen den Wahn benehmen können, dass diesen Wagen der Teufel regiere.*«

Die Brüder Mälzel

Wesentlich erfolgreicher als Drais waren Leonhard Mälzel (1783–1855) und sein Bruder Johann Nepomuk (1772–1838) aus Regensburg. Über Leonhard berichtete die »Österreichisch-Kaiserliche privilegierte Wiener Zeitung« am 7. Dezember 1814, er habe »*durch vieles Nachdenken und durch eine sechs Jahre lang angestrengte Arbeit ein ganz neues musikalisches Instrument von außerordentlicher Wirkung und Vollkommenheit erfunden. Wegen dessen wundervoller Einwirkung auf das Gemüth hat er es, nach dem Vorschlage einiger Musikkenner, vorläufig Orpheus-Harmonie genannt.*«

Mälzels Erfindung fand bei den durchaus kritischen Zuhörern, unter denen sich auch Antonio Salieri und Johann Nepomuk Hummel (1778–1837) befanden, großen Anklang. Er konnte nach dem Kongress in Wien

Fuß fassen und wurde 1827 von Kaiser Franz I. zum k. k. Hofkammer-
maschinisten ernannt.

Sein Bruder Johann Nepomuk wurde mit seinem Metronom bekannt,
das er 1815 patentieren ließ.

Kern und der Amputationsapparat

Vinzenz von Kern war schon vor dem Kongress eine anerkannte medizinische Größe gewesen, vor allem durch die Gründung eines »Operateur-
instituts« an der Wiener Universität, in dem angehende Chirurgen eine
entsprechende Ausbildung erhielten. Sein Ruf reichte bald weit über Wien
hinaus, sodass der sparsame Kaiser Franz sein Gehalt 1807 von 1000 auf
2000 Gulden verdoppelte und ihm nach dem Kongress den Titel eines
»kaiserlichen Rates« verlieh.

Kerns Schrift »Über die Handlungsweise bei Absetzung der Glieder«
erschien 1814, wohl noch unter dem Eindruck der kriegerischen Ereignisse.
Hier beschrieb Kern ein Amputationsverfahren mit einfachen Instru-
menten, die leicht zu transportieren waren. Für diese Erfindung – den
»Amputationsapparat« – wurde der Mediziner vom Zaren ebenso wie
von den Königen von Preußen, Dänemark und Württemberg »*huldvoll
gewürdigt*« und mit persönlichen Schreiben der Herrscher sowie einem
Diamantring ausgezeichnet. Der bayerische König sandte ihm zusätzlich
noch eine goldene emaillierte Tabatière.

Madersperger und die Nähmaschine

Der aus Kufstein zugezogene Schneidermeister Joseph Madersperger
(1768–1850) war der »Österreichisch-Kaiserlichen privilegierten Wiener
Zeitung« am 8. Mai 1815 eine Erwähnung wert: »*Dem hier ansässigen
Bürger und Schneidermeister, Joseph Madersperger, aus Tirol gebürtig, ist es*

durch Nachdenken und wiederholte Versuche geglückt, eine ebenso sinnreiche als nützliche Maschine zu erfinden, durch deren Hülfe alle Arten von Näharbeiten mit einer Schnelligkeit, Genauigkeit und Festigkeit zu Stande gebracht werden, die durch Menschenhände nicht gut zu erreichen sind. Nachdem der Erfinder diese Maschine den Behörden zur Prüfung vorgelegt, diese darüber Untersuchung gepflogen hatte, und sie durchaus bewährt befunden worden war, haben dieselben Sr. k. k. Majestät einen alleruntertähnigsten Vortrag erstattet, worauf die allerhöchste Entschließung erfolgte, daß dem Erfinder das auf diese Nähmaschine angesuchte ausschließende Privilegium für sämmtliche k. k. Deutsche Erblande erteilt werden soll. «

Die Patentierung seiner Nähmaschine nützte Madersperger nichts, da er drei Jahre danach das Geld zur Erneuerung des Patents nicht aufbringen konnte und dieses daher erlosch. Mit seiner Erfindung reich sollten andere werden, wie der Amerikaner Isaac Merritt Singer (1811–1875). Madersperger aber beschloss seine Tage verarmt und vergessen im St. Marxer Versorgungshaus in Wien.

Isabey verewigt den Kongress

Der berühmteste angereiste Maler war Jean-Baptiste Isabey (1767–1855), von Graf de la Garde treffend als *»der zum Maler gewordene Kongress«* bezeichnet. Er war bereits 1812 als Hofmaler Napoleons hier gewesen, um für Marie Louise Porträts ihrer kaiserlichen Verwandten anzufertigen. Als er nach Napoleons Sturz nicht mehr genug zu tun bekam, riet ihm Talleyrand, sein Glück beim Kongress zu versuchen.

Isabey traf am 27. September 1814 in Wien ein und bezog Quartier im Café Jüngling in der Leopoldstadt (Leopoldstadt 500, heutige Praterstraße), wo er sein Atelier einrichtete. Er hätte keinen besseren Ort finden können. Wenn die hohen Herrschaften in den Prater fuhren, hielten sie bei ihm an und saßen ihm Modell. Carl Bertuch schrieb: *»Er fertigt fabriksmäßig seine gefälligen Aquarell-Porträts à 50 Dukaten.«* Er selbst war von

Isabeys Kunst nicht überzeugt und hielt manche Porträts für »*flach und unbedeutend*«. Die prominenten Kongressgäste dagegen liebten Isabey, seine Gemälde und seine Miniaturen auf Porzellan, er konnte sich vor Aufträgen kaum retten: Der Zar und der preußische König, der greise Prinz de Ligne und die weiblichen Schönheiten, unter ihnen die Fürstin Bagration und die Tänzerin Bigottini, ließen sich von ihm verewigen.

Sein berühmtestes Werk zeigt die Kongressdelegierten im Verhandlungssaal der Staatskanzlei. Eine solche Szene hat es in Wirklichkeit nie gegeben: Isabey legte den 23 Herren einen Entwurf des geplanten Bildes vor, und jeder Einzelne ließ sich dafür in Isabeys Atelier porträtieren. Die englischen Delegierten Wellington und sein Vorgänger Castlereagh sind beide darauf zu sehen, obwohl sie nie zusammen an einer Verhandlung teilnahmen. Anfang März war Isabeys Vorlage fertig und erhielt allgemeinen Beifall. Jean Godefroy fertigte einen Kupferstich davon an, dessen Abzüge Isabey an zahlreiche Subskribenten verkaufte. Nebenbei verdiente er noch eine Menge Geld mit der Organisation von Festen, Bällen, Theateraufführungen und sogar des Requiems für Ludwig XVI. im Stephansdom.

Die Tänzerinnen und Tänzer aus Paris

Auch die Bühnenstars ihrer Zeit kamen nach Wien, denn wo hatte man sonst schon die Möglichkeit, vor einem derart illustren Publikum aufzutreten?

Die Tänzerin Émilie Bigottini (1784–1858) reiste mit dem Tanzensemble der Pariser Oper an, um am Kärntnertortheater zu gastieren. Sie war schon mit 17 Jahren zum ersten Mal aufgetreten, Napoleon hatte zu ihren Bewunderern gezählt. Der Eipeldauer schrieb über sie: »*D'Perl vo allen den fremden Mächten is d'Mamsell Bigottini. Herr Vetter, dö tanzt, als wann s' nur alleweil im Baaedener Baad umerhupfert, und das is so hübsch, wann ihr Stück aus iss, so lauft's wieder davon, als wann's net g'west war.*«

Bigottini machte in Wien nicht nur als Tänzerin Furore, bald erwartete sie ein »Andenken« und erhielt neben einem herzlichen Händedruck

Metternichs, dem sie Spitzeldienste leistete und der sich in die lange Liste ihrer Liebhaber eingereiht hatte, eine hübsche Summe für ihr ungeborenes Kind. Als dessen Erzeuger kamen drei österreichische Aristokraten in Frage. Fürst Franz Palffy zahlte ihr laut Nostitz 100 000 Gulden und darüber hinaus jährlich weitere 6000 Gulden. Der Chronist vermerkte dazu süffisant: »*Wer dieses Geld nicht genug findet, der zähle die sechsunddreißig Jahre der Bigottini dazu.*«

Zum Ensemble gehörte auch Louis Duport (1781–1853), der Solotänzer der Pariser Oper, der bereits vor 1814 mehrmals in Wien gewesen war. Beim Kongress wurde er für einen französischen Spitzel gehalten und sicherheitshalber ausgewiesen. Da man hier aber nicht nachtragend war, kehrte er 1822 zurück und wurde zum Verwalter des Kärntnertortheaters bestellt, das er ab 1830 sogar pachtete.

Neukomm, Talleyrands Entspannungshilfe

Zu Talleyrands Gefolge zählte der Salzburger Sigismund Ritter von Neukomm (1778–1858), ein ehemaliger Schüler Michael und Joseph Haydns. Er war der Wiener Geheimpolizei besonders verdächtig und wurde genau observiert. Metternich war sicher, dass sich in seinem Umkreis ein Komplott zusammenbraute. Also wurden selbst die unverfänglichsten Äußerungen Neukomms in einem Polizeidossier gesammelt, das bald prall gefüllt war. Der Mann war jedoch völlig harmlos, wie man bald zur Kenntnis nehmen musste.

Neukomm zählte zu den produktivsten Komponisten seiner Zeit; sein handschriftliches Werkverzeichnis umfasst über 2000 Nummern. Als Orgelvirtuose und Dirigent vielgereist, arbeitete er auch als Lehrer, Theoretiker und Kritiker. Talleyrand liebte es, sich von der Kongressarbeit zu entspannen, während Neukomm am Klavier spielte. Ludwig XVIII. verlieh ihm das Ritterkreuz der Ehrenlegion für sein Requiem (siehe Seite 179f.).

Zacharias Werner, Dichter und Prediger

Der zwielichtige Dichter und Prediger Zacharias Werner.

Eine höchst fragwürdige Figur war der Dichter und »Kanzelredner« Zacharias Werner (1768–1823), ein ehemaliger Beamter des preußischen Staates und erfolgreicher Schriftsteller verschiedener Bühnenstücke.

Er führte ein ziemlich ausschweifendes Leben, von dem nicht nur drei Ehen mit Frauen zweifelhaften Rufes, sondern auch zahlreiche Affären zeugten. Doch bei einem Aufenthalt in Rom erfolgte ein erstaunlicher Sinneswandel: Der Protestant konvertierte zum Katholizismus und konnte die Auflösung seiner drei geschiedenen Ehen erreichen. 1814 wurde er zum Priester geweiht.

Seine Predigten erregten in Wien großes Aufsehen. Die allgemeine Meinung über ihn war jedoch geteilt. Die Gräfin Bernstorff hielt ihn für einen »Zeloten«, der mit *»sehr gemeinen und übertriebenen Gestikulationen oft ganz triviale, oft aber auch sehr erhabene Dinge sagte«*. Nostitz dagegen bezeichnete Werner unverblümt als Fantasten und Beutelschneider: *»Er tobt wie ein Narr, spricht populär wie ein Fiaker und freut sich, einen Ort gefunden zu haben, wo ihm niemand widersprechen darf.«*

Besonders gerne wetterte Werner gegen die Völlerei und Wollust, und das auf eine sehr obszöne Weise, wie die folgende vom damaligen Hofsekretär Friedrich Schlegel (1772–1829) geschilderte Geschichte mit der Zunge beweist: *»Weniger das Seelenheil seiner Zuhörer im Auge, war es ihm nur mehr darum zu tun, durch Ungeheuerlichkeiten des Ausdrucks zu glänzen, ja, man sagt, dass er sogar Wetten machte, gewisse Bilder unge-*

fährdet auf der Kanzel zu gebrauchen. Und er tat dies auch in der Predigt über das ›kleene Stückchen Fleesch‹, das alles Unheil über die Welt gebracht und dessen Fluchwürdigkeit er in zahllosen Beispielen andeutete. Die Zuhörerschaft schlug scheu die Blicke zu Boden. Plötzlich rief Werner kreischend: ›Soll ich euch das kleene Stückchen Fleesch nennen?‹ Totenstille. ›Soll ich es euch zeigen?‹ Entsetzliche Pause. ›Da seht her, hier ist es!‹ Und Werner reckte – seine Zunge heraus. Ein Gekicher war die Antwort.«

Kein Wunder, dass man Werner in etlichen Kirchen nicht mehr predigen ließ. Aber dort, wo es ihm noch erlaubt war, liefen ihm die Menschen in großen Scharen zu. Sogar vor Kaiserin Marie Louise durfte er Ausschnitte aus einer seiner Tragödien vorlesen, und er machte damit großen Eindruck. Graf Magaoli, der Minister von Parma, meinte: »*Unter Napoleon hätte er es nicht wagen dürfen, zu ihr zu kommen.*«

Der Kongress feiert

Der Einzug der Monarchen

Selbst wenn der Kongress offiziell erst am 1. November begann, betrachtete man doch die Ankunft der verbündeten Monarchen als seinen eigentlichen Beginn. Die vom Donner der Geschütze begleiteten Einzüge der einzelnen Herrscher und deren Gefolge in den farbenprächtigsten und von Gold glitzernden Uniformen bildeten den Auftakt zu den vielen Festlichkeiten.

Als erster regierender Fürst kam am 16. September 1814 der Herzog von Sachsen-Weimar an. Am 22. September mittags zog der unförmige König von Württemberg ein, dem der Kaiser bis Schönbrunn entgegenfuhr. Hier nahmen die beiden Monarchen ein gemeinsames Frühstück ein, danach fuhren sie im offenen k. k. Hofwagen Richtung Stadt. Dabei paradierte das uniformierte Bürgercorps auf beiden Seiten der Straße von der Mariahilfer Linie bis zur Burg. Den Zug eröffnete eine Abteilung Kürassiere, der Wagen der Majestäten wurde von der deutschen und der ungarischen Garde hoch zu Ross sowie von zahlreicher Dienerschaft begleitet. Von den Wällen ertönte eine Salve von 101 Kanonenschüssen.

Der König von Württemberg galt als arrogant und wurde diesem Ruf gleich bei der Ankunft gerecht: Er fuhr in die Hofburg mit bedecktem Haupt ein, was eine ungeheure Respektlosigkeit gegenüber dem österreichischen Kaiser war. Die Wiener, die ihren Kaiser verehrten, waren darüber extrem verärgert und nahmen ihrerseits bei Begegnungen mit ihm die Hüte auch nicht mehr ab.

Am selben Tag um sechs Uhr abends kam der hässliche König Friedrich VI. von Dänemark mit seinem Schwager, dem Prinzen Wilhelm von Holstein-Sonderburg-Beck (1785–1831). Der Kaiser fuhr ihnen über die Donaubrücken bis zum Spitz entgegen, Grenadiere standen vom Tabor bis zur Burg Spalier, und wieder wurden 101 Kanonenschüsse abgefeuert. Am Abend desselben Tages erschien noch die Großfürstin Maria von Sachsen-Weimar, eine Schwester des Zaren.

Der Leopoldstädter Höhepunkt

Der Zar reiste in großer Schnelligkeit mit seiner Schwester Katharina über Brünn, traf in Wolkersdorf den König von Preußen und setzte mit ihm gemeinsam die Reise bis Wien fort. Während Kaiser Franz, begleitet von sämtlichen Erzherzögen und Generälen, den hohen Gästen bei schönstem Wetter am 25. September entgegenritt, stellten sich die ganze Garnison, darunter die Schwarzenberg-Ulanen und die Kürassiere von Großfürst Konstantin, sowie die bürgerlichen Korps beim Eingang des Praters am »Stern« zur Parade auf. Die Wiener konnten sich einmal mehr über das »Farbenkastel« amüsieren.

Kaiser Franz traf die beiden hohen Gäste außerhalb der Taborbrücke. Der Eipeldauer berichtete: »... *und da seyn di zwa fremden Munarchen in ihr'n Kalesch beisammen daherkumme, der Kinig in Preusen had unsern Kaiser am ersten bemerkt ... – auf das seyn alli zwaa fremden Munarchen mid z'gleich'n Füssen aus'n Kalesch ausserg'sprungen, und unser Kaiser ... iß abg'setzt ...*« Nach der herzlichen Begrüßung saßen alle drei Monarchen auf. »*Unser gnädigster Kaiser had durchaus g'suecht 'n russischen Munarchen d'rechti Hand [gemeint ist die rechte Seite] z'geben, weil ihm als Gast dö Ehr gebührt häd, aber der russischi Kaiser had das durchaus nid angeh'n lass'n, und had sie mit sein'n Pferdt alleweil so g'draht, daß der Kaiser Franz had auf seiner rechten Hand bleib'n müssen.*«

Relief zur Erinnerung an das Dreikaisertreffen (Alliiertenhof, Praterstraße Nr. 33).

Die beiden fremden Souveräne nahmen Franz als den Ältesten in ihre Mitte und ritten über die Taborallee zu den Truppen am Praterstern, wo sich nach einer kurzen Musterung mittags um zwölf Uhr ein prachtvoller Zug formierte: An seine Spitze setzte sich das Ulanenregiment Fürst Schwarzenberg, dann folgte Herzog Albert von Sachsen-Teschen mit seinem Regiment, hierauf einige Grenadier-Bataillone. Ihnen folgten die drei Monarchen, gefolgt von ihrer glänzenden und zahlreichen Suite. Die kaiserliche Leibwache und das übrige Militär bildeten den Abschluss. Bis der Zug an sein Ziel kam, verging mehr als eine Stunde, während aus den Geschützen auf den Wällen eine Salve von 1000 Schüssen abgegeben wurde. Die etwa 100 000 Schaulustigen kamen voll auf ihre Kosten. Sie waren vor allem auf den charismatischen Zaren neugierig gewesen, der ein Wunder von einem Mann sein sollte.

Als die Monarchen die Hofburg erreichten, wurden sie von 30 weiß gekleideten Bürgerstöchtern erwartet. Eines der Mädchen überreichte den beiden Gästen je einen Blumenkranz, das andere je einen geschriebenen Glückwunsch. Dann begaben sich die hohen Gäste in die für sie vorbereiteten Gemächer, wo schon der zu ihrem Dienst bestimmte Hofstaat versammelt war und ihnen vorgestellt wurde.

Am 27. September traf Zarin Elisabeth – von Melk kommend – ein. Sie hatte dort übernachtet. Die Kaiserin war ihr recht weit entgegengefahren, der Kaiser und der Zar nicht ganz so weit. Bei der Kirche von Mariabrunn trafen alle vier zusammen und setzten sich in einen offenen Wagen. Dann fuhren sie, begleitet von einer Abteilung der deutschen und ungarischen Leibgarde und den Edelknaben, zur Hofburg, während das Militär und eine Abteilung des Bürgerkorps zu beiden Seiten der Straße von der Linie bis dorthin Spalier standen.

Am 28. September nachmittags um fünf Uhr traf als Letzter der Monarchen ebenfalls von Melk her König Maximilian Joseph von Bayern ein, begleitet vom Kronprinzen Ludwig und von Königin Friederike. Der Kaiser war auch ihnen entgegengefahren. Die beiden Monarchen fuhren unter dem Donner von 101 Kanonenschüssen und unter dem Jubel des Volkes in einer offenen Hofkutsche durch ein Spalier von Soldaten zur Burg.

Eine organisatorische Meisterleistung

Die Anwesenheit der Kongressgäste bedeutete für die Hofbehörden eine enorme logistische Herausforderung, wie schon bei der Schilderung der Vorbereitungen erwähnt. Man hatte etliche zusätzliche Diener engagieren müssen, die eingeteilt und beaufsichtigt werden mussten.

Die Hofküche hatte alle Hände voll zu tun, wie der preußische Diplomat Graf von Schlitz berichtete: *»Das Gegenstück zu den Hof-Festen war der Anblick der Hofküche in der Kaiserburg. Wenigen war eingefallen, die Werkstätte zu besuchen, wo die Tafelfreuden für so viele Kaiser, Könige, Fürsten und deren Gefolge bereitet wurden; den Urquell dieser Zauber-*

werke musste ich betrachten. Einladend für den Genuß war dieser Anblick keineswegs. Da lagen die Leichen von Vögeln, Fischen, vierfüßigen Tieren unabsehbar aneinandergereiht. Mehrere Flammen-Pfule [Herd-feuer] empfingen sie zur weiteren Bereitung. Köche, Küchenjungen liefen wie im Gewühle durcheinander, gegeneinander, indessen die Oberköche über ihren Schüsseln, wie über Systemen brütend, mischten und trennten, formten und zerstückten, und die Kunst dem toten Tiere, dem reinen Naturstoffe, einen dem Geschmacke, Geruche und Gesichte gefälligen Reiz verlieh. Übrigens ward in dieser Küche nicht allein für die Bewohner der Kaiserburg, sondern auch für viele ihres Gefolges, außerhalb selbiger, welche ohnedies noch das Recht, Gäste einzuladen hatten, gekocht, gebraten, geba-cken. Man versicherte: Dem Kaiserhofe koste jeder Congreß-Tag 500 Tausend Gulden, und eine der Provinzen, welche der Friede gegeben, war durch die Verhandlung über selbige wohl wieder verzehrt worden.« Gespeist wurde um 14.00 Uhr im Zeremoniensaal, der sich in der »Nase« befand, sowie in einigen Nebensälen. 500 Menschen wurden hier täglich an 34 Tischen bedient.

Salons, Salonières und vornehme Damen

Besuche und Koterien

Nun, da alle Monarchen eingetroffen waren, konnte das gesellschaftliche Leben so richtig beginnen. Abgesehen von den Redouten, Bällen, Konzerten und den alle acht Tage stattfindenden großen Empfängen bei Hof traf man sich auch in den Salons der Aristokratie. Sie waren meist an je einem bestimmten Wochentag für die einheimischen Standesgenossen und die Kongressgäste geöffnet. So versammelte man sich montags bei der Fürstin Metternich, donnerstags beim Oberstallmeister Trauttmansdorff, samstags bei der Gräfin Zichy.

Die schöne Julie Zichy, Schwarm des preußischen Königs, und die junge Witwe Gabriele
Auersperg, Schwarm des russischen Zaren.

Je nach Interessen und persönlicher Neigung kamen bestimmte Leute
immer wieder an bestimmten Orten zusammen. Solche Grüppchen
wurden Koterien genannt, heute würden wir Cliquen (oder abwertend:
Klüngel) dazu sagen. Man konnte selbstverständlich zu mehreren Koterien
gehören. Da manche der in Wien anwesenden Könige, zum Beispiel Friedrich VI. von Dänemark und Max Joseph von Bayern, nie an den Konferenzen teilnahmen, konnte man sie überhaupt nur bei Festen und in den
Salons treffen. Die Soiréen in den adeligen Häusern wurden jedoch nicht
immer nur von hohen Persönlichkeiten besucht. Es gab »petits jours« für
die engeren Freunde, die wie Kinder herumtollten und sich bei Schatten-
bildern, Marionettentheatern, Scharadenspiel und Blindekuhspielen
königlich amüsierten. Besonders beliebt waren und blieben aber die
Maskenbälle, wo es den männlichen Gästen einfach war, sich den Damen
zu nähern.

Genau wie Metternich setzte auch Talleyrand gerne Frauen für politische Zwecke ein, sein Ausspruch *il faut faire marcher les femmes* traf auf den Wiener Kongress voll zu. Die Damen öffneten Herz und Ohren, als Doppel- und Dreifachagentinnen berichteten sie Metternich, Talleyrand und dem Zaren, was diese wissen mussten, um die Verhandlungen erfolgreich weiterzuführen – sie boten in ihren Salons den Rahmen für die *vertrauliche Annäherung* und in ihren Schlafzimmern die gesuchte Entspannung. Mit Beginn der Fastenzeit traf die Gesellschaft mit Ausnahme der großen Galafeste bei Hof überhaupt nur mehr in den Salons zusammen. Ohne die weibliche Hilfe wäre der Kongress gewiss gescheitert.

Die adeligen Wienerinnen waren für diese Rolle nur wenig geeignet: *Die Damen in Österreich haben weder politische Tendenz noch politischen Einfluss. Sie sind nur als Depot der Meinungen zu betrachten*, äußerte sich ein Polizeiagent. Nicht gerade wohlwollend nannte man die politisierenden und schöngeistigen Zierden der Salons *La haute volaille de Vienne* (*Volaille*: Geflügel) und schied sie in *Intelligänse* und *Elegänse*, je nachdem, ob sie mit ihrem Geist oder ihrem Putz zu glänzen verstanden. Zar Alexander wählte unter ihnen *sechs Schönheiten* aus, wie Nostitz am 15. Jänner 1815 berichtete: Prinzessin Auersperg, geborene Lobkowitz (*la beauté sentimentale*: die gefühlvolle Schönheit), Komtesse Julie Zichy (*la beauté céleste, qui inspire des vrais sentiments*: die himmlische Schönheit, die wahre Gefühle einflößt), Komtesse Sophie Zichy (*la beauté triviale*: die banale Schönheit), Prinzessin Maria-Theresia Esterházy (*la beauté étonnante*: die erstaunliche Schönheit, oft falsch als *mollig* übersetzt), Komtesse Caroline Széchenyi (*la beauté coquette*: die eitle Schönheit) und Komtesse Gabriele Saurau (*la beauté du diable*: die teuflische Schönheit) – was nicht alles als Kompliment gemeint war.

Die Frauen stellten den mit Juwelen geschmückten Aufputz und Gegenstand der Anbetung für die männlichen Gäste dar und lockerten die Feste auf. Nur wenige einheimische Damen führten große Salons, die man am besten mit *Ort weiblicher Kultur* umschreibt, an dem sich die Gäste um eine Dame versammelten, unter deren Regie gepflegte und gebildete Konversation stattfand. Beim Kongress übernahmen auch manche Herren diese Rolle. Im Folgenden einige Beispiele …

Der Salon der Gräfin Molly Zichy-Ferraris

Die jungen Prinzen bildeten eine vergnügungssüchtige Herrenrunde, wie der Diplomat Varnhagen von Ense (1785–1858)[14] berichtete: »*Auch ist kein Schlupfwinkel in der Stadt, wo selbe [der Großherzog von Baden, der Erbprinz von Hessen-Darmstadt, die Prinzen August von Preußen, Karl von Bayern, Fürst Eugen [Muster der Ausgelassenheit]] sich nicht zu den gemeinsten Weibspersonen bei Tag und Nacht verlieren. Es haben sich eine Menge galanter Frauen etabliert, von denen man vorher wenig oder gar nichts hörte. Dass in dieser Art Unterhaltung und Ausschweifung die inländischen Kavaliere den fremden nicht ganz nachstehen, und dass andere dem Beispiel der größeren folgen, ist eine bekannte Sache.*« Und dass diese Damen an Baron Hager berichteten, ebenfalls.

Doch einmal pro Woche gingen die jungen Herren zum Souper bei Gräfin Molly Zichy-Ferraris (1780–1866)[15], die ihrem Gemahl Franz Zichy (1777–1839) außer einem bedeutenden Vermögen den Namen ihrer Familie in die Ehe mitgebracht hatte. Lulu von Thürheim berichtete: »*Ihr Haus war der Vereinigungspunkt der bedeutendsten Männer und derjenigen Damen, die gerade in der Mode waren. Es genügte nicht, König zu sein, um in ihrem Salon Aufnahme zu finden; man musste auch elegant sein. Aus diesem Grunde waren der dicke König von Württemberg und der garstige König von Dänemark ein für allemal ausgeschlossen. Die Gräfin Molly, welche die Mutter Natur mit einem sehr mäßigen Verstand, aber mit einer der längsten Nasen beschenkt hatte, lebte in dem Glauben, eine geistreiche, elegante, einflussreiche und pikante Frau zu sein. Man muss einräumen, dass sie trotz ihrer Lächerlichkeit und Bedeutungslosigkeit, trotz ihrer Hüfte, die ihr bis zum halben Rücken reichte, dank ihrer Exklusivität das Talent* besessen, *ihre Einladungen zu den gesuchtesten und elegantesten gemacht zu haben.*« Als der Zar eines Abends von Gräfin Molly eine Million Rubel zurückforderte, die ihr sein Vorgänger zur Sanierung ihrer Finanzen geliehen hatte, soll sie geantwortet haben: »*Wenn Eure Majestät die Million wiederhaben wollen, so brauchen Sie mir nur den Krieg erklären.*«

Der Salon Zichy-Vásonykeö

Die Souveräne besuchten gern das Haus des Bruders von Franz Zichy-Ferraris, des Ministers Karl Graf Zichy-Vásonykeö (1753–1826), »*dessen schöne Töchter es verstehen, die illustren Gäste auf das zuvorkommendste und liebenswürdigste zu empfangen. Man schäkert, man kost, es herrscht unter den Gästen vollständige Standesgleichheit, mit einem Wort das schönste Schäferidyll, das reinste Arkadien. Neulich machte der Zar mit Gräfin Flora Wrbna-Kageneck eine Wette darüber, wer sich am schnellsten vom Kopf zu den Füßen umkleiden könne. Man kommt von beiden Seiten im tiefsten Negligé, jede Partei zieht sich in ein Kabinett zurück, nachdem man sich das feierlichste Ehrenwort gegeben, keinerlei Betrug auszuüben und bis auf das Hemd die ganze Kleidung zu wechseln. Nach 10 Minuten erscheint die Gräfin in großer Hoftoilette, eine Minute später der Kaiser in Galauniform mit allen Dekorationen. Man sagte danach, dass der Zar in ritterlicher Weise seiner schönen Partnerin den Vortritt lassen und ihr als Preis einen prachtvollen Kaschmirshawl schenken wollte, was er auch tat*«, berichtet Lulu von Thürheim.

Zichys Schwiegertochter war die »himmlische« Julie, geborene Festetics (1790–1816), welcher der König von Preußen wegen ihrer Ähnlichkeit mit seiner verstorbenen Luise zu Füßen lag und um die auch Metternich sich – ebenso vergeblich – bemühte. Ihretwegen wäre es bei einem Blindekuhspiel fast zu einem Duell zwischen den beiden Kronprinzen von Württemberg und von Bayern gekommen.

Der Salon der Fanny Arnstein

Die Preußen fanden sich gern im Salon der Franziska Arnstein (1758–1818)[16] am Hohen Markt ein, einer Tochter des preußischen Hoffaktors Daniel Itzig. Fanny galt als herzensgut, politisch interessiert, aber geschwätzig. Sie war Mitbegründerin der Gesellschaft der Musikfreunde, der Komponist Felix Mendelssohn Bartholdy (1809–1847) war ihr Neffe, die Berliner Salonière und Cembalistin Sara Levy ihre Schwester.

Fanny und ihr Mann, der jüdische Bankier Nathan Adam Arnstein (1748–1838), hatten genau wie die jüdische Bankiersfamilie Eskeles und viele andere Juden ihren Teil am Kampf gegen Napoleon geleistet, welchen Fanny immer verabscheut hatte. Sie hatten unter anderem den Tiroler Volksaufstand finanziert, weshalb Andreas Hofers Mitkämpfer Josef Speckbacher (1767–1820) häufig zu Fannys Gästen zählte. Die Wiener Judenschaft hatte 1808 einen Teil der Kosten für die Aufstellung der neuen Landwehr übernommen und 1809 25 bis 30 Mann zu Schanzarbeiten gestellt. Ein Angehöriger der Familie Arnstein, Maximilian, hatte als Oberleutnant in einem Husarenregiment gedient und war 1813 gefallen.

Bei Arnsteins stand zu Weihnachten 1814 der erste historisch bezeugte Christbaum von Wien. Am Weihnachtsbaumfest nahmen neben ihrer Wiener Verwandtschaft Fürst Hardenberg, die Staatsräte Jordan und Hoffmann, Fürst Radziwill und Mendelssohn Bartholdy teil. Alle Gäste bekamen Geschenke oder Souvenirs vom Baum. Es war ein lustiger Abend, denn nach alter Berliner Sitte wurden komische Lieder gesungen, die Hardenberg sehr erheiterten.

Gastgeber Joseph Schwarzenberg

Kaiser Alexander, der stürmische Verehrer der schönen Gabriele Auersperg, suchte an seinen freien Abenden gern das Palais Schwarzenberg am Neuen Markt auf (Nummer 1118, es existiert heute nicht mehr), da er den verwitweten Fürsten Joseph II. (1769–1833), den älteren Bruder des Feldmarschalls, sehr schätzte. Dieser wird in der Literatur oft fälschlich als ein Onkel des Zaren bezeichnet, es bestand aber keine Verwandtschaft (sofern man nicht über die Familie von Schwarzenbergs Mutter Oettingen bis ins 17. Jahrhundert zu den Württembergs zurückgehen möchte; aber dann wäre auch der König von Sachsen ein Onkel gewesen). Der Onkel des Zaren war der König von Württemberg.

Bei Schwarzenberg konnte der Zar sicher sein, nicht auf Metternich zu treffen, da beide Schwarzenbergs zu diesem in Opposition standen. Man brauchte sich in ihrem Haus kein Blatt vor den Mund zu nehmen, wenn man mit Gleichgesinnten über den Kanzler schimpfen wollte.

Der rosarote Prinz

Eine der schillerndsten Figuren des Kongresses war der Belgier Prinz Charles Joseph de Ligne, ein fähiger Feldherr, geistreicher Gesprächspartner, erstklassiger Schriftsteller und überaus heiterer Mensch. Goethe nannte ihn »*den frohesten Mann Europas*«.

1794 ließ er sich auf der Flucht vor den Franzosen für immer in Wien nieder und war ein gern gesehener Gast bei allen gesellschaftlichen Anlässen. Nach eigener Aussage wäre er dem Kongress nicht einmal für 100 000 Gulden ferngeblieben. Sein heiteres Gemüt zeigte sich bei der Wahl seiner Lieblingsfarbe: Rosa. Er selbst trug diese Farbe ebenso wie sein Kutscher, seine Bücher waren so gebunden und sogar sein kleines Haus auf der Mölker Bastei, wo er ohne seine Ehefrau ein Junggesellenleben führte, war rosa gehalten, was ihm den Beinamen »der rosarote Prinz« einbrachte.

Obwohl sein Häuschen nicht viel Platz bot, lud er regelmäßig Gäste ein. Die Wiener nannten es spöttisch das »Papageienstöckl«, weil in jedem Stockwerk nur ein Zimmer lag. Das Essen dort ließ laut Jean Gabriel Eynard zu wünschen übrig, dennoch hielt er den Ort wegen der anregenden Unterhaltung für »*das angenehmste Haus Wiens*«.

De Ligne hatte eine besondere Zuneigung zu Napoleons Sohn gefasst, den er häufig in Schönbrunn besuchte. Seine große Leidenschaft aber waren die Frauen, und das selbst noch im hohen Alter, denn, wie er sagte: »*Männer, die sich vom Umgang mit Frauen fernhalten, hören auf, liebenswürdig zu sein.*«

Fürst Charles Joseph de Ligne, der rosarote Prinz.

Lady Castlereagh empfängt

Graf Nostitz beschrieb die Frau des englischen Gesandten als »*kolossal und plump, ihr Aufzug immer überraschend durch die lächerlichste Mannigfaltigkeit geschmackloser Überladung, ihr Wesen wild und unbekümmert.*« Baronin Alexandrine du Montet (1785–1866) verdanken wir eine Beschreibung des Vestalinnen-Kostüms von Lady Emily Castlereagh (1772–1829), das sie zu einem Fest bei Metternich anlässlich des Jahrestages der Völkerschlacht von Leipzig trug und das viel belacht wurde: »*Beim Balle des Fürsten Metternich trug sie den Hosenbandorden ihres Mannes in Diamanten in ihren Haaren. Man wundert sich über diese Bizarrerie, man könnte es aber auch bezüglich der Indezenz ihrer Kleidung tun: Ihre Kleider oder vielmehr ihre Futterale sind so eng, dass man all ihre Formen sieht. Sie sind bis*

Lady Castlereagh verwendete den Hosenbandorden ihres Mannes als Schmuckstück.

zum Magen dekolletiert. Sie ist zudem weder hübsch, noch jung, sondern groß und hager.«

Doch weder Castlereagh noch seine Frau hatten sich den Spott verdient, denn er trug wesentlich dazu bei, die gegen Jahresende 1814 drohende Kriegsgefahr zu bannen, und sie war eine gutmütige Seele. Sie waren beide nicht sehr vermögend und konnten sich den Luxus großartiger Garderoben, Brillanten und opulenter Feste in der Botschaft nicht leisten. Das Ehepaar Eynard lobte sie für ihre Gastfreundlichkeit: *»In ihrem Haus werden alle mit Freuden aufgenommen, indem ein jeder gerne hingeht, da es recht bequem ist und man sich keinen Zwang auferlegen muss. Es geht so zwanglos zu, dass man kaum seine Gastgeber begrüßt und sich wie in einem Kaffeehaus beim Minister Großbritanniens einfinden kann.«*

Herzogin Wilhelmine von Kurland-Sagan

Den größten politischen Einfluss von allen Damen hatte Wilhelmine von Sagan, eine sehr intelligente Frau. Das Herzogtum Kurland (im heutigen Lettland) war der Rest des Deutschen Ordenslandes, wurde bis 1737 von der Familie Kettler und danach von den Biron regiert. Der letzte Herzog Peter von Biron (1724–1800) wurde 1786 auch Herzog zu Sagan in Schlesien und erwarb die Herrschaft Nachod in Böhmen, wodurch er ein Mitglied der böhmischen Landtafel und somit Untertan der Habsburger wurde.

Seine kurländische Gattin Anna Charlotte Dorothea von Medem (1761–1821), eine berühmte Schönheit, schenkte ihm vier Töchter. 1794 erwarb sie die Gutsherrschaft Löbichau im Altenburgischen, die bald als Musenhof der Herzogin von Kurland bezeichnet wurde. Zar Alexander I. von Russland, Friedrich Wilhelm III., Napoleon I., Talleyrand, Metternich, Goethe, Schiller und andere berühmte Persönlichkeiten zählten zu ihren Gästen. Ihre älteste Tochter, Wilhelmine, die blonde »Kleopatra von Kurland«, erbte nach Peters Tod das Herzogtum Sagan und die Herrschaft Nachod in Böhmen.

Wilhelmine und ihre Schwestern gehörten zu den obersten Kreisen, waren mit den Fürstenhöfen von halb Europa verwandt, mit den wichtigsten Persönlichkeiten ihrer Zeit befreundet und mit einigen durch Liebesaffären verbunden. Für diese Gesellschaftsschicht galt es fast als peinlich, wenn Ehepaare einander liebten und einander treu waren – mit bürgerlicher Moral hatten sie nichts zu tun. Falls den Amouren Kinder entsprangen, wurde das nicht als Skandal gesehen, sondern sie wurden meist vom Ehemann anerkannt.

Durch ihre Kenntnisse der politischen Konstellationen Mittel- und Osteuropas sowie durch ihre persönlichen Verbindungen nach England, Frankreich, Preußen und Russland hatte Wilhelmine ihren Beitrag zur Bildung einer Koalition gegen die Herrschaft Napoleons in Europa geleistet: Auf ihrem Schloss Ratibořice hatten im Juni 1813 wichtige politische Vorgespräche für die Allianz gegen Napoleon stattgefunden. In Anerkennung ihrer Verdienste um die »Befreiung Preußens vom französischen Joch« hatte ihr König Friedrich Wilhelm III. sogar den Luisenorden verliehen. Nun spielte sie in ihrem

Mit halb Europa verwandt oder liiert: Wilhelmine von Kurland-Sagan.

147

einflussreichen politischen Salon im Palais Palm (Ecke Löwelstraße/Bank-gasse; es existiert heute nicht mehr) und dank ihrer Liaison mit dem öster-reichischen Staatskanzler Metternich eine wichtige politische Rolle. Metternich verlangte ihre Treue, sie spielte dabei nicht mit, sodass die Beziehung etwas abkühlte.

Zwei ihrer Schwestern waren häufig bei ihr zu finden: Dorothée, die für Talleyrand im Palais Questenberg-Kaunitz in der Johannesgasse (alte Hausnummer 1029, heute 5) die Honneurs machte, und Jeanne (1783–1876), die Gemahlin des Herzogs von Accerenza, Franz Pignatelli de Belmondi. De La Garde sagte bewundernd: »*Diese schöne Herzogin von Sagan [ist] für alles, was Heroismus und Größe heißt, leidenschaftlich begeis-tert: ihre erhabene Schönheit ist nicht der geringste ihrer Reize. Der Gang, die Gebärden, die Haltung, der Ton der Stimme einen sich bei ihrer Schwester, der Gräfin Edmond von Perigord, zu einer bezaubernden Gesamtwirkung. Sie hat in ihrem Gesichte und ihrer ganzen Person die unwiderstehliche Grazie, ohne die auch die vollkommenste Schönheit machtlos ist. Sie gleicht einer Blume, die des Duftes nicht bewusst scheint, den sie aushaucht. Die letzte dieser drei Grazien Kurlands, die entzückende Herzogin von Acce-renza, vereinigt alles, was wir an den andern beiden bewundern.*«

Jeanne wurde heftig, aber vergeblich von Gentz umworben, worauf dieser sich eifersüchtig zu einer bösen Bemerkung in einem Brief an Wessenberg hinreißen ließ: »*Er (Metternich) hört mich, wie gewöhnlich, kaum an. Die ganze Curländische Huren-Gesippschaft war da, mithin für andere Menschen kein Sinn. Metternich hat diese Weiber seit acht Tagen in alle politischen Geheimnisse eingeweiht; was sie wissen, ist unglaublich.*«

Dorothée von Talleyrand-Périgord

Dorothea von Biron entstammte einer außerehelichen Beziehung ihrer Mutter Dorothea, wurde vom Herzog von Kurland jedoch nicht anders als ihre drei älteren Schwestern behandelt. Auf Vermittlung von Zar

Alexander I. hatte sie am 21. April 1809 in Frankfurt am Main den Grafen Edmond de Talleyrand-Périgord geheiratet, einen Neffen Talleyrands, und wurde Hofdame am kaiserlichen Hof von Paris. Als sie Talleyrand 1814 zum Wiener Kongress begleitete, war ihre Ehe bereits zerrüttet. *»Es schien mir nötig«,* schrieb Talleyrand, *»die feindseligen Gefühle der hohen und einflussreichen Wiener Gesellschaft, die das kaiserliche Frankreich ihr eingeflößt hatte, zu ändern. Dazu war es nötig, ihr die französische Botschaft angenehm zu machen. Ich bat daher meine Nichte, die Gräfin Edmond de Périgord, mich zu begleiten und in meinem Haus die Honneurs zu machen. Wegen ihres hohen Geistes und Taktgefühls wusste sie Menschen anzuziehen und ihnen zu gefallen, was mir sehr nützlich war.«*

Talleyrands Hausfrau und angeheiratete Nichte: Dorothea von Kurland.

Damals dürfte Dorothées Beziehung zu ihrem angeheirateten Onkel noch nicht über eine herzliche Zuneigung hinausgegangen sein, ihr Liebhaber war Karl Johannes Graf Clam-Martinic (1792–1840). Die tschechische Schriftstellerin Božena Němcová (1820–1862) ist vermutlich ein Spross dieser Liaison.

Der Salon der russischen Andromeda

Trotz seiner Liebe zur Großfürstin Katharina begab sich der Kronprinz von Württemberg immer wieder in den Salon der »russischen Andromeda«, der Fürstin Katharina Pawlowna Bagration, in das Palais Palm, wo ihm – und nicht nur ihm alleine – die verführerischste Aufnahme winkte.

Es war dasselbe Palais, in dem auch Wilhelmine von Sagan Hof hielt, was gelegentlich zu peinlichen Szenen führte, für manche Gäste aber doch recht praktisch war. Befreundet waren die beiden Damen trotz ihrer Nachbarschaft und ihrer gemeinsamen Verehrer nicht.

Katharina war eine Großnichte der Zarin Katharina II. Dank dieser Verwandtschaft und ihrer vornehmen Erziehung am Petersburger Hof gehörte sie zwar zur ersten Gesellschaft, wegen ihres allzu freizügigen Lebenswandels wurde sie aber von den Damen des Hochadels möglichst gemieden. Sie war 1800 mit Pjotr Iwanowitsch Bagration (1765–1812) verheiratet worden, der aus dem georgischen Königshaus stammte. Das Ehepaar musste wegen einer Verschwörung gegen Alexanders Vater, Zar Paul I., aus Russland fliehen, bis der Fürst nach dessen Ermordung 1801 nach Russland zurückkehren konnte.

Katharina blieb damals wegen einer Krankheit beim befreundeten Grafen Czartoryski und dessen Frau, der Schriftstellerin Izabella von Flemming (1746–1835), in Dresden zurück. Dort begegnete sie, die man wegen ihrer stets sehr gewagten Dekolletés den »nackten Engel« nannte, dem Botschafter Metternich und stürzte sich mit ihm in eine heiße Liebesaffäre, aus der die Tochter Marie-Clementine (1803–1829) hervorging. General Bagration anerkannte sie zwar, ließ sich aber von seiner Frau scheiden. Er fiel in der Schlacht von Borodino 1812.

Die junge Witwe traf Metternich in Paris und dann in Wien wieder, wo sie sich, inzwischen verarmt, häuslich niederließ. Während des Kongresses nahm sie sich – obwohl sie einen Geliebten hatte – weitherzig etlicher Fürsten, unter anderem des Zaren, an und tanzte so manche wilde Tarantella, die ihre üppigen Reize zur Geltung brachte. Ihrem Ruf war das nicht förderlich, wie Graf Benzel bei Baron Hager deponierte: »*Bei der Bagration ist ein [Bordell]; dahin gehört keine Tochter mit ihrer Mutter!*« Während eines der damals sehr beliebten Pfänderspiele war nämlich die Tochter des Fürsten Starhemberg unvorsichtigerweise »*mit einem Russen ins letzte Zimmer gegangen*«. Der sperrte die Türe von innen ab, und so musste der empörte Vater sie von außen aufsprengen, um das Mädchen aus der fatalen Lage zu befreien.

Benzel verdanken wir den folgenden Bericht aus dem Palais Palm über ein intimes Gastmahl Ende Dezember, bei dem der Zar die zwölf Gäste selbst bestimmt hatte: »*Als zum Souper gegangen wurde, gab der russische Kaiser der Bagration den Arm; der König von Preußen blieb stehen, auf Julie Zichy wartend. Julie Zichy wollte sich nicht führen lassen, wollte allen Damen, die vor ihr den Rang haben, den Rang nicht nehmen; niemand ging vorwärts; es stockte sich und war eine ganze Confusion. Die Leute lachten entsetzlich über den König von Preußen, der in die Julie Zichy verliebt ist wie ein junger Mann von zwanzig Jahren es sein könnte. Graf Rasumowsky sagte: ›Julie Zichy, après la Saxe, est ce qu'il aime le mieux.‹ [Nach Sachsen liebt er Julie Zichy am meisten].*«

Die schöne Fürstin Bagration machte durch ihre Liebschaften und Schulden von sich reden.

Tochter Clementine lebte ab 1814/15 bei der Familie Metternich, hielt sich aber zu Beginn des Kongresses bei ihrer Mutter im Palais Palm auf, wo ihr die schöne Baronin Aurora von Marassé Gesellschaft leistete. Sie war die Tochter eines französischen Generals, der nach Österreich geflohen war, und stand nach seinem Tod im Jahre 1805 ohne finanzielle Mittel da. In ihrer Mansarde unter den Dächern des Palais Palm empfing sie in geflickten Kleidern etliche Diplomaten, die den Spitzeln der Wiener Geheimpolizei entgehen wollten, und hörte stellungslose Dienstboten an, denen sie durch ihre Beziehungen oft weiterhalf. Sie war überall gern gesehen, wurde mit Höflichkeit behandelt und erfreute sich trotz ihrer untergeordneten Stellung eines guten Rufes. Obwohl sie oft kostbare Geschenke von einflussreichen Männern erhielt, dürfte sie keinen erhört haben.

Nach der Abreise der kurländischen Prinzessinnen, die sie verpflegt hatten, erschien sie bei der Baronin du Montet »*hungrig, sie hatte seit 24 Stunden nichts mehr gegessen*«, da bei der Bagration Schmalhans Küchenmeister war: Die schöne, nicht gerade kluge Fürstin konnte mit Geld nicht umgehen und wurde gegen Ende des Kongresses, als ihre fürstlichen Mäzene abgereist waren, von ihren Gläubigern, zu denen sogar ihr Koch gehörte, bedrängt, bis man schließlich Hausarrest über sie verhängte. Um ihre Abreise dann doch zu ermöglichen, scheint der Zar ihre Schulden bezahlt zu haben.

Die Feste

Unterhaltung oder Langeweile?

Am Wiener Kongress wurde täglich gefeiert, oft genug gab es mehrere Feste an ein und demselben Tag. Die Hoffeste zeichneten sich durch besondere Qualität aus, aber auch der Adel und die Diplomaten veranstalteten »Völkerfeste«, für welche die Gästelisten genau überlegt wurden, um ganz bestimmte Personen zusammenzubringen und unerwünschte auszuschließen.

Die Zahl all dieser Veranstaltungen, die privaten eingeschlossen, schien den Wienern unendlich zu sein und blieb ihnen tief in Erinnerung. Von der Arbeit des Kongresses hingegen bemerkten sie nicht viel. Bald begannen sie über den Aufwand zu murren. Sogar dem Kaiser, der mit einer weit kürzeren Dauer des Kongresses gerechnet hatte, und auch vielen Teilnehmern wurden die Feste bald zu viel. Kaiser Franz rief schon anfangs Oktober aus: »*Wann das so fortgeht, da lass ich mich jubilieren (pensionieren); ich halte das Leben in die Länge nicht aus*«, und die kranke Kaiserin meinte: »*Der Kongress kostet mich zehn Jahre meines Lebens.*«

Die Delegierten jammerten, dass sie so lange aufbleiben mussten. Besonders Talleyrand klagte über die »*verzehrende Langweile*«, ebenso Humboldt, der seiner Frau schrieb: »*Diese Gesellschaften sind mir in den Tod verhasst, und man hat jetzt wichtigere Dinge zu tun.*«

Bei den Bällen in der Hofburg muss es recht steif zugegangen sein, von einer fröhlichen Atmosphäre war nicht die Rede: »*Der Tanz ist langweilig und verändert ganz Wien. Sonst schwebt alles im Taumel eines Walzers bunt durcheinander, und man erholte sich nur an Quadrillen und Ecossaisen; jetzt fast nichts als Polonaisen, die von den alten Damen mit den großen Herren durch die Reihe der Zimmer abgetanzt werden.*«

Das große Feuerwerk im Prater

Das erste große Ereignis, an dem sich alle hohen Gäste mit ihrem Gefolge, eskortiert von deutschen und ungarischen Garden, zusammen in der Öffentlichkeit zeigten, war das große Stuwer'sche Feuerwerk. Es wurde am 29. September im Prater veranstaltet und zog alles, was Rang, Geld oder Namen hatte, an. Die Reihe der Equipagen »*hat bei der großen Praderallee angefangen und in einer Zeil'n fort, herin'n auf'n Burgplatz aufg'hört*«. In sechs Fronten rollte der Feuerzauber, eine Verherrlichung der Kongresshoffnungen, vor dem Publikum ab. Bilder wie »Ein Blick in die Zukunft«, »Europas Völkern Dank« und »Gürtel der Eintracht« knisterten und knatterten vor dem Nachthimmel. Dass es um die Eintracht in Wahrheit gar nicht so gut stand, wussten nur die Eingeweihten, und dass beim Feuerwerk nicht alles perfekt klappte, fiel nur wenigen unangenehm auf. So ging, neben anderen Pannen, von den drei Sonnen, welche die Hauptalliierten symbolisieren sollten, die mittlere gar nicht los – ein Zeichen?

Zum Abschluss des Feuerwerks stiegen zwei große leuchtende Feuerbälle auf, »*als wann si zwaa Vollmond von Himmel auf di Bäumer aberg'lass'n häd'n*«, die so lange fortbrannten, »*als no a Mensch oder a Wag'n auf'n Feuerwerchsplatz z'sehen war*«.

Feuerwerk war eine eigene Kunstgattung. »Bravo, Stuwer!«, riefen ein gutes Jahrhundert lang die Schaulustigen bei dessen Leuchten über dem Wiener Prater. Der »Kunst- und Lustfeuerwerker« Johann Georg Stuwer (eigentlich Stubenrauch, 1732–1802) war aus Ingolstadt nach Wien gekommen und gab sein erstes Feuerwerk bereits 1773. Bald bekam er die Feuerwerkswiese zugeteilt, dort wo sich heute das Stuwerviertel erstreckt, und errichtete ein großes, dauerhaftes Gerüst sowie eine hölzerne Zusehertribüne mit drei Galerien. Es war ziemlich spektakulär, was er den Wienern dort bot: Seine Spektakel dauerten stets etwa 45 Minuten und bestanden aus mehreren »Fronten« und der »Hauptdekoration«. Es gab immer Neues zu sehen: Vulkanausbrüche, Türkenkriege und Seeschlachten, sich drehende Mühlenflügel oder das bombardierte Gibraltar. Er ließ den Kaiser von China auf einem Elefanten reitend in Peking einziehen und zeigte, wie ein »*Wallfisch*« harpuniert und zwecks Trangewinnung »*zerhacket*« wird, wobei besondere Sorgfalt auf die »*beweglichen blauen Wellen*« des Meeres gelegt wurde. An guten Tagen soll er 5000 bis 6000 Gulden eingenommen haben.

1784 gelang Stuwer der erste bemannte Ballonaufstieg in der Monarchie, an dem auch sein Sohn Kaspar beteiligt war. Dieser war es, der das Feuerwerk vom 29. September veranstaltete.

Die Redouten in der Hofburg

Am Abend des 2. Oktober traf sich die Kongressgesellschaft in der Hofburg auf der Redoute, um zu sehen und gesehen zu werden. Zutritt hatten alle, die eines der begehrten Billets ergattert hatten, mit denen es zu einem blühenden Schwarzhandel gekommen war: Die braven Türsteher, die den

Gästen die Eintrittskarten abnahmen, verkauften diese zu sehr schönen Preisen gleich weiter. Durch die wundersame Vermehrung herrschte in den prächtig ausgestatteten Sälen unter den geschätzten 10 000 Besuchern bald ein mörderisches Gedränge. Dass danach einige tausend Silberlöffel fehlten, war nicht weiter erstaunlich.

Lulu von Thürheim gehörte zu den Glücklichen, die Einlass fanden. *»Am 2. Oktober gab der Kaiser eine Monsterredoute in der Winterreitschule, die mit vielen Ornamenten und Lichtern ausgeschmückt worden war. Man gelangte in dieselbe durch den Redoutensaal, durch dessen Wand man mehrere breite Türen gebrochen hatte. Es bot einen feenhaften Anblick, in diesem Meer von Licht die schönen, reich mit Schmuck und Blumen gezierten Damen, die goldstrotzenden Uniformen der Herren wandeln zu sehen.«*

Der kleine Redoutensaal war durch ein Blumenmeer in einen prächtigen Garten verwandelt worden. Orangenbäume in Kübeln standen Spalier, zwischen ihnen große Kandelaber mit Wachskerzen. Blumen und seltene Gewächse schmückten die Treppen und Galerien, Kronleuchter mit tausenden glitzernden Kristallstücken funkelten ihr in alle Farben gebrochenes Licht durch das Grün der Zweige. Die Tapeten waren aus schönem weißem Seidenstoff gemacht und mit Silber verziert. In den Räumen waren mehrere Orchester verteilt. Die Winterreitschule war mit über 7000 Kerzen hell erleuchtet. Hier war eine Estrade für die Monarchen errichtet worden, geziert mit Trophäen und Standarten und wie der große Redoutensaal mit einer Tapete aus weißer Seide mit silbernen Fransen drapiert.

Dann erklang eine Trompetenfanfare: Die Souveräne traten ein, sie führten die Kaiserin, die Königinnen und Erzherzoginnen an der Hand. Nachdem sie unter allgemeinem Zuruf durch alle Säle gegangen waren, begaben sie sich in die Reitschule und nahmen auf der Estrade Platz. *»Welche unerhörte Verschiedenheit der Uniformen!«*, rief La Garde bewundernd aus. *»Welche Menge von Orten und Dekorationen! Aber vor allem welche Vereinigung von schönen Frauen! Wenn Europa in diesem Augenblicke*

155

in Wien durch Berühmtheiten aller Art vertreten war, so war die Schönheit gewiss dabei nicht zu vergessen. Niemals zählte eine Stadt in ihren Mauern so bemerkenswerte Damen als Österreichs Hauptstadt während der sechs Monate des Kongresses.« Der Eipeldauer berichtete: *»... das war a Glanz und a Pracht, dö viel hundert und hundert g'stickt'n Uniform, dö völli mit Gold und Silber bedeckt war'n, und die Mengi Ordten, nid änderst als wann d'Stern alli von Firmament aberg'falln wärn und si auf den viel tausend Herrn ihrer Brust anpappt hädn.«*

Bei den beiden Bällen ging es sehr langweilig zu, wie Eynard versicherte: *»Der erste Eindruck war entzückend, aber sonst war die Festlichkeit traurig, da niemand tanzte und die Musik ununterbrochen die gleiche Weise spielte. Es war eine Polonaise, nach deren Klängen die Souveräne im Saale einher-schritten. Sie führten eine Dame an der Hand, die sie mit der eines anderen Polonaisetänzers wechselten. Da diese Zeremonie sich fortwährend wieder-holte, wirkte sie schließlich einigermaßen läppisch, und verlief diese sonst wunderbare Veranstaltung ganz eintönig.«*

Das Augartenfest

Nicht zu den Hoffesten zählte das Augartenfest, das der Gastwirt Franz Jahn (1778–1833), der Sohn des ehemaligen Hofkochs Ignaz Jahn (1744–1810), am 6. Oktober als großes Völkerfest zu Ehren der Kongressmit-glieder veranstaltete. Die Monarchen nahmen ebenfalls teil. Bei ihrem Erscheinen marschierten 400 Kriegsinvalide unter den Klängen der vor ihnen marschierenden Militärkapelle in den Garten ein, um sich dann zu den für sie bestimmten Zelten zu begeben. Für die hohen Gäste waren eigene Schaubühnen an einem Turnierplatz aufgestellt, eine Neptungrotte, eine Lanzenallee und Nachbildungen des Kanonenmonuments in Moskau und des Brandenburger Tors waren errichtet worden.

Den Gästen wurden verschiedene Spiele vorgeführt: Ein vom Kunstreiter Christoph de Bach arrangiertes Rennen von kleinen orientalischen Pferden, gymnastische Spiele, ein heiteres Sacklaufen und ein Vogelschießen tirolischer Scharfschützen. Als Preis war bei diesem ein goldener Becher ausgesetzt, den der Sohn des berühmten Andreas Hofer gewann. Ein gewisser Professor Kraskowitsch stieg in einem Luftballon auf und warf aus der Höhe Fähnlein mit den Wappen sämtlicher beim Kongress vertretener Staaten ab. Dann nahmen die Invaliden an den 16 auf dem Rasen aufgestellten Tischen Platz, während in einem anderen Teil des Parks Gruppen von böhmischen, niederösterreichischen, ungarischen und tirolischen Landsleuten in ihren malerischen Trachten ihre heimatlichen Tänze aufführten und ihre Lieder sangen. Nach einem Feuerwerk von Stuwer wurde das Fest mit einem Ball beendet. Von den rund 18 000 bis 20 000 Menschen, die bei dem Fest dabei sein wollten, wurde als Eintritt eine Gebühr von zwei bis sechs Gulden verlangt.

Da sich der Ablauf der verschiedenen Darbietungen stark verzögert hatte, wurden die Festgäste trotz der reichen Parkbeleuchtung von der Abendfinsternis überrascht. Es kam zu Drängeleien, so *»dass viele der vornehmsten Damen mit zerrissenen Kleidern heimkamen und manches Stück ihres Schmuckes nachher vermissten. Der etwas starken Fürstin Colloredo waren nicht nur der Rock, sondern auch die Ärmel von der Taille im Gedränge ganz abgerissen worden «*, wie die Gräfin Bernstorff erzählte, froh darüber, selbst dem Fest ferngeblieben zu sein. Die Fürsten mit ihrem Gefolge fuhren dann noch in die Stadt und durch die taghell mit Fackeln beleuchteten Straßen zum Kärntnertortheater, wo eine Sonderveranstaltung des berühmten einaktigen Balletts des Choreografen Charles Didelot (1767–1837), »Flora und Zephir«, für sie gegeben wurde. Dabei flogen die Darsteller an für die Zuseher fast unsichtbaren »Flugmaschinen« durch die Luft.

Smith bittet zur Kassa

Ein äußerst kurioses Fest fand am 29. Dezember 1814 statt. Gastgeber war der britische Admiral Sir William Sidney Smith (1764–1840), der 1799 die Stadt Akkon in Palästina erfolgreich gegen Napoleon verteidigt hatte. In Wien setzte er sich vor allem für die Bekämpfung der »Barbaresken« ein, der nordafrikanischen Piraten, die im Mittelmeer ihr Unwesen trieben. Er wollte mit einer Wohltätigkeitsveranstaltung Geld auftreiben, um christliche Sklaven freikaufen zu können.

Seine Unterkunft im Gundelhof (Bauernmarkt 2–4) war für ein derartiges Vorhaben zu klein, nicht umsonst hieß es in Wien: »*In seine Wohnung gehen mehr Leute hinein als hineingehen.*« Smith verfügte nicht über ausreichende finanzielle Mittel, aber immerhin über Originalität: Er lud alle in Wien anwesenden Männer, die Träger eines Ordens waren, mit auffällig gestalteten Billets zu einem »*Festessen mit anschließendem Ball zugunsten der Christensklaven*« in das Augartenpalais ein und bestimmte, dass jeder Herr eine Dame, die Träger eines Großkreuzes sogar zwei Damen, mitzubringen hätten. Außerdem behauptete er, dass alle Monarchen und deren Gemahlinnen am Fest teilnehmen würden. Einige der ahnungslosen Eingeladenen, darunter Zar Alexander und die Könige von Preußen und Dänemark, sagten zu und erschienen in der Annahme, dass Smith sie lediglich um Spenden für sein Projekt bitten würde.

Die Tafel im Palais war von Franz Jahn für 100 Personen schön geschmückt worden, wobei jedes Gedeck 100 Gulden gekostet hatte. Zu Beginn des Festes fanden sich nur 40 Gäste ein, darunter nicht eine einzige der angekündigten Damen, was Smiths glänzende Laune nicht im Geringsten störte. Zu fortgeschrittener Stunde erschienen immerhin zwei Damen, und nun konnte man zumindest den Ball beginnen, wenn auch die als Erstes getanzte Polonaise durch das schwer unterrepräsentierte weibliche Geschlecht mager ausfiel. Die Stimmung stieg, als wenig später noch weitere 30 Damen auftauchten, wenngleich keineswegs von adeliger Abstammung. Smith nutzte die nun gute Laune der Gäste aus, um erfolgreich Spenden zu sammeln. So gab jeder anwesende Monarch 1000 Gulden, und die anderen Gäste ließen sich ebenfalls nicht lumpen, sodass eine ansehnliche Summe zusammenkam.

Als die Gäste dann das Fest verlassen wollten, kam die böse Überraschung: Jahn erklärte ihnen, dass sie keinesfalls von Smith eingeladen gewesen waren und für ihre Konsumation selbst aufzukommen hätten. Und zwar für alle 100 Portionen, obwohl nur 40 davon verzehrt worden waren. Smith war unauffindbar, sodass den hohen Herrschaften wohl oder übel nichts anderes übrig-

Sir William Sidney Smith bat die hohen Herrschaften im Augarten zur Kasse.

blieb, als die geforderten Summen aus eigener Tasche zu begleichen. Der bayerische König geriet dabei in eine besonders peinliche Situation, da er das Geld nicht bei sich trug. Der Zar amüsierte sich höchlichst über den hochrot angelaufenen Max und beglich lachend dessen Rechnung.

Jagden und Manöver

Zwischen den Festen amüsierten sich die Gäste bei Jagden im Auhof bei Mariabrunn, in Laxenburg oder im Prater. Diese Jagden entsprachen nicht unseren heutigen Vorstellungen, der Schweizer Delegierte Eynard bezeich-nete sie als »Gemetzel«.

Schon etliche Tage vorher trieb man an die 600 Wildschweine in ein enges Gatter zusammen und steckte daneben ein Rechteck ab. Die hohen

Jäger stellten sich am Tage der Jagd in genauer Rangordnung, jeweils einige Schritte voneinander entfernt, längs dieses Rechtecks auf. Den ganzen Vormittag lang ließen die Jagdgehilfen alle paar Minuten fünf oder sechs Wildschweine aus dem Gatter, die nun an den Souveränen vorbeirannten und bequem, genau nach Rangordnung, abgeschossen werden konnten.

Der König von Württemberg, der, wie Eynard süffisant bemerkte, »*selbst einem Wildschwein ähnlich sah*«, erlegte 35 Tiere. Kamen einige Schweine noch glücklich an den Souveränen vorbei, fielen sie den anschließend ebenfalls genau nach Rang aufgestellten kaiserlichen und königlichen Hoheiten, Erzherzögen, Fürsten und Adeligen zum Opfer, und am Ende der Reihe schließlich deren Untergebenen. Am Ende bedeckten 600 Kadaver den Boden, was für ein Vergnügen!

Manchmal boten militärische Übungen einen Anlass zu Ausflügen in die Umgebung. So begaben sich die Monarchen am 7. Oktober nach Bruck an der Leitha, wo sie einem Sappeur- und Mineurmanöver beiwohnten und abends wieder nach Wien zurückkehrten. Zwei Tage später, am 9. Oktober, wohnten sie der nächsten militärischen Kirchenparade auf dem Glacis bei. Danach begab sich die Hofgesellschaft mit ihren hohen Gästen nach Laxenburg, um in den Parkanlagen herumzufahren und sich danach zu stärken. Gegen Abend eilten alle nach Wien zurück, um den Ball zu besuchen. Müdigkeit kannten sie offenbar alle nicht. Und wenn die Absicht bestanden hatte, durch ein so volles Programm den Zaren aus Erschöpfung von Konfrontationen mit seinen Bündnispartnern abzuhalten, so ging diese Rechnung nicht auf.

Die Redoute paré in der Hofburg

Die Redoute paré vom 9. Oktober 1814, ein Fest, zu dem man in Masken oder zumindest in den vorgeschriebenen Farben zu erscheinen hatte, die Damen weiß, hellblau oder rosa, die Herren in blauem oder schwarzem

Frack und weißen oder schwarzen Kniehosen, fand wieder in der Reitschule statt. Diesmal waren nur 4000 Personen geladen, aber aus den schon bekannten Gründen waren doch an die 6000 anwesend. 24 Damen stellten in Sechsergruppen die vier Elemente dar: Die jüngsten symbolisierten mit Diamanten geschmückt die Luft, etwas älter waren die Meernymphen mit ihren Perlen und Korallen. Reifere Damen in roten Gewändern voller Rubine verkörperten das Feuer und stattliche Matronen die Erde, mit Goldschmuck und goldbraunen Topasen behängt.

Die Besichtigung des Schlachtfeldes

Auch der 10. Oktober sollte anstrengend werden. Erzherzog Karl hatte das »Vergnügen«, dem Zaren und dem König von Preußen den Ort seines Sieges gegen Napoleon, das Schlachtfeld von Aspern, zu zeigen, nicht ohne dass der Zar recht unangenehm auf die Niederlage bei Wagram anspielte. Dann speisten die Herren mit ihrem militärischen Gefolge in Enzersdorf. Am Abend besuchten die Souveräne noch das Theater an der Wien, wo »Moses«, ein dramatisches Gedicht mit Gesang, von Ernst August Klingemann (1777–1831), vertont von Ignaz von Seyfried (1776–1841), gegeben wurde.

Erholung in Schönbrunn

Der 11. Oktober sollte nach so vielen Anstrengungen der »Erholung« dienen: Die allerhöchsten Gastgeber und ihre fürstlichen Gäste begaben sich mit ihrem engsten Gefolge – alles in allem nur 124 Personen, was geradezu intim war – nachmittags nach Schönbrunn. Die übrigen Kongressteilnehmer und alle Schaulustigen mussten draußen bleiben.

Am Abend wurde im Schlosstheater die komische Oper »Jean de Paris« von François Adrien Boieldieu (1775–1834) gegeben, die noch

Das Schönbrunner Schlosstheater heute.

heute wegen ihrer mitreißenden Marschmusik bekannt ist. Danach speiste man in der Orangerie.

Der Eipeldauer berichtete: »*Wie d'Operazion aus war, so seynd d'höchsten Herrschaften in aner ganzen Allee von lauter Fackeln ins grossi Treibhaus auf d'meidlinger Seitn zun Supper g'fahrn, und da had's unser gnädigster Kaiser mitten zwischen vier Wänden in ein'n Garten tracktiert, wo Bäumer und Pflanzen aus allen vier Weltheiln drinne grüend und blüehd hab'n ..., dass m'r gar nix von der Mauer g'sehen had als oben 's Gewölb — es had ausg'schaud, wie ann Allee, dö grad in Himmel auffi führd. Wo dö Zauberallee aufg'hörd had, waren an den zwaa Schlußwänden hochmächtigi Spiegel angbracht. Hietzt seynd erst die zwaa langen Tafeln rechts und links von'n Haupteingang a jedi auf 62 Perschonen g'wesen, und dö seyn auf den prächtigsten Fueßdebich g'stanten. Und da seynd beed Seiten und in der Mitten von der Tafel, a Mengi metalierni dick in Feuer vergoldti Prazenleuchter g'standten.«*

Nachdem die hohen Gäste das Schloss wieder verlassen hatten, durfte endlich das Publikum eintreten, um den Glanz zu besichtigen.

Das Oratorium von Händel

Am 13. Oktober wurde im Zeremoniensaal ein Hofball abgehalten, zu dem nur die hoffähigen Adeligen Zutritt hatten, der Rahmen war also klein. Nicht so in der Hofreitschule bei der Aufführung des Oratoriums »Samson« von Georg Friedrich Händel (1685–1759) am 16. Oktober 1814. An die 700 Personen wirkten mit, Choristinnen und Choristen mitgezählt. Viele dieser Damen in Weiß und Herren in Schwarz waren keine Berufssänger, sondern Dilettanten, zum Teil aus den höheren Kreisen. Unter ihnen befand sich die Dichterin und Salonière Karoline Pichler (1769–1843)[17]: *»Der Musikverein, bei welchem meine Tochter und ich im Chor mitsangen, studierte das Oratorium Samson von Händel ein, und die Proben gingen sehr gut, so dass bei der Generalprobe uns lauter Beifall der ziemlich zahlreich anwesenden Zuhörer lohnte. Leider fiel dieser und mit ihm alle Freude und Begeisterung des mehr als 600 Personen starken Orchesters bei der Aufführung aus dem einzigen Umstände weg, weil eben diese Aufführung ein glänzendes Fest sein sollte, gegeben dem Hofe und allen seinen erlauchten Gästen.«* Denn das Publikum applaudierte, als der Kaiser mit seinen Gästen im Konzertsaal erschien. *»Da der Hof mit Klatschen empfangen worden, durfte dieses Beifallszeichen für Niemand und für nichts Anders mehr gebraucht werden, und so gingen denn die schönsten Tonstücke unbeklatscht, und wie es schien ungewürdigt vorüber.«*

Der Kaiser wusste die Aufführung aber sehr wohl zu schätzen: *»Es ist mir sehr schmeichelhaft«*, teilte Erzherzog Rudolph dem Präsidenten der

Gesellschaft Graf Apponyi mit, »*der Protektor einer Gesellschaft zu sein, deren Hauptzweck es ist, durch gute Wahl und Aufführung von Meisterwerken eine so edle Kunst stets emporzubringen, umso mehr, als ich dadurch das Organ unseres geliebten Kaisers werde, der mir bei Gelegenheit des am 16. Oktober so gut aufgeführten Oratoriums Samson den Auftrag gegeben, dem Musikverein seine Zufriedenheit und zugleich seinen besonderen Dank für die Mühe auszudrücken, die sich derselbe zur Verherrlichung des Festes gab.*«

Das Praterfest

Am 18. Oktober, dem Jahrestag der Völkerschlacht von Leipzig, lud Kaiser Franz die ganze in Wien anwesende Garnison von 14 000 Soldaten, die schon beim Einzug von Zar und Preußenkönig mitgewirkt, aber auch die Völkerschlacht mitgemacht hatten, und die hohen Kongressgäste zum Praterfest ein, das als Dankeskundgebung an die Soldaten gedacht war.

Obwohl morgens noch dichter Nebel über den Praterauen lag, wurde das Wetter im Laufe des Tages prächtig. Zuerst rückte frühmorgens die ganze Garnison zur Kirchenparade aus. Lulu von Thürheim: »*Die Souveräne kamen zu Pferd an. Die Truppen formierten ein großes Karree. Im Zentrum desselben war ein großes Zelt zu Ehren des allgemeinen Friedens. Die Säulen, auf denen es ruhte, waren mit Trophäen und Standarten geschmückt, die im Winde flatterten. Ringsherum war die Erde ganz mit Blumen bestreut. In der Mitte des Zeltes stand ein Altar mit reichen Draperien. Unzählige Kerzen verbreiteten ihr Licht, Teppiche von rotem Damast bedeckten die Stufen des Altars. Die Monarchen – gleichviel von welcher Konfession, denn sie waren ja hier versammelt, um dem allgemeinen Vater, Schöpfer und Erhalter zu danken und ihn, der für Alle derselbe ist, im Geist und der Wahrheit anzubeten –, also alle diese hier versammelten Großen der Erde befanden sich auf jener Erhöhung (die an der Praterallee aufgeschüttet*

Das große Gedenkfest anlässlich des ersten Jahrestags der Völkerschlacht von Leipzig.

war und worauf sich das Zelt für die Messe befand), wo die feierliche Messe gehalten wurde. Kanonenschüsse donnerten bei den wichtigsten Teilen derselben, und ihre Erschütterungen zerteilten die Nebel. Nach der religiösen Zeremonie stellten sich die Herrscher und alle Prinzessinnen auf eine Anhöhe in der Nähe des Lusthauses. Die Truppen defilierten vor ihnen; der Großfürst Konstantin und andere Prinzen marschierten an der Spitze der ihnen verliehenen Regimenter. Von allen Seiten wurden einstimmiges Jubelrufen und Wünsche laut für die Erhaltung des Friedens, des ersten Bedürfnisses der Völker.«

Mittags waren die Soldaten zu Tische geladen. Vom Lusthaus bis zum heutigen Praterstern waren in der Geh-Allee Holztische und Sitzbänke in einer ununterbrochenen Reihe aufgestellt, mit je einem Gedeck mit Essbesteck für jeden der Männer. Sie saßen mit dem Gesicht gegen die Haupt- oder Fahrallee. Jeder von ihnen, vom Feldwebel bis zum Wachtmeister abwärts, erhielt – abgesehen vom Freibier – eine Suppe mit Knödeln, ein Pfund Rindfleisch mit Sauce, drei Viertelpfund Braten, drei Krapfen, drei Semmeln und ein halbes Maß Wein.

Lulu von Thürheim war von ihrem Anblick sehr beeindruckt: »*Man kann sich den martialischen Eindruck wohl denken, den der Anblick so vieler tausend Tapferen mit ihren sonnenverbrannten Gesichtern und ihren riesenhohen Grenadiermützen aus Bärenfell auf den Beschauer machte, wenn sie so dasaßen in endloser Reihe, Körper an Körper. Hinter ihnen waren in gleichen Zwischenräumen ihre Gewehre in Pyramiden aufgestellt und an den Bajonetten die Patronentaschen am Lederriemen aufgehängt, und zwischen den Pyramiden große Bierfässer gelagert, aus denen ihnen in einfachen Halbgläsern Bier serviert wurde. Die Gesundheit, die sie auf das Wohl ihres Kaisers von Zeit zu Zeit ausbrachten, wurde von vielen Batterien auf der Simmeringer Heide jedes Mal mit Kanonendonner begrüßt. Dieser vieltausendstimmige Toast glich einem Schlachtrufe bei Stürmung feindlicher Bollwerke und war bis in die entlegensten Vorstädte wie dumpfes Donnergrollen hörbar.*«

Um das Lusthaus herum hatte man malerisch Pyramiden aus Gewehren gebaut. Das Gebäude selbst war mit Trophäen, eroberten Waffen und Fahnen reich geschmückt. Hier speisten die hohen Herrschaften, das Essen war aus den besten Restaurants der Stadt herbeigebracht worden. Ebenerdig war für sämtliche Erzherzöge, die auswärtigen Prinzen und besonders verdiente Generäle gedeckt worden, und Erzherzog Karl spielte den Gastgeber. Im ersten Stock speisten die hohen Souveräne, die gekrönten Fürstinnen, die Kron- und Erbprinzen und der Feldmarschall Fürst Schwarzenberg, der dadurch als Sieger von Leipzig besonders geehrt wurde. Kaiser Franz übernahm hier höchstpersönlich die Pflichten des Gastgebers. Die Harnische und Piken der Kürassiere und Ulanen wurden vor das Lusthaus gestellt, und die Kavalleristen setzten sich hier auf langen Holzbänken an improvisiert aufgestellte Holztische.

Das Lusthaus war durch drei Pontonbrücken mit der Simmeringer Haide verbunden worden, deren Geländer aus eroberten Gewehren, Tannenreisig und österreichischen Wimpeln zusammengesetzt waren. Nachdem die Artillerie ihre Salven auf den Wällen der Stadt abgefeuert hatte, wurden ihre Männer auf der Heide bewirtet. Nach aufgehobener Tafel ritt und fuhr die ganze erlauchte Gesellschaft noch durch das Garnisonslager auf der Simmeringer Haide, wo bis spät in die Nacht ein rauschendes Volksfest gefeiert wurde.

Ball bei Metternich

Die meisten vornehmen Gäste begaben sich nach dem Praterfest abends in das Gartenpalais des Fürsten Metternich am Rennweg zu einem »Fest des Friedens«. Die Damen erschienen alle in Blau und trugen im Haar Blumengirlanden aus Oliven oder Eichen. Auch die Säle und Treppen waren damit dekoriert.

Metternich wusste Feste zu feiern, wie Eynards schmeichelhafter Vergleich mit französischen Festen beweist: »*Die Monarchen traten ein unter den Klängen einer prächtigen Musik; sie fingen dann an, die Polonaise*

Einer der Säle im Palais Metternich am Rennweg.

zu tanzen, indem sie den ganzen Saal entlang schritten. Ich habe in Frank-
reich kein so schönes Fest gesehen, wenn ich die Zahl der versammelten
Monarchen, die Auswahl der Gesellschaft, den Reichtum der Toiletten und
die Art der Beleuchtung in Betracht ziehe; die Bälle in den Tuilerien waren
zahlreicher besucht und die Salons größer, aber viel weniger gut erleuchtet,
was die Hauptsache ist, um ein Fest großartig zu gestalten. «

Lulu von Thürheim gehörte selbstverständlich zu den Geladenen: *»Bei*
der Quadrille bildeten wir nebeneinander die Paare und unsere jungen,
frischen Gesichter nahmen sich unter den Hauben sehr anmutig aus. Man
zeichnete uns vielfach aus und Kaiser Franz sagte uns, als er die Tracht seiner
geliebten Provinz bemerkte, lächelnd: ›Ach, das sind ja meine Stiegenhupfe-
rinnen!‹, wobei er auf den Spottnamen der oberösterreichischen Bäuerinnen,
namentlich des Salzkammergutes, anspielte, der diesen aus dem Grunde
zuteil geworden, weil die zahlreichen Fußwege durch Hecken und Zäune
abgesperrt sind, über welche hie und da eine kleine Stiege führt. «

Das Fest des Zaren

Am 19. Oktober gab der Zar zur Feier des letzten Tages der Völkerschlacht
im Palais des Fürsten Rasumowsky auf der Landstraße ein Mittagsmahl für
700 Gäste. Die Reitschule war zu einem prächtigen Speisesaal umgestaltet
worden, 6000 Kerzen sorgten für angenehme Beleuchtung und allegori-
sche Sinnbilder und Beutestücke spielten auf den Anlass des Festes an.
Dass der Kongress zu dieser Zeit im Begriff war, am Starrsinn des Zaren zu
scheitern, war dem Großteil der Gäste nicht bewusst.

Rasumowsky bot sein Palais an diesem Abend dem Zaren als Geschenk
an, der es zuerst nicht annehmen wollte, um die Erben Rasumowskys nicht
zu »berauben«. Der Fürst versicherte, sie würden ohne diesen Besitz noch
immer reich genug sein, woraufhin Alexander akzeptierte. Ob dieses
Geschenk tatsächlich ernst gemeint war oder es sich um einen üblichen
Austausch von Höflichkeiten handelte, bleibt offen.

Der Zar hätte sich ohnehin nicht lange daran freuen können, da das Palais am Jahresende abbrannte (siehe S. 181f.). Am 31. Oktober gab Rasumowsky dort selbst noch einen großen Ball, an dem Kaiser Franz und Zar Alexander teilnahmen. Der Russe konnte sich derartige Festlichkeiten leisten, wie seine Schwägerin Lulu von Thürheim berichtete: »*Der Fürst Rasumoffsky [war] der Mann, der in Wien am meisten von sich reden machte, am meisten à la mode war und als der Reichste galt, zudem verdienstvoll und sehr distinguiert.*«

Superstar Beethoven

Da es in Wien damals noch keinen großen Konzertsaal gab, fand das große Beethovenkonzert, das bereits zwei Mal verschoben worden war, endlich am 29. November um die Mittagszeit im Redoutensaal in der Hofburg statt. Der folgende Bericht über dieses Konzert hat sich erhalten: »*Es wurden bloß drei Stücke von dieses Künstlers Composition gegeben, eine neue Symphonie, dann ›Wellingtons Schlacht bei Vittoria‹, und endlich eine ganz neu gesetzte Cantate des Herrn Professor und Dr. Weißenbach, ›Der glorreiche Augenblick‹. Ein zahlreiches Auditorium hatte sich bereits versammelt, als alle hier anwesenden Monarchen mit ihren Umgebungen eintraten. Die neue Symphonie begann, sie vermehrte die Huldigung, die man bis jetzt Beethovens Genie darzubringen*

Das Beethoven-Denkmal im Heiligenstädter Park.

gewohnt war. Beethoven hatte sie eigentlich zur Begleitung der Schlacht von Vittoria komponiert. Dann folgte die Cantate ›Der glorreiche Augenblick‹. Man war verlegen, sollte man mehr die herrliche Dichtung Weißenbachs oder Beethovens meisterhaften Satz oder die schöne alles bezaubernde Stimme der k. k. Hoftheatersängerin Madame Milder-Hauptmann bewundern? – Wie immer waren auch diesmal alle Augen auf Herrn von Beethoven als Direktor des Orchesters gerichtet; jede Nüance des Tonsatzes scheint in die Muskeln seines Körpers überzugehen. Man schätzte, außer dem Monarchenverein, die Zahl der Zuhörer auf 1500, und die ganze Einnahme des Herrn Beethoven auf 6000 Gulden Wiener Währung.« Bei der »neuen« Symphonie handelte es sich um die 7. Symphonie, deren Uraufführung bereits im Dezember 1813 stattgefunden hatte.

Nicht bei allen Zuhörern kam der von Aloys Weißenbach (1766–1821) verfasste Text der Kantate gut an, für Carl Bertuch war er »*mittelmäßig*«. Dabei hatte Beethoven, der wegen der schwülstigen Reime Weißenbachs ohnedies verzweifelt war, den Dichter Joseph Karl Bernard (1781–1850) noch vor dem Konzert gebeten, diese zu überarbeiten. Viel brachte es nicht, wie diese Verse an die Stadt Wien und den Kaiser beweisen:

> *»Was nur die Erde Hoh' und Hehres hat,*
> *in meinen Mauern hat es sich versammelt.*
> *Der Busen pocht, die Zunge stammelt.*
> *Europa bin ich, nicht mehr eine Stadt.*
> *Kein Aug ist da,*
> *das seinem Fürsten nicht begegnet.*
> *Kein Herz ist nah,*
> *das nicht sein Landesvater segnet.«*

Die Monarchen waren dennoch begeistert, denn jeder von ihnen wurde ähnlich verherrlicht und gepriesen, der Text war eine einzige Huldigung.

Der Erfolg beim Publikum reichte bei Weitem nicht an den eines anderen Konzertes heran, das am 30. Oktober 1814 im großen Redoutensaal gegeben und viel spektakulärer gewesen war: Je zwei Personen spielten auf 20 Klavieren: »*Es waren somit achtzig Hände und vierhundert Finger, die zugleich spielten*« – für echte Musikkenner wie Eynard eine Qual. Der Andrang der sensationshungrigen Wiener zu dieser einmaligen »Show« war aber so groß, dass man sie ein paar Tage später wiederholen musste.

Das Karussell in der Winterreitschule der Hofburg

Das Karussell vom 23. November 1814 hatte wochenlanger Vorbereitungen bedurft, entsprechend groß war die Neugier des Publikums. Viele verschafften sich sogar Einlasskarten mit der gefälschten Unterschrift des Obersthofmarschalls Graf Trauttmansdorff.

Um Punkt acht Uhr abends hatten die Zuschauerinnen auf den vordersten Sitzreihen der Galerie Platz genommen, während die Diplomaten in ihren goldgestickten Uniformen hinter ihnen standen. Nun verkündeten Herolde mit Trompetenfanfaren die Ankunft der 24 lieblichen Edeldamen, die von ihren Rittern geführt wurden. Jeweils sechs waren in einer Farbe gekleidet, smaragdgrün, karmesinrot, blau und schwarz. Die Kleider entsprachen der Mode des 16. und 17. Jahrhunderts, waren mit Spitzen verziert und mit Edelsteinen übersät. Der Wert dieser Steine wurde auf 15 Millionen Gulden geschätzt, von denen jene der Fürstin Esterházy, geborene Fürstin von Thurn und Taxis, allein drei Millionen gekostet haben sollen.

Nun erklang eine zweite Fanfare, die Souveräne zogen ein, wobei sich alle Gäste von ihren Sitzen erhoben. Die Damen warfen ihre Schleier ab, und ihre Paladine – die Blüte des österreichischen Adels – begaben sich zur Barriere.

Die Kostüme entsprachen der Mode am Hof König Franz I. von Frankreich und waren farblich aufeinander abgestimmt. Jeder der Herren trug farbige Beinkleider zu einem eng anliegenden Wams mit gepufften Ärmeln

Das Karussell in der Reitschule.

und Atlasaufschlägen, die Füße steckten in gelben Halbstiefeln mit goldenen Sporen, und die Federbüsche auf den Baretten wurden von Diamantagraffen gehalten. Jeder Paladin trug außerdem eine Schärpe seiner Dame. Ihre erlesenen ungarischen Rappen waren eine wahre Pracht. Neben jedem Ritter schritt ein schöner Knappe, und 36 Stallmeister in spanischer Tracht folgten mit den Schilden.

Nachdem die Ritter zuerst die Kaiserin und die Königinnen und dann ihre Damen durch Senken der Lanzen begrüßt und die Rennbahn zweimal umritten hatten, zogen sie sich kurz zurück. Da schmetterten schon die Trompeten das Signal zur ersten Quadrille, zu deren Klängen die Ritter zurückkehrten und im Galopp um die Bahn sprengten. Dabei stachen sie mit den Lanzen nach aufgehängten Ringen. Im zweiten Rennen schleuderten sie kurze Spieße nach hölzernen Sarazenenköpfen, schlugen mit ihren Degen oder Säbeln danach. Im dritten Bewerb musste jeder einen

Faden durchtrennen, an dem ein Apfel hing, und diesen noch in der Luft in zwei Hälften spalten. Den Abschluss bildeten ein Scheinturnier der Ritter und kunstvolle Dressurakte. Fürst Liechtenstein stürzte in der Hitze des Gefechts und musste bewusstlos aus der Reitschule getragen werden, was zum Glück keine weiteren schlimmen Folgen hatte. Zum Schluss führte die ganze Truppe nach den Klängen einer lebhaften Tanzmusik die schwierigsten Figuren aus. Dann grüßten sie abermals die Fürsten sowie ihre Damen und ritten aus, begleitet von begeisterten Hochrufen aller Zuschauer. Danach wurde im kleinen Redoutensaal ein Festmahl gegeben, bei dem die Monarchen von goldenem Geschirr aßen.

Das goldene Tafelservice war nicht aus purem Gold, denn anlässlich des mehrfach drohenden Staatsbankrotts war längst sämtliches Silber- und Goldgeschirr eingeschmolzen worden. Das heute noch erhaltene berühmte »Goldservice« für zwölf Personen ist aus Porzellan gefertigt, der Hof hatte es im Februar 1814 auf Veranlassung des Obersthofmeisters Trauttmansdorff gekauft, um die Tafel bei den Feierlichkeiten anlässlich der Rückkehr des siegreichen Kaisers würdig decken zu können. Alle Bestandteile sind ganz vergoldet, meist auch innen und selbst auf der Unterseite.

Die lebenden Bilder

Die Kaiserin ließ, unterstützt von ihrer Hofdame Pepi O'Donell, dem Fürsten Metternich und einigen berühmten Malern wie Isabey, gerne allerlei lebende Bilder in einem Saal der Hofburg darstellen. Die beiden Enden des Saales bildeten eine Art Schlitten, gegen den sich die Zuschauer abwechselnd wenden mussten. Während man hinter dem Vorhang auf der einen Seite ein Bild zusammenstellte, wurde auf der anderen Seite gespielt.

Da sah man beispielsweise im Dezember 1814 »Ludwig XIV. zu Füßen der La Vallière«. Der junge Graf Trauttmansdorff, der Sohn des Obersthofmeisters, stellte den König dar, und Gräfin Julie Zichy die Favoritin.

La Garde berichtete, dass eines der beeindruckendsten Bilder den Olymp mit all seinen Göttern darstellte. Für die Rolle des Apoll bot sich der gutaussehende Graf Wrbna an, aber da gab es ein kleines Hindernis: Er trug einen stattlichen Schnurrbart, was zur Rolle des schönen Apoll nicht so recht passen wollte, und war nicht gewillt, diesen zu opfern. Isabey gab zu bedenken, dass sogar der Herzog von Coburg und der Graf Zichy für ihre Rollen des Jupiter und Mars Haare hatten lassen müssen, doch vergeblich: Wrbna ließ sich nicht überreden, wie Isabey bei der Fürstin Bagration erzählte. Sogar Metternich litt mit dem Maler angesichts dieser wahrhaft dramatischen Situation und war erleichtert, als Wrbna durch die Überredungskunst der Kaiserin persönlich letzten Endes die Rolle mit einer *»Oberlippe, so weiß und zwar wie die eines jungen Mädchens«* übernahm.

Einige junge Leute im Umfeld der Kaiserin bemühten sich, der trockenen Diplomatie zu entkommen, und gründeten die »Gesellschaft der Troubadours«. Sie führten vor allem französische Stücke pantomimisch auf, wie etwa eine Szene aus der Tragödie »Phädra« von Racine. Die Liste der Mitwirkenden liest sich wie ein Adelsalmanach. Auf ihr findet man etliche der Darsteller des Karussells, darunter Metternichs Tochter Leontine[18], die Herzogin Wilhelmine von Sagan mit ihrer Schwester Dorothée de Périgord sowie Lulu von Thürheim mit ihrer Schwester Kontantine, der Gattin des Fürsten Rasumowsky. Die Bagration hingegen war nicht eingeladen, da sie in den Räumen der Kaiserin nicht erwünscht war.

Am 7. März fand bei Hof das große pantomimische Ballett »Les noces de Psyche« statt. Der ganze Olymp wurde gezeigt, Leopold Prinz von Sachsen-Coburg-Gotha, der Auserwählte der Prinzessin Charlotte von England und spätere König von Belgien, gab den Göttervater Jupiter. Auch die anderen Götter hatten passende Vertreter gefunden, so Lulu von Thürheim. Die Grazien und Musen gruppierten sich, von Wolken umgeben, um die Olympier, während zu ihren Füßen eine Auslese der schönsten jungen Mädchen mit Tanz und Gesang die Vermählung Amors mit Psyche feierte. Lulu selbst stellte Kalliope dar.

Lustiges Faschingstreiben

Seit der Vorweihnachtszeit hatte es keine offiziellen Hoffeste mehr gegeben. Im Fasching aber erwachten Vergnügungssucht und Tanzlust der Wiener und ihrer Gäste nach der langen Pause zu neuem Leben. Die Feste erinnerten an »*die Bacchanalien der Alten. Du kannst Dir keinen Begriff machen, wie toll es hier ungeachtet der außerordentlichen Teuerung zugeht. Alle Tanzsäle sind jeden Abend von Bockspringern vollgefüllt, die begeistert von der Reben göttlichem – oder wenn auch nicht göttlichem, doch aber gewiss nassem – Safte mit ihren wilden Schönen die Reihen durchtaumeln, und mit einem fröhlichen Juhe den Musikanten ihren letzten Gulden hinwerfen, wenn sie gleich morgen am Hungertuche nagen müssen. Überhaupt ist das hiesige Volk eine ganz besondere Rasse von Menschen. Es gibt vielleicht nirgends eines, das so sehr über Teuerung, Regierung und dergleichen schimpft als das hiesige. Du hörst des Tages hundertmal den Ausruf: >Nein, jetzt ist es nicht mehr zu leben!< – und doch, wenn es Abend wird, siehst Du eben diejenigen, die am Tage am meisten schimpften, bei vollen Kannen in den Tavernen oder in den Tanzsälen*«, schrieb Matthias Perth. Die Kongressstadt bot alles auf, was der Vergnügung diente, darunter weitere Bälle und Redouten.

Am 7. Februar war der Fasching zu Ende. Die Gäste begannen sich zu langweilen, denn dem Hof gingen bei der endlosen Dauer des Kongresses das Programm und die Mittel dafür langsam aus, und viele Delegierte begannen an ihre Abreise zu denken.

Die große Schlittenfahrt

Aber bevor es so weit war, sollte den Kongressgästen noch etwas ganz Neues geboten werden, denn endlich war genug Schnee gefallen: Am 22. Jänner 1815 wurde eine Schlittenfahrt veranstaltet. Schon zwei Wochen vorher waren Wetten darüber abgeschlossen worden, ob die kranken Damen, die Kaiserin und die Königin von Bayern, teilnehmen würden.

Attraktion für die Zuschauer: die große Schlittenfahrt.

Der Obersthofmeister hatte die Paare für die Schlitten zusammengestellt. Sie versammelten sich in der Geheimen Ratsstube, während die Schlitten auf dem Josefsplatz auffuhren. Um zwei Uhr nachmittags ging es los. Kaiser Franz hatte als Partnerin pflichtgemäß die Zarin gewählt, sie fuhren an der Spitze des aus 34 Wagen bestehenden Zuges. Hinter ihnen kam der Zar, der sich für die Fürstin Maria Gabriele Auersperg, eine junge Witwe, entschieden hatte. Im dritten Schlitten saßen König Friedrich VI. Christian von Dänemark und die hübsche Großherzogin Maria von Weimar. Im vierten Schlitten versuchte der König von Preußen wieder einmal vergeblich, das Herz der himmlischen Julie Zichy zu gewinnen. Die weiteren Paare waren durch das Los bestimmt worden.

Edelknaben, Garden, Stallmeister und Reitknechte begleiteten den Zug, und sicherheitshalber hatte man noch einige unbesetzte Reserveschlitten mitgenommen.

Das Ziel war das Schloss Schönbrunn, wo man sich um fünf Uhr zu einem Diner setzte. Danach gab es eine Vorstellung von Nicolas Isouards (1775–1818) Oper »Aschenbrödel« im Schlosstheater. Bei der nächtlichen Rückfahrt zur Hofburg schneite es, wie der Eipeldauer vermerkte: »*So viel had m'r bein'n Laternenschein wahrnehmen kinnen, dass die Herrn und Damesen von'n Schnee völli überzuckert warn.*«

Die Schaulustigen kamen jedenfalls auf ihre Rechnung, stellten aber auch eine eigene Gegenrechnung über die Kosten auf und murrten: »*Da fahren sie mit unseren 50 %, und wir müssen alles von Tag zu Tag teurer bezahlen*«, womit sie auf die seit Jahresbeginn um 50 Prozent erhöhte Erwerbssteuer anspielten.

Trauerfälle, Gedenken und eine Katastrophe

Ein königliches Begräbnis

Am 8. September 1814 war im Schloss von Hetzendorf die von Napoleon vertriebene Königin Maria Karoline von Sizilien gestorben, also gerade noch rechtzeitig, um den Kongress nicht zu stören. Sie war das letzte noch lebende Kind Maria Theresias gewesen, eine Tante von Kaiser Franz und bei den Wienern äußerst beliebt.

Ihr Leichnam wurde am 9. September von Hetzendorf in die Hofburg überführt, in der Augustinerkirche auf einem »hoch errichteten Paradebett« aufgebahrt und eingesegnet. Am folgenden Tag entnahm man dem Leichnam das Herz und setzte ihn gemäß der Tradition der Habsburger in der Loreto-Kapelle der Kirche bei, die Eingeweide verbrachte man in den Stephansdom. Der Körper fand seine letzte Ruhe in der Kaisergruft.

Am 12. September wurde ein Seelenamt in der k. k. Hofburgkirche, der heutigen Augustinerkirche, abgehalten. Kaiser Franz verordnete eine sechswöchige Hoftrauer: Vom 10. September bis zum 2. Oktober durften Damen und Herren bei Hofe nur in Schwarz erscheinen, danach bis zum Ende der Trauer am 22. Oktober war es den Damen laut »Österreichischem Beobachter« immerhin gestattet, dazu »ächten Schmuck« zu tragen.

Tod und Begräbnis des Prinzen de Ligne

De Ligne war während des Wiener Kongresses in seinem Element, allerdings schwächten ihn die vielen Verpflichtungen, wie sein Enkel Karl Graf Clary schreibt: »*In diesen letzten Tagen erschöpfte er sich selbst: Besuche, Treppen, Könige, die Korridore des Hofes. Feste, bei welchen er vier bis fünf Stunden auf den Beinen war. Vor allem aber der Wunsch, überall zu sein, und nicht zuzugeben, dass er müde war, mögen zu seiner Krankheit beigetragen haben.*«

Am 1. Dezember wohnte er einem Empfang der Zarin bei, zwei Tage später lud er einige Gäste in sein Haus auf der Mölker Bastei ein, obwohl er bereits krank war. In den nächsten Tagen zwangen ihn hohes Fieber und eine schmerzhafte Wundrose, das Bett zu hüten. Trotz seines schlechten Zustandes witzelte er: »*Unter den Festlichkeiten des Kongresses fehlte gerade noch das Leichenbegängnis eines Feldmarschalls.*« Er wusste nicht, wie recht er mit dieser Bemerkung haben sollte: Er erholte sich nicht mehr, und am 13. Dezember starb er.

Sein Leichnam wurde in der Schottenkirche aufgebahrt. Das Begräbnis wurde zu einem gesellschaftlichen Ereignis. Abordnungen diverser Regimenter, mit schwarzen Trauerbändern an ihren Fahnen, standen entlang der Straßen Spalier, die Trommeln wurden geschlagen. Als der Sarg aus der Kirche getragen wurde, sah man darauf den Marschallshut, ein Schwert sowie die Orden des Prinzen liegen. Ihm folgte ein Ritter in schwarzer Rüstung mit heruntergelassenem Visier und gesenktem Degen als Symbol der Ritterlichkeit und Trauer. Dann kamen Diener de Lignes, die sein schwarzverhülltes Pferd führten. An der Spitze des Trauerzuges schritten

Das Grab de Lignes auf dem Kahlenberger Friedhof.

etliche Offiziere, darunter Feldmarschall Fürst Schwarzenberg. Zum Klang
der Kirchenglocken zog der Kondukt zur Hofburg, wo der Kaiser dem
Toten mit dem Zeichen eines Grußes die letzte Ehre erwies. Der Zar und
der König von Preußen betrachteten den Trauerzug von ihren Fenstern
aus. Unter ständigem Salutschießen wurde der Tote danach auf den
Kahlenberg gebracht, wo sein vielgeliebter Landsitz lag, und auf dem
Kahlenberger Friedhof beigesetzt.

Das Requiem für Ludwig XVI.

Am 21. Jänner 1815, dem 22. Jahrestag der Hinrichtung des französischen
Königs Ludwig XVI., fand auf Veranlassung der französischen Botschaft zu
seinen Ehren ein Requiem im Stephansdom statt. Das Innere des Doms

war mit schwarzen Tüchern verhängt, in seiner Mitte war vom Architekten Karl Ritter von Moreau (1758–1840) ein Trauergerüst errichtet worden, das Isabey entworfen hatte. An seinen Ecken befanden sich vier Bildsäulen. Eine zeigte das in Trauer versunkene Frankreich, eine weitere die in Tränen aufgelöste Europa, die dritte die Religion mit dem Testament Ludwigs in ihren Händen, die vierte die Hoffnung, die Augen Richtung Himmel gewandt. Das Gerüst war mit den Insignien des französischen Königshauses versehen, wobei laut Matthias Perth alleine der Krönungsmantel 10 000 Gulden gekostet haben soll. Carl Bertuch, zugegebenermaßen kein großer Freund Isabeys, befand die *»Verhältnisse des Trauergerüsts nicht glücklich gewählt«* und bescheinigte den *»Herren Isabey und Moreau im Großen keinen besonderen Geschmack«*.

Für die Monarchen war eine Tribüne errichtet worden, die weiteren geladenen Gäste fanden Platz auf dem Chor und in den Seitenschiffen, die Botschafter und die Ritter vom Goldenen Vlies in der Nähe der Sakristei. Der Kaiser und seine Familie erschienen in Trauerkleidung. Um elf Uhr wurden die hohen Gäste von Erzherzog Leopold (laut Matthias Perth war es Leopold von Salerno) und dem französischen Gesandten La Tour du Pin empfangen und zu ihren Plätzen geleitet. Nicht geladene Personen konnten Eintrittskarten kaufen.

Der Vorsteher der französischen Kirchengemeinde zu St. Anna, Abbé Zaignelius, verlas von einer eigens zu diesem Zweck erbauten Kanzel von *»lächerlicher Form, wie ein Etui«* herab die Trauerrede mit einer so monotonen und näselnden Stimme, dass man kaum etwas verstehen konnte. Baronin du Montet berichtete: *»Russische Offiziere, die hinter mir waren, schüttelten sich vor Lachen. Der eine vergaß sich so weit, ganz laut zu sagen, Zaignelius sehe wie ein Chinese in einem Tintenfass aus.«*

Das Requiem stammte von Sigismund Neukomm, der einen der beiden Chöre persönlich dirigierte, den zweiten leitete Antonio Salieri. Die Feierlichkeiten dauerten bis 13 Uhr, danach kehrten die hohen Herrschaften wieder in die Hofburg zurück.

Eine Brandkatastrophe zum Jahreswechsel

Am Silvesterabend des Jahres 1814 fingen die überhitzten Heizröhren im Palais Rasumowsky Feuer (die Wiener munkelten von Brandlegung), und bei Tagesgrauen brannte es schon nahe dem Schlafzimmer des Fürsten. Er erwachte durch den Qualm und konnte sich gerade noch in den Garten retten. Ein ganzer Flügel seines Palastes samt einer Fülle wertvollster Möbel und Kunstwerke wurde vernichtet.

»*Heute Morgens um 6 Uhr*«, berichtete Matthias Perth, »*weckte mich die Feuerglocke vom St. Stephanskirchthurme und die Lärmtrommel. Das Laufen durch die Straße und das Rufen: Feuer! nahm zu, und bald hörte ich auch von mehreren Stimmen: Auf der Landstraße brennt es! – Hoch loderte die sich immer mehr ausbreitende Flamme empor, und alle Löschanstalten, so schnell sie auch herbei eilten, und so tätig sie wirkten, mussten zu Schanden werden, denn um 8 Uhr wütete die Flamme noch grässlich fort. Um halb 9 Uhr schien sie gedämpft zu sein, aber bald brach sie mit neuer Heftigkeit hervor, und ergriff selbst das daran stoßende Haus eines Fleischhauers. Erst gegen Mittag wurde den Flammen gänzlich Einhalt getan. Hätte nicht eine außerordentliche Windstille geherrscht, und wären die Löschanstalten minder an der Zahl und weniger tätig gewesen, so würde ein großer Teil der Landstraße und vielleicht ganz Erdberg das Opfer der Flammen geworden sein. Der so schön und geschmackvoll erbaute Palast, die herrlichen Anlagen bei selbem erlitten einen Schaden, den Jahrzehnte nicht zu ersetzen mögen. Am meisten bedauert man die auserlesene, reiche Bibliothek des Grafen, die größtenteils verbrannte, auch seine seltenen, schönen Pferde wurden bis auf wenige von der Wut des Feuers verzehrt.*«

Neben einer großen Zahl von Zivilpersonen arbeiteten 5000 bis 6000 Soldaten an der Schadensbekämpfung. Kaiser Franz eilte schon um sieben Uhr morgens zur Brandstätte und blieb bis gegen Mittag, wobei er sich erkältete. Der Zar erschien erst etwas später. Rasumowsky saß auf einer etwas erhöhten Stelle des Parkes in Zobelpelz und Sammetmütze und sah starren Auges dem Untergang seiner herrlichen Kunstschätze zu. Er nahm das Unglück äußerlich gelassen hin, es leitete aber die Erschütterung seines riesigen Vermögens ein, das nie wieder die alte Höhe erreichen sollte, obwohl ihm der Zar ein unverzinsliches Darlehen von 120 000 Dukaten auf 17 Jahre gewährte.

Der Kongress arbeitet

Das Eröffnungsspiel

Schon vor den und während der Verhandlungen zum Ersten Pariser Frieden hatten sich die Wünsche der einzelnen Mächte abgezeichnet. Der preußische Minister Hardenberg hatte am 29. April die preußische Forderung nach der Einverleibung von ganz Sachsen vorgelegt, und der Zar wollte diese im Gegenzug für Preußens Unterstützung in der polnischen Frage unterstützen. Schon damals hatten sich Metternich und Castlereagh diesen Plänen widersetzt, und auch Ludwig XVIII. war nicht damit einverstanden, da seine Mutter Maria Josepha eine sächsische Prinzessin war.

Durch diese bereits damals zutage getretenen Spannungen gewarnt, plädierte Metternich in London im Juni 1814, wohin sich auch der preußische König mit seinem Staatsminister Hardenberg und der Zar mit Nesselrode von Paris aus begeben hatten, für eine Art Vorkonferenz der Staatsminister der vier Allianzmächte. Sie sollten die polnisch-sächsische Frage und die Gebietsänderungen im Deutschen Reich ausführlich besprechen, sich darüber einigen und die Kongressarbeit bereits in einem »allgemeinen Einrichtungsplan« festlegen. In Wien würden dann im August nur mehr die weniger strittigen Angelegenheiten zu klären sein. Gentz und Wessenberg sollten auf Metternichs Geheiß inzwischen die Vorbereitungen für die Kongressverhandlungen am Tagungsort treffen und alles bis ins Detail ausarbeiten.

Statt zu einer Lösung zu kommen, verhärteten sich aber bereits in London die Fronten. Da sich der Kongress wegen der englischen Kronprinzessin verzögerte (siehe Seite 50), kehrten der Zar und der preußi-

Metternich in seinem Arbeitszimmer.

sche König in ihre Länder zurück, um danach von dort nach Wien anzureisen.

In der Zwischenzeit kam es zu keiner Annäherung der Standpunkte: Der Zar begehrte das Herzogtum Warschau, und als Preis für Preußens Zustimmung war er bereit, diesem Sachsen zu überlassen. Preußen war damit einverstanden. Diese Pläne entsprachen jedoch in keiner Weise den Interessen Österreichs, und auch Frankreich war nicht davon begeistert. Dafür waren diese beiden Länder uneins in der neapolitanischen Frage, da beide ihre eigene Macht in Italien stärken wollten. England war das genauso gleichgültig wie das Schicksal Sachsens, es stellte sich aber gegen die russischen Absichten auf Polen, da es in einem vergrößerten Russland einen möglichen neuen Unruheherd in Europa sah. Die Verhandlungen würden schwierig werden – das war allen Beteiligten klar.

Die Staatsminister der Großen Vier (Preußen, Österreich, Russland und Großbritannien) begannen ihre Beratungen in Wien schon am 16. September unter weitestgehender Geheimhaltung, um sich die letzte Entscheidung in allen wichtigen Kongressfragen, vor allem den territorialen, zu sichern. Ihre erste Deklaration vom 22. September basierte auf dem Separat- und Geheimartikel des Ersten Pariser Vertrages vom 30. Mai 1814, der die Eindämmung und Ausschaltung des französischen Einflusses zum Ziele hatte, aber sehr vieldeutig abgefasst war. Die deutsche Bundesverfassung sollte nur von Österreich, Preußen und Vertretern der deutschen Mittelstaaten Bayern, Württemberg und Hannover erörtert und den anderen Delegierten erst nachträglich zur Kenntnis gebracht werden.

Der schlaue Fuchs schlägt zu

Talleyrand traf einen Tag vor dem Zaren, am 24. September, in Wien ein und bekam sofort eine gewisse Feindseligkeit von Seiten der vier Siegermächte zu spüren, die sich von der versöhnlichen Atmosphäre von Paris und London wesentlich unterschied. Am 25. September schrieb er an König Ludwig XVIII.: »*In Wien kommt die Sprache der Vernunft und der Mäßigung nicht mehr über die Lippen der Generalbevollmächtigten.*« Aber schließlich war er nicht gekommen, um die vornehme Gesellschaft von seinem Charme zu überzeugen oder sich zu amüsieren, sondern um zu arbeiten. Und seine Arbeit würde hart werden.

Wie hart sie tatsächlich wurde, kann man in seinen Memoiren nachlesen. Talleyrand, der am 28. September bereits Kontakt zu Castlereagh aufgenommen hatte, machte Metternich zu Unrecht alleine für die Deklaration vom 22. September verantwortlich. Dieser versuchte jedoch nur, aus Österreichs militärischer und finanzieller Schwäche heraus, ohne verlässliche Bundesgenossen auf sich selbst gestellt, mit diplomatischen Mitteln zwischen den Großmächten zu lavieren.

Am 30. September lud Metternich quasi privat den Franzosen in einem persönlichen Schreiben ein, einer inoffiziellen Vorbesprechung am Ballhausplatz zu »assistieren«, und kündigte an, Talleyrand werde dort die Minister von Preußen, England und Russland »reüniert« (vereinigt) treffen, eine sehr bezeichnende Wortwahl, die bereits deren Absichten verriet. Labrador sei als Vertreter der zweiten bourbonischen Macht Spanien ebenfalls eingeladen. Die beiden weiteren Signatarmächte des Pariser Friedens, Portugal und Schweden, wurden gar nicht erwähnt.

Talleyrand betrat, nachdem er sich mit dem Spanier kurz besprochen hatte, knapp vor 14 Uhr Metternichs Haus am Ballhausplatz. »*Die Minister der vier Höfe saßen bereits um einen langen Konferenztisch, an dessen einem Ende Lord Castlereagh saß und offensichtlich den Vorsitz führte. Ihm gegenüber am anderen Ende saß ein Herr, den Fürst Metternich nur als Generalsekretär der Konferenzen vorstellte. Es war Herr von Gentz. Mir wurde ein leerer Platz zwischen Lord Castlereagh und Fürst Metternich zugewiesen. Ich fragte sofort, warum ich allein und nicht die anderen französischen Bevollmächtigten auch eingeladen worden waren. Antwort: Weil man es für richtig gehalten hatte, dass die einleitenden Besprechungen nur von den Chefs der Abordnungen geführt würden. Frage: Weshalb ist dann der Spanier Labrador anwesend, der doch nicht der Führer der spanischen Delegation sei? Antwort: Weil dieser noch nicht in Wien eingetroffen ist. Frage: Weshalb ist Preußen neben Hardenberg auch durch Humboldt vertreten? Antwort: Wegen der körperlichen Behinderung des Fürsten [er war so gut wie taub].*« Daraufhin meinte Talleyrand trocken und auf seinen Fuß anspielend: »*Nun denn, wenn es auf körperliche Behinderungen ankommt, so können wir ja alle damit aufwarten.*«

Nach diesem eher unfreundlichen Schlagabtausch verlas Castlereagh, ein aufrichtiger und gerechter Mann, zuerst eine Protestnote des portugiesischen Ministers Palmella, der nicht eingeladen worden war, und eröffnete dem französischen Außenminister: »*Der Zweck der heutigen Besprechung ist, Sie mit der Arbeit bekannt zu machen, die von den vier Mächten hier bereits geleistet worden ist.*« Talleyrand bekam von Metternich ein Dokument in die Hand gedrückt, das von ihm, Nesselrode, Castlereagh und Hardenberg unterzeichnet war. Nach einem kurzen Blick darauf stellte er fest, dass in jedem Absatz das Wort Alliierte auftauchte, und erhob dagegen Einspruch. »*Ob man denn nicht längst Frieden geschlossen hätte, und wenn nicht, gegen wen man dann Krieg führe?*«

Nachdem er einige Absätze gelesen hatte, sagte er: »*Ich verstehe immer noch nicht. Für mich gibt es nur zwei Daten: den 30. Mai, an dem beschlossen wurde, diesen Kongress zu veranstalten, und den 1. Oktober, an dem der Kongress eröffnet werden sollte. Zwischen diesen beiden Daten ist ein Vakuum. Alles, was in dieser Zeit stattgefunden hat, ist, was mich betrifft, nicht vereinbart worden.*«

Die von diesem harten Statement peinlich berührten Verhandlungspartner zogen das abgelehnte Dokument daraufhin zurück. Sie hatten ohnehin nicht an dessen Durchsetzbarkeit geglaubt, denn Metternich legte sofort eine noch zu unterzeichnende neue Erklärung vor, welche die Arbeit des Kongresses vereinfachen sollte und die Mitarbeit Frankreichs und Spaniens vorsah. Für Talleyrand, der dieses Elaborat sofort zerpflückte, war klar, dass sich die »reünierten« Großmächte damit wieder die Regelung aller bedeutsamen Fragen hatten vorbehalten wollen. Denn die vier Bevollmächtigten würden ihn und Labrador immer überstimmen – solange sie einig und »reüniert« waren. Im Interesse Frankreichs und ganz Europas musste eine solche Absicht unbedingt verhindert werden, denn, wie Talleyrand sagte, »*wir haben uns zusammengefunden, um die Rechte eines jeden Staates zu achten und zu sichern. Da wäre es doch fatal, wenn wir sie gleich zu Anfang verletzten. Wenn schon alles vor Beginn des Kongresses geregelt sein soll, dann setzt man an den Anfang, was eigentlich ans Ende gehört.*«

Dann schlug er vor, den Kongress sofort zusammenzurufen. Das war es keineswegs, was die Siegermächte wollten, sein Vorschlag war durchaus als Drohung gedacht. Hardenberg verlangte deshalb sofort, dass vor der Eröffnung ein Weg gefunden werden müsse, damit beispielsweise so winzige Länder wie die der Familien von der Leyen (links vom Rhein gelegen, 1815 mediatisiert) und Liechtenstein sich nicht in allgemeine Angelegenheiten

Europas einmischen könnten. Die übrigen Teilnehmer nickten zustimmend und vertagten die Sitzung.

Metternichs Stimmung war gedrückt, wie Gentz berichtete: *»Das Dazwischentreten dieser zwei Persönlichkeiten [Talleyrand und Labrador] hat unsere Pläne fürchterlich verwirrt und in Stücke gerissen. Sie haben gegen die von uns gewählte Form protestiert und uns zwei Stunden lang herunter gekanzelt. Es war eine Szene, die ich nie vergessen werde ... Der Fürst [Metternich] fühlt wie ich das Verwirrende und sogar Fürchterliche unserer Lage.«*

Bevor es zum für den 3. Oktober vereinbarten nächsten Treffen kommen konnte, holte Talleyrand schon zum nächsten Schlag aus: Die Öffentlichkeit sollte von den missglückten Absichten der Großen Vier erfahren. Daher schickte er am 1. Oktober eine offizielle Denkschrift an die Minister von Österreich, Großbritannien, Preußen, Russland und Spanien. Er legte klar, dass nur der Kongress das Recht habe, Entscheidungen zu fällen, und dass nur alle acht Signatarmächte zusammen als Ausschuss berechtigt wären, die Vorbereitung der Tagesordnung des Kongresses und die Schaffung von weiteren Ausschüssen in die Hand zu nehmen.

Man kann sich vorstellen, wie die Staatsminister reagierten, als Talleyrand sie auf diese Art öffentlich unter Druck setzte. Preußen und Russland warfen ihm sogar vor, er provoziere einen Krieg. Aber siehe da, am 2. Oktober einigten sie sich darauf, dem Achterausschuss zuzustimmen. Der Kongress solle aber erst zusammentreten, wenn sich alle acht über die Tagesordnungspunkte und die Verfahrensfragen einig wären. Das wollte man Talleyrand mitteilen, doch war man bemüht, nach all dem Kettengerassel eine langwierige, möglicherweise wieder schwierige Auseinandersetzung mit ihm und die Abfassung eines neuen Dokuments zu vermeiden. Die Art, wie er dann informiert wurde, ist ganz charakteristisch für die beim Kongress übliche Verquickung von Arbeit und Vergnügen, von Öffentlichkeit und Privatsphäre: Castlereagh teilte ihm den Entschluss am 4. Oktober bei der Abendgesellschaft der schönen Wilhelmine von Sagan im rechten Flügel des ersten Stocks in der Schenkenstraße mündlich mit und überreichte ihm nur eine kurze Erklärung, dass die Vorschläge der

Gegenstände zur Verhandlung

auf dem Kongresse.

a. Warschau.
b. England.
c. Schweitz.
d. Bayern.
e. Niederland.
f. Holland.
g. Ragusa, Malta, Ionarerken, Türkey.
h. Stettin.
i. Sachsen.
k. Krain.
l. Frankreich.
l. Neapel.
m. Sardinien.
n. Modena Parma Toscana.
o. Welfs?
p. Varia.
q. Maltheser Orden.
r. deutscher Bundestag ?. Nachtr.
s. Staatsschulden der v. k. Staaten.

Die »Negoziationsliste« von Gentz.

Verbündeten das Ergebnis des ersten geheimen Artikels des Vertrags von Paris seien. Auf dem Fest war keine weitere Diskussion möglich, genau wie geplant.

Talleyrand reagierte gleich am nächsten Tag. Er berief eine Konferenz der kleineren deutschen Staaten ein und überzeugte ihre Vertreter davon, dass nun Frankreich ihr Beschützer gegen die Diktatur der vier Großmächte sei. Sie sagten ihm daraufhin jede Unterstützung zu. So gestärkt, wies er in einem langen Brief an Castlereagh die neuen Vorschläge offiziell zurück und verlangte nochmals, dass der Kongress sofort zusammentreten solle. Er schlug die Bildung dreier Ausschüsse vor: einen für Italien, einen zur Neuordnung der deutschen Territorien und einen Verfassungsausschuss für Deutschland. Noch am selben Tag forderten ihn die vier Minister bei einem Treffen empört auf, diesen Brief zurückzuziehen, was er entschieden ablehnte. Einer Verschiebung des Kongresses würde er nur zustimmen, wenn ein genaues Datum festgelegt und für die Teilnahme feste Regeln aufgestellt würden: »*Jeder Herrscher, der allgemein anerkannte Souveränität über einen Staat hat, der am letzten Krieg teilgenommen hat, der diese Souveränität nicht aufgegeben hat und dessen Souveränität unbestritten ist, kann Generalbevollmächtigte zum Kongress entsenden. Dasselbe gilt für jeden Staat, der vor dem letzten Krieg unabhängig war und der nach der Teilnahme am Krieg jetzt wieder unabhängig ist. Erfüllt ein Herrscher oder ein Staat diese Bedingungen nicht, dann kann er auch an den Verhandlungen nicht teilnehmen.*« Mit dieser Formulierung waren Neapel und Sachsen gemeint. Talleyrand wünschte die legitimen Dynastien jener Länder auf dem Thron zu sehen, nicht aber Murat beziehungsweise den König von Preußen. Wohl oder übel mussten sich die Minister der Großmächte daher wieder mit dem Franzosen zusammensetzen, was am 8. Oktober geschah.

Die Politik der vertraulichen Annäherung

Metternich nutzte die Gelegenheit, Talleyrand vor der Besprechung unter vier Augen zu sehen, und begrüßte ihn aufs Herzlichste, so als ob es nie Missstimmungen zwischen ihnen gegeben hätte.

Talleyrand fragte sofort: »*Wie bringen Sie es fertig, russisches Gebiet wie ein umschnürendes Band um Ihren besten und wichtigsten Gebietsbesitz, nämlich Ungarn und Böhmen, zu dulden? Wie können Sie es zulassen, dass der ganze Erbbesitz eines alten und guten Nachbarn [des Königs von Sachsen] Ihrem natürlichen Feind [nämlich Preußen] zugesprochen wird?*« Metternich verzog keine Miene, nahm Talleyrands Hand und antwortete: »*Unsere Anschauungen sind gar nicht so verschieden.*«

Denn selbstverständlich hatten weder Österreich noch Frankreich Interesse an der Enteignung der verschwägerten sächsischen Dynastie und einem gewaltigen Gebietszuwachs Russlands oder Preußens. Metternichs Problem, das einem Schulterschluss mit Talleyrand viel mehr im Wege stand, war in Italien zu suchen, das direktes österreichisches Interessensgebiet war: »*Wird Murats Generalbevollmächtigtem die Teilnahme verweigert, haben wir daraus nur Nachteile zu erwarten, da er schließlich bereits in Italien etabliert ist und wir nicht.*« Diese Aussage traf genau den Punkt, denn Metternich hatte zusammen mit den Verbündeten ohne Wissen und Zustimmung Frankreichs Murat den Thron garantiert.

Zu dem politischen Problem kam noch ein privates, denn Caroline Murat, geborene Bonaparte, war Metternich in Paris bekanntlich sehr nahe gestanden und erwartete von ihrem ehemaligen Liebhaber besondere Schonung und Unterstützung ihres Mannes, der tapfer zum Sturz ihres Bruders beigetragen hatte. Dieser Konflikt war nicht zu lösen – er sollte sich jedoch später quasi von alleine regeln.

Nun trafen die Minister Russlands, Preußens, Großbritanniens, Spaniens, Portugals und Schwedens ein. Die Konferenz wurde von Metternich eröffnet. Er verlas Talleyrands Vorschlag und dann den von Gentz verfassten österreichischen, der nach einem überaus heftigen Streit zwischen Hardenberg und Talleyrand um die Grundsätze des Völkerrechts angenommen wurde. Er besagte nichts weiter, als dass der Kongress am 1. November eröffnet werden sollte. Talleyrand hatte zumindest erreicht, dass dem Beschluss der Satz hinzugefügt wurde, dass bei allen Diskussionen, Handlungen und Verfahren *»das allgemein geltende Recht«* berücksichtigt werden sollte. Gentz wurde beauftragt, ein Kommuniqué im Namen der acht Mächte vorzubereiten.

Damit war der acht Tage dauernde Kampf um die Machtverhältnisse und Verfahrensfragen zu Ende, die Uneinigkeit der Großmächte war deutlich zu Tage getreten. Talleyrand hatte Frankreichs Interessen behauptet, Spanien und Portugal auf seine Seite gebracht, seine Fühler zu Castlereagh und Metternich ausgestreckt und sich außerdem zum Anwalt der kleinen Staaten gegen Russland und Preußen gemacht. Der Schwede Löwenhielm hielt diese Deklaration, an der er *»für ein Achtel mitverantwortlich«* war, *»für ein Musterbeispiel von Zusammenhanglosigkeit und falscher Logik. Sie musste aber so verfasst sein, um nicht andere heikle Fragen in einer bloß vorläufigen Erklärung anzuschneiden. Sie wurde nicht unterzeichnet, um jeder Rang- und Prioritätsfrage bis zum fürchterlichen Augenblick auszuweichen, in dem man diese wird entscheiden müssen. Wollte Gott, dass die Kongressmitglieder dann nicht wie die Kirchenväter des Konzils von Nicaea sein werden, welche die Dreifaltigkeitsfrage mit den Fäusten entschieden.«* Welch aggressiver Ton muss am 8. Oktober geherrscht haben!

Die Krise

Uneinigkeit und Streit

Der Kongress durfte nicht scheitern, genau das war aber stündlich zu erwarten, wie Gentz sagte: *»Der Kongress war eine unförmige Masse, aus unverträglichen Elementen zusammengesetzt, die einander gegenseitig in* *allem hinderten und hemmten. Selbständig unterhandelnde Souveräne, von welche einige so auftraten, als ob sie ihre eigenen ersten Minister wären; Vorstände von Kabinetten ersten Ranges in Bevollmächtigte umgewandelt.«*

Die Zeit bis zum 1. November sollte nicht nur der Vorbereitung und der Akkreditierung der Diplomaten, sondern vor allem der Entschlussfindung dienen. Die Bevollmächtigten »aller Mächte«, als die sich doch wieder nur die Großen Vier verstanden, sollten sich bezüglich der wichtigsten Fragen bereits einigen, und zwar diesmal nach Metternichs Plan in vertraulichen Gesprächen, und nicht am Konferenztisch.

Dazu gab es genug Gelegenheit. Man traf bei den offiziellen Festen ebenso ständig aufeinander wie auf den privaten der Aristokratie und Diplomatie. In den Palais der Lady Castlereagh, der Herzogin von Sagan, der Gräfin Zichy, der Madame Fuchs, der Fürstin Esterházy, der Fürstin Liechtenstein, der Fürstin Thurn und Taxis und der Fürstin Bagration blieben die Besprechungen unbemerkt. In kleinen, abgeschlossenen Nebenräumen konnten die Delegierten, die Souveräne und Fürsten die anliegenden Probleme besprechen, ohne vorher einen Termin oder gar eine Audienz festlegen zu müssen.

Talleyrand war nur selten dabei, er wurde gesellschaftlich isoliert. Im Palais Questenberg-Kaunitz wartete seine charmante Nichte Dorothée vergeblich auf zahlreiche, hohe Gäste. Mit dieser Ausgrenzung versuchte Metternich noch einmal, die Klausel des »öffentlichen Rechts« und das Mitspracherecht Frankreichs zu umgehen.

Der Starrsinn des Zaren

Der Zar war hingegen sehr aktiv. Er besprach sich persönlich mit Talleyrand und – gesondert – mit Castlereagh, der es ihm gegenüber in einem Memorandum nicht an Deutlichkeit, sogar Schärfe mangeln ließ.

Nicht einmal seine eigenen Minister und Ratgeber teilten Alexanders zeitweiligen Starrsinn, denn schon in Reichenbach war am 27. Juni 1813 die

Aufteilung des Herzogtums Warschau unter Russland, Preußen und Österreich beschlossen und dann am 9. September 1813 in Teplitz nochmals bekräftigt worden. Der Zar aber wischte diese alten Abmachungen zur Seite, obwohl ihn Nesselrode und Anstett daran erinnerten.

Wie wenig diese Diplomaten mit ihrem Gebieter harmonierten, berichtete Abbate Carpani, ein sehr verlässlicher Berichterstatter: Einer der russischen Delegierten, der Korse Carlo Andrea Pozzo di Borgo (1764–1842), sekundiert von Anstett, überraschte nach einem Diner alle Gäste *»durch die freimütige, loyale und kluge Art, wie sie die übermäßige Vergrößerungssucht Alexanders«* kritisierten. Zu allem Überfluss präsentierte sich dieser als edler Retter Polens, da er es doch von Napoleon nach dem Vertragsabschluss hatte zurückerobern müssen. Damit wäre eine neue Situation entstanden und alte Absprachen nicht mehr relevant. Als Lohn für seine ungeheuren Opfer wolle er das ganze Herzogtum Warschau, punktum.

In seiner Unterredung mit Talleyrand am 23. Oktober sagte er ganz offen: *»Ihr Völkerrecht gilt nicht für mich; ich weiß nicht, was das ist. Was glauben Sie, dass ich mir aus allen Euren Papieren und Verträgen mache? Ich habe dem König von Preußen, als wir zusammentrafen, Sachsen versprochen. Der König von Preußen wird König von Preußen und Sachsen sein, wie ich Kaiser von Russland und König von Polen.«*

Was den König von Preußen anbelangt, blieb dieser seinem russischen Freund nach wie vor zutiefst ergeben und dankbar, eine Haltung, die seine Minister Hardenberg und Humboldt nicht teilten. Hardenberg verhandelte schon längst mit Metternich über die offenen Fragen zwischen ihren Ländern, wobei man sogar bezüglich Sachsen zu einem Ergebnis gekommen wäre, wie Gentz berichtete: *»In einer vertraulichen Note vom 22. Oktober versprach man Preußen als Bedingung seines Beistands bei den Unterhandlungen, die man mit Russland anzuknüpfen sich schmeichelte, dass, wenn kein anderes Mittel, um die gerechten Ansprüche Preußens zu befriedigen, ausfindig gemacht werden könnte, der Kaiser selbst der Einverleibung Sachsens in die preußische Monarchie seine Zustimmung geben würde. Dieser*

Schritt, der dem Fürsten Metternich in drei Monaten mehr Kummer verur-sachte, als er während seines ganzen Lebens gehabt, war von der mündlichen Zustimmung Österreichs und Englands zur provisorischen Besetzung [Sach-sens durch Preußen] begleitet.« Dieses erstaunliche Memorandum war nur deshalb zustande gekommen, weil man sowohl in Berlin wie auch in Wien genau wusste, dass man sich erst nach Beilegung dieser Frage dem polni-schen Problem und Russland würde zuwenden können. England hatte der Einverleibung Sachsens in Preußen bereits zugestimmt, und zwar ebenfalls unter der Bedingung von dessen Beistand gegen Alexanders polnische Pläne.

Metternich am Tiefpunkt

Metternich war also mit seiner Politik der »kleinen Annäherung« geschei-tert, er hatte Sachsen preisgeben müssen, und nun verscherzte er es sich durch ungeschicktes Verhalten mit dem Zaren. Bei ihrer Unterredung am 24. Oktober war es ziemlich stürmisch zugegangen, von beiden Seiten waren harte Worte gefallen. Talleyrand schrieb: *»Am Morgen des Tages, an dem Kaiser Alexander nach Ungarn abreiste, hatte er mit Metternich eine Unterredung, bei der er, wie als ganz gewiß erzählt wird, diesen Minister in einer so hochfahrenden Weise behandelt, sich so starker Ausdrücke gegen ihn bedient hat, dass es selbst einem seiner Bedienten gegenüber unerhört gewesen wäre.«* Und weiter: *»Als Metternich von dieser Unterredung kam, befand er sich in einer solchen Verfassung, wie er von den ihm Nahestehenden noch nie gesehen wurde. Er, der wenige Tage vorher erst zum Grafen Schulenburg gesagt hatte, daß er sich ›hinter die Zeit verschanze‹ und die ›Geduld zu seiner Waffe mache‹, könnte diese letztere sehr leicht verlieren, wenn sie oft auf eine ähnliche Probe gestellt würde.«*

Danach beklagte sich der Zar bei Kaiser Franz, dass Metternich ihn beleidigt habe und er ihn zum Duell fordern würde. Ein solches Duell um die sächsische Frage hätte gerade noch gefehlt. Glücklicherweise beruhigte sich Alexander so weit, dass er nicht mehr darauf bestand. Nach Rache dürstend, stellte er Metternich aber bei den anderen Bevollmächtigten als den größten Störenfried hin und übte auf die Herzogin von Sagan, die mit ihren russischen Besitzungen auch seine Untertanin war, finanziellen Druck aus. Er wollte sie dazu zwingen, sich von Metternich zu trennen, um diesen privat zu kränken.

Im Moment der Schwäche tauchten sofort von allen Seiten alte Feinde und neue Neider auf – des Kanzlers Stern schien zu verblassen, der spätere »Kutscher Europas« hatte die Zügel nicht in der Hand. Es wurde sogar schon über einen möglichen Nachfolger gesprochen, nämlich seinen Vorgänger, den integren Grafen Stadion. Die österreichischen Aristokraten standen nicht hinter ihm, obwohl er doch wesentlich zu Österreichs Rettung vor Napoleon beigetragen hatte. Ganz im Gegenteil sah sich der »Rheinländer« und »Moselaner« einer Opposition gegenüber, die ihm so manche unangenehme Stunde bereitete. Sogar ihm wohlgesinnte Persönlichkeiten äußerten sich negativ über seinen Hang zur Leichtigkeit.

Psychisch geschwächt, erkrankte er Anfang Dezember. Am 12. Dezember, einen Tag nach der zweiten Auseinandersetzung zwischen Kaiser Franz und dem Zaren, war der Tiefpunkt erreicht, er bat seinen kaiserlichen Herrn um Entlassung. Sie wurde ihm nicht gewährt. Doch zurück zum Oktober.

Die Krise spitzt sich zu

Alle Hoffnungen konzentrierten sich nun auf die gemeinsame Reise des Zaren mit dem Kaiser von Österreich und dem König von Preußen vom 24. bis zum 27. Oktober nach Budapest, wo Kaiser Franz den Russen davon überzeugen wollte, sich in der polnischen Frage zu mäßigen.

Der gute Plan scheiterte aber an der Schwäche des preußischen Königs. Carpani berichtete, es sei im Gemach des Kaisers von Österreich zu einem heftigen Streit gekommen: »*Der König von Preußen verließ es als erster;*

einen Augenblick später folgte ihm der Kaiser von Russland und beide zogen sich in des letzteren Appartement zurück. Kaiser Franz ließ sofort den Palatin [Erzherzog Joseph] rufen, der bald darauf als Friedensengel bei den zwei Souveränen erschien.«

Alexander genoss trotzdem die Reise, wurde er doch vom Volk und den orthodoxen Griechen von Budapest gefeiert. Der Adel hingegen war weniger begeistert, denn laut Geheimbericht *»hat [er] nur mit hübschen Frauenzim-*

König Friedrich Wilhelm III. von Preußen.

mern sich abgegeben; die Männer, vorzüglich die alten, hat er gar nicht angeschaut; diese sind gar nicht gut zu sprechen auf S. russische Majestät und schimpfen auf sie.« Auf dem Ball bei der Gräfin Sándor nahm er sich nicht einmal für die Hausfrau Zeit, sondern soll *»das Haus schnell verlassen haben, um auf die Redoute sich zu begeben, wo er mit einer Apothekerstochter den Rest der Nacht durchtanzte«.*

Die Minister nutzten in Wien die Zeit der Abwesenheit der Souveräne, um den Kongress doch noch zu retten. Aber erst am 30. Oktober setzten sich die acht Signatarmächte endlich zusammen an den Verhandlungstisch. Talleyrand wurde um seine Vorschläge gebeten, die er am nächsten Tag vorlegte und die eine Demokratisierung des Kongresses durch Generalversammlungen als Gegengewicht den Großmächten gegenüber vorsahen. Da dies für diese unannehmbar war, einigte man sich vorerst darauf, die Vollversammlung des Kongresses wieder zu verschieben. Metternich sollte offiziell den Vorsitz übernehmen und ein durch Los ermittelter Dreierausschuss war dazu vorgesehen, die Beglaubigungen aller Delegationsmitglieder zu überprüfen.

197

Die Politik der »vertraulichen Annäherung« wurde zwar weiterhin fortgesetzt, Talleyrand und die Minister der kleinen Staaten waren jedoch jetzt nicht mehr davon ausgeschlossen. Noch einmal versuchte man, den Zaren zu beschwichtigen: Diesmal war die Fürstin Bagration als Vermittlerin ausersehen, und tatsächlich verbrachte Alexander in der Nacht vom 31. Oktober auf den 1. November drei Stunden bei ihr. Trotz ihrer guten Worte blieb er in der Polenfrage hart – selbst wenn sich die ganze Welt gegen ihn verbündete.

Die offizielle Kongresseröffnung

Am 1. November wurde der Kongress offiziell eröffnet, am 10. November meldete der russische Statthalter, Fürst Repnin, die Übergabe der Verwaltung Sachsens an Preußen und stellte die Delegierten damit vor vollendete Tatsachen.

Das verhärtete die Fronten weiter. Castlereaghs Versuch, den Vermittler zu spielen, endete damit, dass das unentschlossene Preußen noch tiefer ins russische Lager getrieben wurde. Auch ein Anlauf Hardenbergs, Alexander zum Einlenken zu bringen, scheiterte ebenso wie ein zweites Gespräch zwischen Alexander und Kaiser Franz am 11. Dezember. Alexander war nur dann dazu bereit, Thorn und Krakau zu freien Städten zu machen, wenn Sachsen Preußen zufiele. Metternich und Castlereagh hingegen wollten nur zustimmen, wenn Preußen zu einer aktiven Zusammenarbeit mit ihnen bereit wäre. Andernfalls war Österreich entschlossen, Sachsen den Preußen nicht auszuliefern.

Das Geheimbündnis

Während der Kongress zum Scheitern verurteilt schien, brauchten England und Österreich nur mehr einen kleinen Anstoß, um voll hinter Talleyrand und Frankreich zu stehen, was nun sogar dem Zaren einzuleuchten schien. Er ließ deshalb Talleyrand wissen, er strebe nicht mehr die Integrierung ganz Sachsens in Preußen an, sondern würde ein kleines, unabhängiges Königreich Sachsen akzeptieren.

Mitte Dezember war man noch immer nicht zu einer Einigung gelangt, dafür lief die Mobilisierung auf vollen Touren. Ein Krieg, den keiner wollte, schien unvermeidlich zu sein. Und wieder trat Talleyrand als Streiter für Frieden und Gerechtigkeit und als Fürsprecher der kleineren Nationen auf, sodass es ihm gelang, die öffentliche Meinung auf seine Seite zu bringen, wie in einem Geheimbericht für Baron Hager zu lesen ist: »*Überall hört man, dass es keine Verständigung gibt. Die allgemeine Lage ist negativ. Man sagt, es würde nicht mehr über die Wiederherstellung der Ordnung und Gerechtigkeit gesprochen, sondern nur davon, was jeder haben möchte; man munkelt, dass es Krieg geben werde. Jeder weiß, dass Alexander Metternich nicht leiden kann, dass Talleyrand momentan der einzig Vernünftige ist. Talleyrand will nichts für Frankreich, sondern nur Gerechtigkeit, Stabilität, Mäßigung und Frieden auf den heiligen Grundsätzen von Recht und Vernunft. Diese Haltung stellt Frankreich in den Augen der Mittel- und Oberklasse über alle anderen, während die Russen, die Preußen und unsere eigenen Minister in den Augen der Öffentlichkeit an Gunst eingebüßt haben.*«

Während einer Unterredung mit Castlereagh wegen der Erstellung einer Bevölkerungsstatistik Sachsens erwähnte Talleyrand, dass er es für wichtig halte, »*zunächst einmal die Rechte des sächsischen Königs anzuerkennen, worüber wir, Fürst Metternich und ich, uns einigen sollten*«. »*Einigen?*«, fragte Castlereagh erstaunt. »*Schlagen Sie damit ein Bündnis vor?*« – »*Diese Übereinkunft kann auch ohne Bündnis vor sich gehen*«, antwortete Talleyrand. »*Aber wenn Sie es gerne in Form eines Bündnisses möchten, so habe ich nichts dagegen.*« Castlereagh entgegnete: »*Aber ein Bündnis könnte zu einem Krieg führen, und wir sollten wirklich alles tun, um Krieg zu vermeiden.*« – »*Dieser Meinung bin ich auch*«, entgegnete Talleyrand. »*Es muss jedes Opfer gebracht werden, um einen Krieg zu verhindern.*«

Einige Tage später war es so weit, England schwenkte um. In einer Konferenz der Großen Vier hatte Alexander am 30. Dezember wissen lassen, dass er für Russland das Herzogtum Warschau, nicht aber Gnesen, Posen und die früheren Provinzen Westpreußens beanspruche. Diese letztgenannten Gebiete sollte Preußen bekommen. Das gesamte Königreich Sachsen müsse ebenfalls dem preußischen König zufallen, während der sächsische König mit einem 700 000 Einwohner zählenden Staat am linken Rheinufer entschädigt werden solle.

Jetzt war es auf einmal Castlereagh, der verärgert war: Der Zar führe sich wie ein wildgewordener Tyrann auf und wolle ganz Europa seine Meinung aufzwingen. Der Engländer akzeptierte auf einmal den Bündnisvorschlag Talleyrands und arbeitete am 3. Jänner sogar den Entwurf des Vertrages aus, den Metternich und Talleyrand noch am Abend desselben Tages annahmen: Österreich und Frankreich sagten sich gegenseitig die Bereitstellung von 150 000 Soldaten zu, und England wollte mit gleich vielen Soldaten oder mit entsprechender finanzieller Unterstützung helfen. Auch Hannover, Bayern, Hessen-Darmstadt und Sardinien wurden eingeladen, sich dem Vertrag anzuschließen. Talleyrand schrieb nach Paris: »*Nun ist Frankreich nicht mehr isoliert in Europa. Eure Majestät kann sich auf ein Bündnisgefüge stützen, wie man es sich normalerweise nicht einmal in fünfzigjährigen Verhandlungen zu erreichen erträumte. Nur der Vorsehung, die Ihnen den Thron zurückgegeben hat, haben wir dies zu verdanken.*«

Etwas nüchterner berichtete Castlereagh nach London: »*Die Kriegsgefahr ist gebannt!*« Er hatte recht, denn sobald der Geheimvertrag des »Dreierbundes« bekannt geworden war, zeigten sich Russland und Preußen zum Einlenken bereit: Sonst wäre der Kongress im Dezember nicht nur ohne jedes schriftliche Ergebnis, sondern sogar in Feindschaft auseinandergegangen.

D.

Partage de la Saxe.

Le contreprojet Autrichien offre à la Prusse d'après les rectifications de calcul.	La Prusse demande en outre	Total
La basse Lusace avec Dobrilugk .. 143,921.	—	143,921.
La haute Lusace .. 128,586 ...	23,000.	151,586.
Senftenberg et Finsterwalde .. 8,983.	—	8,983.
Grossenhayn .. 5,572.	2,786.	8,358.
Mühlberg —	8,798.	8,798.
Torgau .. 16,068.	6,207.	22,275.
Cercle électoral .. 110,990.		110,990.
Jüterbock et Dahme .. 12,998.		12,998.
Barby et Gommern .. 10,309.		10,309.
Délitsch .. 13,750.	6,875.	20,625.
Zoerbig .. 4,729.		4,729.
Eilenbourg et Düben .. 13,371.	4,457.	17,828.
Mansfeld - Saxon .. 28,060.		28,060.
Langensalza avec Tennstedt, Weiss- sensee, Sachsenbourg, Eckartsbergen Wendelstein et Freybourg .. 92,705.		92,705.
Sangershausen et Sittichenbach 19,871.		19,871.
Weissenfels .. 3,789.	23,957.	27,746.
Pforta .. 2,816.	1,408.	4,224.
Tautenberg	2,688.	2,688.
Querfurth et Heldrungen 11,538.		11,538.
Mersebourg .. 17,000.	16,306.	33,306.
Naumbourg et Zeitz .. 1,000.	33,487.	34,487.
Cercle de Neustadt .. 38,949.		38,949.
Henneberg .. 24,740.		24,740.
Enclaves du Voigtland, dans les pays de Reuss .. 1,500.		1,500.
Stollberg .. 12,552.		12,552.
Ebeleben .. 1,539.		1,539.
= 723,836.	= 131,469.	

Vertatur

Eine Bevölkerungsübersicht Sachsens, erstellt von der Statistischen Kommission.

Die Einigung über Sachsen und Polen

Der Zar lenkt ein

Am ersten Abend des Jahres 1815 wurde ganz gegen alle Gepflogenheiten des Wiener Hofes schon vor Faschingsbeginn ein Hofball gegeben, um damit den Zaren in gute Laune zu versetzen, der ein begeisterter Tänzer war. Er erschien zwar, dachte aber gar nicht daran, die Damen aufs Parkett zu führen. Seine Beine steckten sogar in ganz ungeeigneten Stiefeln, um sein mangelndes Interesse und seine schlechte Laune deutlich zu demonstrieren. Der Dreierbund hatte sie ihm verdorben, er sah grübelnd und verärgert aus.

Die Verhandlungen gingen dennoch weiter. Wie Humboldt am 13. Jänner an seine Frau schrieb, wurde nun mit »*mehr Ernst unterhandelt*«. Dieser Eindruck täuschte nicht. Der Zar gab seine starre Haltung in Bezug auf Sachsen und Polen auf, nachdem auch Bayern, Hannover und Holland dem Dreierbund beigetreten waren. Dies ermöglichte einen sachlicheren Verhandlungston und ein schnelleres Arbeitstempo. Zwar beanspruchte Hardenberg in einer Sitzung am 12. Jänner nochmals ganz Sachsen, aber niemand nahm diese Forderung noch wirklich ernst, da jeder wusste, dass der Zar dem preußischen König nicht die erforderliche Rückendeckung bot. In einer Sitzung am 7. Jänner 1815 hatte man sich nämlich in der polnischen Frage größtenteils einigen können – es sollte zwischen Österreich, Preußen und Russland aufgeteilt werden: Alexander trat daraufhin einige der ihm zugesagten polnischen Gebiete an Preußen ab, und damit war die Sache für ihn erledigt. Die Wünsche seines preußischen Freundes interessierten ihn nicht mehr, er fiel einfach um – wie schon oft genug.

In der sächsischen Frage mussten noch ein paar Hindernisse beseitigt werden. Als Feldmarschall Schwarzenberg an einer Sitzung am 21. Jänner teilnahm, wies er darauf hin, dass bei einer vollständigen Übergabe Sachsens an Preußen eine gemeinsame Grenze mit Österreich entstünde, was von diesem als Bedrohung empfunden wurde. Vor allem die Städte Torgau und Erfurt durften aus seiner Sicht nicht an Preußen fallen, da sie eine ideale Basis für etwaige Angriffe auf Prag darstellten.

Castlereagh, wieder einmal in völliger Unkenntnis der geografischen Gegebenheiten, vermutete hinter diesen nur zu berechtigten Einwänden eine Provokation, befürchtete eine neue Eskalation und bestand auf einer Audienz bei Kaiser Franz I. Dieser verlangte, dass man Torgau und Erfurt zumindest schleifen lassen müsse, was Castlereagh ablehnte. Auch dem Vorschlag Metternichs, Preußen nur ein Drittel von Sachsen zuzugestehen, stimmte er nicht zu, da er »*den Frieden in Europa nicht wegen 200 000 oder 300 000 Menschen mehr oder weniger gefährden wollte*«. Letzten Endes verzichtete Österreich auf Torgau und Erfurt und auch auf deren Schleifung unter der Bedingung, dass England in Bezug auf die sächsischen Gebietsabtretungen mäßigend auf Preußen einwirkte, vor allem bezüglich dessen Forderung auf Leipzig. Castlereagh verhandelte in diesem Sinne mit Hardenberg und wurde dabei von Russland unterstützt.

Am 28. Jänner kam es zu einer weiteren Sitzung, bei der Metternich unmissverständlich klarmachte, dass Preußen nicht weiter auf der Forderung bestehen sollte, seine Grenzen gemäß deren Verlauf im Jahre 1805 bestätigt zu bekommen, sonst würde Österreich den eigenen Grenzverlauf nach dessen Stand von 1794 beantragen.

Den Durchbruch brachte die Sitzung vom 8. Februar: Preußen verzichtete auf Leipzig, dafür erhielt es vom Zaren die polnische Stadt Thorn. Außerdem stellte man Preußen Gebiete im Westen, im Rheinland und in Westfalen mit rund 50 000 Einwohnern in Aussicht, um so dessen Zugewinn an »Seelen« auf mindestens eine Million zu bringen.

Der Zar war wegen der für 1. Februar angekündigten Ankunft Wellingtons, der Castlereagh ablösen sollte, höchst interessiert an einer schnellen Lösung der sächsischen Frage. Wellington hatte gleich am Tag nach seinem Eintreffen in Wien eine Unterredung mit ihm, die dieser mit der Frage »*Nicht wahr, alles steht schlecht in Frankreich?*« begann. Wellington konnte ihm mit wenigen Worten begreiflich machen, dass genau das Gegenteil der Fall war und Frankreich über eine Armee, die »*für einen*

Krieg nach außen und gegen jedwede Macht ebenso ausgezeichnet ist, wie sie es jemals war«, verfügte. Eine unmissverständliche Drohung, die außerdem die Position Englands an der Seite Frankreichs und Österreichs mehr als klar machte und den Dreierbund bestätigte.

Die Beschlüsse

Am 10. Februar war es endlich so weit. Die sächsische sowie die polnische Frage waren gelöst: Polen wurde unter Russland, Preußen und Österreich aufgeteilt, und Preußen erhielt neben den zugesagten Gebieten bei Hannover den nördlichen Teil Sachsens. Der südliche Teil blieb als Königreich Sachsen erhalten. Um die nun endlich erreichte Einigung abzusichern, wurde ein Protokoll erstellt, das verhindern sollte, die Bestimmungen nochmals abzuändern. Diese wurden in die Wiener Kongressakte aufgenommen, in der die Gebietsabtretungen detailliert festgehalten wurden.

Wie Carpani berichtete, waren nicht alle mit den Ergebnissen einverstanden: *»Obgleich die Allgemeinheit mit diesem Fortschritt zufrieden ist, missfällt das Abkommen wegen Sachsen dennoch aller Welt. Den Österreichern, da sie gegen Norden keine Grenze mehr haben und weil der König von Sachsen ein preußischer Statthalter wird. Von allen Seiten wird Metternich in Wien getadelt. Die Preußen wiederum finden, dass ihr Anteil allzu verkürzt ist, und der König von Sachsen jammert, dass das Abkommen seine Rechte in keiner Weise berücksichtigt. «*

Ganz so schlecht waren die Preußen aber gar nicht dran, wie Humboldt am 12. Februar an seine Frau schrieb: *»Die Vorteile, die wir doch noch errungen haben, außerdem, dass wir reichlich und mit einigem Überschuss die Volkszahl von 1805 wieder erhalten, sind:*

1. *Dass wir alle militärischen Punkte in Sachsen und Thüringen ohne alle Ausnahme nunmehr innehaben.*
2. *Dass die Staaten nahe dem Rhein einen Umfang und eine Abrundung erhalten haben, dass, wenn man alles, was wir dort zu beiden Seiten des Stromes vereint*

besitzen, und nur die ganz kleinen, meist mediatisierten Fürsten, die doch immer zu unserem politischen System und unserer Armee gehören, hinzunimmt, dieser Teil der Monarchie ungefähr dieselbe Volkszahl hat als die ganze preußische Monarchie bei Friedrichs II. Regierungsantritt.

3. Dass wir schlechterdings nicht gelitten haben, dass Mediatisierte uns als Untertanen angerechnet würden.«

Wie Graf Pappenheim berichtete, war der preußische König nur nach außen hin unzufrieden. Insgeheim waren die Preußen sogar erfreut darüber, da sie mit wesentlich weniger Gebietszuwächsen gerechnet hatten.

König Friedrich August I. von Sachsen, der Gerechte.

Nun musste man nur noch den armen König von Sachsen, der dem Kongress selbst nicht beiwohnen durfte, zur Anerkennung der Beschlüsse bewegen und zitierte ihn dazu nach Preßburg. Begeistert war er nicht, aber es blieb ihm, dem »Vasallen Napoleons«, gar nichts anderes übrig, als auf große Teile seines Königreichs zu verzichten. Immerhin hatte er nicht alles verloren und durfte seinen Thron behalten.

Die Kommissionen

Bei all den zeitraubenden Streitereien und Verhandlungen über Polen und Sachsen drängt sich die Frage auf, wie man die vielen anderen zu regelnden Angelegenheiten daneben überhaupt verhandeln konnte.

Da waren die Neuordnung Deutschlands samt einer Bundesverfassung zu beschließen und die italienische Frage zu klären, bei der die Interessen

Österreichs und Frankreichs aufeinanderprallten. Dazu kamen weitere heikle Punkte wie die Schaffung des Königreichs Belgien, die Festsetzung der Schweizer Grenzen und deren Garantien, die territorialen Ansprüche Portugals und Spaniens gegeneinander und eine lange Liste weiterer Anliegen wie die Freiheit der Flussschifffahrt, das Verbot des Sklavenhandels, urheberrechtliche Bestimmungen, das diplomatische Reglement und einiges mehr.

Mit all diesen Fragen beschäftigten sich erstmals eigene Kommissionen und Ausschüsse, die neben dem zentralen Gremium der fünf Großmächte und dem Ausschuss der acht Signatarmächte des Ersten Pariser Friedens arbeiteten und die notwendigen Beschlüsse vorbereiteten.

Die Verifizierungskommission

Die Verifizierungskommission prüfte die Vollmachten der Diplomaten. Ihre durch Los bestimmten Mitglieder wurden von England, Russland und Frankreich gestellt. Sie legten das Ergebnis ihrer Beratungen dem Ausschuss der acht in einer Sitzung am 30. Oktober vor.

Die Diplomaten sollten einander gegenseitig ihre Vollmachten vorlegen und sie dann in der österreichischen Staatskanzlei deponieren.

Die Redaktionskommission

Von Beginn des Kongresses an hatte man sich schon Gedanken über die Kundmachung seiner Beschlüsse gemacht. Dabei dachte Metternich an ein formelles Vertragswerk, das die Bevollmächtigten von Österreich, Preußen, Russland, England, Frankreich und Spanien zu unterzeichnen hätten. Den Vertretern der anderen Länder sollte es in einer Schlussversammlung vorgelegt werden; es sollte einzeln durch Beitrittserklärungen angenommen werden. Die Russen setzten hingegen auf Einzelverträge.

Nach Bewältigung der Dezemberkrise konstituierte sich am 7. Jänner 1815 eine erste »Redaktionskommission« zur Ausarbeitung von Einzelverträgen, die jedoch Anfang Februar durch eine zweite, erweiterte Kommission abgelöst wurde, die diese Einzelverträge in Hinblick auf einen Gesamtvertrag überarbeitete.

Die Rangkommission

Die Rangkommission nahm am 10. Dezember 1814 ihre Arbeit auf. Als ihr Leiter war durch das Los der spanische Delegierte Labrador gewählt worden.

Die Rangkommission hatte besonders heikle Entscheidungen zu treffen, denn es ging um Fragen des Ranges der einzelnen Delegierten. Nach drei vorangegangenen Sitzungen stand am 30. Dezember der Entwurf einer neuen Rangordnung fest, der die Grundlage für die weiteren Verhandlungen bildete.

Auf welche kleinsten Details man dabei doch eingehen musste: Sogar der »Salut zur See« gehörte dazu. Am 19. März mündeten die Beratungen in dem aus sieben Artikeln bestehenden Reglement.

Die Statistische Kommission

Die Statistische Kommission war für die Bevölkerungszahlen zuständig, auf deren Grundlage die territoriale Neuordnung Europas erfolgen sollte. Sie nahm am 24. Dezember 1814 ihre Arbeit auf. Bei der ersten Sitzung ging es um organisatorische Fragen: Man legte fest, in welchen Ländern und Bezirken die Bevölkerung gezählt werden und nach welchen Angaben man dabei vorgehen sollte.

Als davon betroffene Gebiete wurden bestimmt: das Herzogtum Warschau mit Danzig, das Königreich Sachsen, das Königreich Westfalen, das Großherzogtum Berg und die ehemals französisch besetzten Teile der Niederlande, Deutschlands und Italiens. Später wurde die Liste der Länder um Elba, das Königreich Italien, das Herzogtum Lucca, das Großherzogtum Frankfurt, die Fürstentümer Isenburg, Hohengeroldeck, Leye und Neuchatel erweitert. In vier Folgesitzungen wurde die Liste um vier weitere Länder ergänzt.

Erzherzog Johann, Mitarbeiter der Statistischen Kommission, dessen Tagebuch wir viele Einblicke in das Kongressgeschehen verdanken.

Die Erzherzöge Johann und Joseph waren an den Erhebungen bezüglich der Bevölkerung, Flächen und Einkünfte Sachsens beteiligt, wie einem Tagebucheintrag Johanns vom 5. Dezember zu entnehmen ist: »*Abends schrieb mir Josef einen Zettel, worin er mir einige statistische Angaben abverlangte.*« Es handelte sich dabei um Daten, die »*Du mir mit dem wenigsten Aufsehen durch deine Bekannten verschaffen kannst*«. Johann kam der Aufforderung umgehend nach und »*lief in das Kriegsarchiv, Genie-Archiv, in die kaiserlich öffentliche Privatbibliothek, mir die Materialien zu verschaffen. Bis halb acht abends wurde ich fertig.*«

Den Akten dieser Kommission kann man sehr gut entnehmen, welch unglaublicher Länderschacher damals stattfand. Heute würde es bei Grenzziehungen vermutlich um Flächen gehen, damals aber legte man die Zahl der »Seelen« fest. Es wurden nicht Gebiete, sondern Menschen abgetreten oder getauscht. Die Kommission legte für jedes Land Listen an, auf denen die »Seelen« eingetragen waren. Ihre sechs Sitzungen wurden am 24., 25. und 28. Dezember 1814 (sogar zu Weihnachten zählte man »Seelen«) sowie am 7., 17. und 19. Jänner 1815 abgehalten.

Die Listen zeigen, wie viele Seelen die einzelnen Länder erhalten oder verlieren sollten: Preußen erhielt das Herzogtum Warschau mit 810 268 Seelen, Thorn und Umgebung mit 20 000 Seelen, Sachsen mit 855 305 Seelen, linksrheinische Gebiete mit 1,1 Millionen Seelen und das Herzogtum Westfalen mit 131 888 Seelen. In derselben Liste wurde auch festgehalten, wie viele Seelen Preußen verlieren sollte. Unten wurden die Gewinne und Verluste fein säuberlich addiert und subtrahiert, sodass man den Verlust oder Gewinn an Seelen rasch überblicken konnte.

Trotz der festgelegten Zahlen sollte es nach dem Wiener Kongress noch zu Änderungen kommen: Preußen trat einige Ländereien an Hannover ab, darunter die Fürstentümer Hildesheim und Ostfriesland, die Stadt Goslar, die Grafschaft Lingen und einen Teil des Fürstentums Münster. Eigens erwähnt wurde, dass Lingen und Münster für Hannover einen Bevölkerungszuwachs von 22 000 Menschen zu erbringen hatte. Sollte dies mit den festgelegten Regionen nicht gelingen, verpflichtete sich Preußen zu weiteren Gebietsabtretungen, bis diese Zahl eben erreicht war.

Die Militär-, Akzessions- und Deklarationskommission

Die Militärkommission wurde von Karl Fürst zu Schwarzenberg (Österreich), Wellington (England), Fürst Nikolai Grigorjewitsch Repnin-Wolkonski (Russland, 1778–1845) und Karl Friedrich von dem Knesebeck (Preußen) geleitet und gewann während der 100 Tage Napoleons enorme Bedeutung.

Nach Napoleons Rückkehr von Elba bildete man noch die »Akzessionskommission«, welche die Beitrittserklärungen aller Verbündeten gegen Napoleon sammelte sowie deren Truppenkontingente einteilte, und die »Deklarationskommission«, welche die Erklärung aller am Kongress beteiligten Staaten zur Ächtung Napoleons ausarbeitete.

Die Kommission für die freie Flussschifffahrt

Im Reichsdeputationshauptschluss von 1803 wurden mit Paragraf 39 die Zölle auf dem Rhein aufgehoben. An ihre Stelle sollte eine einheitliche Abgabe für die Schifffahrt treten, was 1804 mit der Gründung einer Gesellschaft, des »Rhein-Schifffahrts-Octroi«, umgesetzt wurde. Man regelte so die Schifffahrt zwischen Frankreich und dem Reich, bis die Koalitionstruppen 1813 den Rhein erreichten. Im fünften Artikel des Pariser Friedens vom 30. Mai 1814 wurde die Freiheit der Schifffahrt auf dem Rhein grundsätzlich festgelegt und verfügt, dass die Details beim Wiener Kongress ausgearbeitet werden sollten. Sie würden dann auch für andere europäische Flüsse gelten.

Die erste Sitzung, bei der lediglich Vertreter Frankreichs (Dalberg), Preußens (Humboldt), Großbritanniens (Clancarty) und Österreichs (Wessenberg) anwesend waren, fand am 2. Februar 1815 statt. Einer ihrer ersten Beschlüsse galt der Erweiterung der Kommission um Holland, Bayern, Baden, Hessen-Darmstadt und Nassau. Der ehemalige Generaldirektor des Octroi, Johann Joseph Eichhoff (1762–1827), wurde den Beratungen als Sachverständiger beigezogen. Er setzte sich in einem Gutachten für die Beibehaltung der meisten bisherigen Regeln ein, was niemanden überraschte. Man warf ihm mangelnde Objektivität vor. In einem Schreiben, das eine Delegation der Stadt Mainz beim Kongress überreichte, steht zu lesen, dass sein bisheriges ansehnliches Gehalt in Höhe von 18 600 Franken pro Jahr *seinen Ansichten eine eigene Richtung gegeben hat* « und » *seine Arbeit eine unreife Frucht einer flüchtigen Feder war*«.

Wie ernst die verhandelnden Diplomaten das Thema nahmen, beweist der Umstand, dass die Regelung über die freie Schifffahrt vom 29. März 1815 insgesamt 132 Artikel aufweist, die zusammengefasst in die Schlussakte aufgenommen wurden. So sollte die freie Schifffahrt auf allen grenzüberschreitenden Flüssen samt ihren Nebenflüssen, und zwar auf ihrer gänzlich schiffbaren Länge bis zur jeweiligen Mündung, festgelegt werden. Jeder

Uferstaat sollte sich außerdem verpflichten, die Flussbette und die Lein-pfade (Treidelpfade) schiffbar zu halten.

Keine Aufnahme fanden unrealistische Begehren, die aber zumindest einen gewissen Unterhaltungswert besaßen. So verlangte der britische Delegierte Richard Le Poer Trench Earl of Clancarty (1767–1837), dass man den Hafen von Antwerpen zerstören sollte, um die für England unliebsame Konkurrenz aus dem Weg zu schaffen.

Die Kommission für die Ächtung des Sklavenhandels

Seit dem 16. Jahrhundert blühte der Sklavenhandel in den Kolonien der europäischen Staaten. Doch ab dem ausgehenden 18. Jahrhundert gab es immer mehr Strömungen, die dem »Negerhandel« ein Ende bereiten wollten.

Vorreiter war Dänemark, das dieses unmenschliche Geschäft bereits 1792 verbot. Dies hatte allerdings noch keinen wesentlichen Einfluss auf die anderen europäischen Länder, bis Großbritannien seine Haltung in der Frage änderte und den Sklavenhandel 1807/08 endgültig abschaffte. Da es durch die Napoleonischen Kriege französische, holländische und spanische Kolonien dazugewann, wurde der Sklavenhandel dort ebenfalls untersagt. Daher war Castlereagh daran interessiert, ihn beim Kongress gänzlich verbieten zu lassen, auch wenn manche seiner Gegner meinten, der Kongress wäre »*keine philantropische Anstalt*«. Talleyrand hingegen war gerne bereit, ihm in dieser für Frankreich eher unwichtigen Frage entgegenzukommen, um Englands Unterstützung bei anderen Fragen zu erhalten. Wirklich inte-ressiert an dem Thema waren außer ihnen nur noch Portugal und Spanien, die eine Abschaffung des Sklavenhandels wegen ihrer Kolonien nicht wünschen konnten. Sie protestierten gegen Talleyrands am 10. Dezember gemachten Vorschlag einer Kommission der acht Mächte, da Schweden, Österreich, Russland und Preußen mangels eigener Kolonien nichts zu verlieren hätten und sich auf Castlereaghs Seite stellen würden.

Unmenschlicher Transport afrikanischer Sklaven.

Erstaunlich schnell erarbeitete man in nur vier Konferenzen zwischen dem 15. Jänner und dem 8. Februar eine gemeinsame Deklaration, die am 8. Februar 1815 veröffentlicht wurde. Castlereagh hatte das Thema vor seiner Abreise unbedingt noch abschließen wollen. Da nicht alle Punkte zur Zufriedenheit aller gelöst werden konnten, war die Erklärung teilweise flexibel. So gestand sie Spanien und Portugal eine achtjährige Frist bis zur endgültigen Abschaffung des Sklavenhandels zu.

Die Neuordnung Italiens

Eine italienische Kommission nach dem Muster des Deutschen Komitees (siehe Seite 227f.) gab es nicht, obwohl der spanische Delegierte Labrador dies in einer Sitzung der acht Mächte am 14. November 1814 verlangt hatte. Metternich wehrte sich erfolgreich gegen diesen Antrag, indem er darauf verwies, dass die italienischen Belange nicht gesamt verhandelt werden könnten, da Italien nur ein geografischer Begriff wäre. Es handelte sich dort um einzelne unabhängige Staaten, und selbstverständlich wollte Österreich frei mit diesen verhandeln können.

Die Lösung der Italienfrage blieb somit den Großmächten vorbehalten, nur für Genua gab es eine eigene Kommission. Da Metternich einen möglichst starken Pufferstaat zwischen Frankreich und den habsburgischen Besitzungen wollte, sollte Genua das Herrschaftsgebiet König Viktor Emanuels I. von Sardinien (1759–1824) abrunden, zu dem außer Sardinien auch das Piemont, Savoyen und Nizza gehörten.

Die Vorgeschichte

Napoleon hatte aus den von ihm besetzten italienischen Gebieten neue Staaten geschaffen: Die Cisalpinische Republik, bestehend aus dem Veltlin, der Lombardei, Mantua, Bergamo, Brescia und Cremona, Verona, den Fürstentümern Massa und Carrara, dem Herzogtum Modena, die Romagna, Bologna und Ferrara, wurde von ihm 1805 zum Königreich Italien umgeformt. Mit dem Königreich Sardinien hatte Napoleon auch kurzen Prozess gemacht und es einfach überrannt, sodass dessen König auf die ihm alleine verbliebene Insel Sardinien floh. Die Ligurische Republik (Genua) wurde 1805 ein Teil von Frankreich.

In Parma, Piacenza und Guastalla herrschten spanische Bourbonen, als Napoleon auch diese Gebiete übernahm. Da er damals mit dem spanischen Königshaus noch auf gutem Fuß stand, entschädigte er die bisherige Regentin Marie Louise (1782–1824) und ihren minderjährigen Sohn Karl (1799–1883) mit dem neu gegründeten Königreich Etrurien, das zum größten Teil aus der Toskana bestand. Deren bisheriger Herrscher, Großherzog Ferdinand III., ein Bruder von Kaiser Franz I., erhielt dafür das ehemalige Fürsterzbistum Salzburg, das ihm Napoleon aber 1805 wieder abnahm; stattdessen übergab er ihm das Großherzogtum Würzburg.

Königin Marie Louise von Etrurien konnte sich nicht lange an ihrem neuen Königreich erfreuen, denn es wurde Frankreich einverleibt und bald darauf Napoleons Schwester Elisa Baciocchi (1777–1820) übergeben, die als Fürstin von Lucca und Piombino und Großherzogin der Toskana regierte.

1809 hatte Napoleon auch noch aus Westkärnten, der Krain, Istrien, Triest, Dalmatien und Kroatien südlich der Save die »Illyrischen Provinzen« gemacht. Selbst der Kirchenstaat war von Napoleon aufgelöst und zum größten Teil Frankreich einverleibt worden. Der Papst selbst wurde bis 1814 in Frankreich gefangen gehalten und kehrte erst nach Napoleons Sturz nach Rom zurück.

Österreich hatte die meisten seiner italienischen Gebiete verloren, dafür aber schon 1797 Venedig bekommen. Die Lage war also nicht ganz einfach, und all die ehemaligen italienischen Herrscher wollten ihre früheren Länder in den ursprünglichen Grenzen zurückerhalten. Diese Konflikte zu lösen, war schon sehr schwierig, aber noch schwieriger gestaltete sich die neapolitanische Frage, denn dabei standen einander die Absichten Frankreichs und Österreichs diametral gegenüber.

Neapel und Parma

König Ferdinand IV. von Neapel und Sizilien (1751–1825), ebenfalls ein spanischer Bourbone, war zwei Mal vor Napoleon geflohen, der 1806 seinen Schwager Joachim Murat als Herrscher einsetzte. Da Murat zur Niederringung Napoleons beigetragen hatte, konnte man ihn nicht einfach davonjagen, umgekehrt verkörperte Ferdinand, »*dessen Souveränität unbestritten ist*«, das legitimistische Prinzip. Frankreich wollte ihm sein Königreich wieder verschaffen, Metternich aber setzte auf Murat.

Dieser kam kurz nach Wien, nahm aber an keinen Verhandlungen teil. In einer Konferenz am 30. September verwies Humboldt darauf, dass Murat sein Königreich von den Verbündeten bereits zugesichert worden war, worauf Talleyrand den französischen Standpunkt klarmachte: »*Die*

Mächte, die ihm die Garantie gaben, hätten es nicht tun sollen und haben folgerichtig es nicht machen können.«

Der Leiter der neapolitanischen Delegation, Herzog Ottavio von Campochiaro (1761–1836), versuchte die Beschuldigungen, die man seitens Frankreichs gegen Murat erhob, dass er nämlich die verbündeten Armeen gegen Frankreich nicht ausreichend unterstützt hätte, in einer umfangreichen Denkschrift zu widerlegen. Sofort spielte Talleyrand Briefe Napoleons, die Murat kompromittierten, Castlereagh zu, um Campochiaro zu widerlegen. Castlereagh erklärte diesem daher am 25. Jänner, *»dass Großbritannien keine Verpflichtung mehr gegen Neapel habe, indem Murat die seinige nicht erfüllt, sondern dass die Frage in Betreff dieses Königreichs jetzt für Beratung und jede Maßregel nach dem Geiste der allgemeinen europäischen Politik des Kongresses frei und offen stehe«.*

In einem in feindseliger Atmosphäre verlaufenden Gespräch mit Campochiaro machte Talleyrand aus Frankreichs Absicht, Ferdinand IV. wieder als König einzusetzen, kein Hehl. Campochiaro erklärte daraufhin, dass dies *»Krieg bis zum Äußersten«* bedeute. Er wusste Metternich hinter sich, der bei einem Thronwechsel in Neapel Unruhen befürchtete, da dessen Bewohner Murat nicht feindlich gesinnt waren.

Talleyrand, listig wie immer, lenkte vorerst ein, er hoffte nicht ganz zu Unrecht, dass sich Österreichs Haltung noch ändern würde, wenn er seinerseits Entgegenkommen bezüglich Parma zeigte. Und Metternich, für den Murat nicht seine einzige Sorge war, versuchte jede Entscheidung hinauszuzögern, um das neapolitanische Problem erst nach dem Kongress lösen zu müssen, war er doch überzeugt: *»Die Macht der Dinge wird notgedrungen das Haus Bourbon auf den Thron zurückführen.«* Er meinte, dass Murat spätestens dann, wenn er die Rückgabe der von ihm besetzten Gebiete des Kirchenstaats ablehnte, der allgemeinen Ächtung verfallen würde. Talleyrand hingegen bestand auf einer Entscheidung des Kongresses, denn Murat würde in Italien nach der Wiedereinsetzung der vertriebenen Herrscher ohnedies bald keine Unterstützung mehr finden.

Napoleons Schwager Joachim Murat als König von Neapel.

Man konnte bei aller Diplomatie aber nicht ignorieren, dass Murat immer noch rund 80 000 Soldaten hinter sich hatte. Talleyrand behauptete gänzlich ohne Beweise, Österreich habe diesen 25 000 Gewehre geliefert, und blieb bei dieser Aussage, obwohl Metternich ihr ausdrücklich widersprach. Talleyrand versuchte wie immer, England auf seine Seite zu ziehen. Dafür wollte er Castlereagh helfen, das diesem so wichtige Verbot des Sklavenhandels durchzusetzen.

Kaiser Franz aber versicherte König Ludwig XVIII., dass er nach dem Kongress die Bourbonen wieder in Neapel einsetzen wolle. Nach einigem Hin und Her gab Ludwig Talleyrand die Anweisung, die neapolitanische Frage vorerst ruhen zu lassen.

Das Problem löste sich schließlich von selbst: Nachdem Napoleon Elba verlassen hatte, verbündete sich Murat erneut mit ihm, Ende März 1815 unternahm Murat erste kriegerische Handlungen gegen österreichische Truppen und Österreich ließ ihn fallen. Am 29. April 1815 wurde ein Bündnis mit König Ferdinand unterzeichnet, in dem sich Österreich verpflichtete, diesen militärisch bei der Rückgewinnung seiner Königreiche zu unterstützen. Ferdinand sagte im Gegenzug einige Gebietsabtretungen an Österreich zu.

Murat kehrte im August nach Neapel zurück, in der Hoffnung, seinen Thron zu retten, wurde von Ferdinand gefangen genommen, zum Tode verurteilt und im Oktober hingerichtet.

Die Verhandlungen um die Herzogtümer Parma, Piacenza und Guastalla verliefen ebenfalls nicht reibungslos, denn hier prallten österreichische und französische beziehungsweise spanische Interessen aufeinander.

Österreich beanspruchte Parma für Erzherzogin Marie Louise, die Ex-Kaiserin der Franzosen, der diese Länder im Vertrag von Fontainebleau im April 1814 bereits zugesprochen worden waren. Doch was sollte man mit der Königin von Etrurien, der Bourbonin Marie Louise machen? Talleyrand, der zwar den Vertrag als damals zuständiger Minister bestätigt hatte, vertrat jetzt deren Interessen und verweigerte die Herausgabe Parmas an die Ex-Kaiserin.

Der aber war es gar nicht so wichtig, welches Land sie erhalten sollte, wie sie in einem Brief vom 20. November an die Herzogin von Montebello schrieb: »*Wenn ich meinen Sohn nicht hätte, wäre ich mit jeder Stellung zufrieden, die mir eine wenn schon nicht glückliche, so doch ruhige Zukunft sichert. Seinetwegen aber will ich einen Staat. Ich will nicht, dass er mir einmal vorwerfen könnte, mich nicht um seine Interessen gekümmert zu haben. Ich schulde es ihm als Mutter, und ich werde mir keine Ruhe gönnen, bevor er nicht Parma hat oder wenigstens eine gleichwertige Entschädigung an Territorium, Bevölkerung und Einkünften.*«

Die Verhandlungen kamen nicht vom Fleck, bis Zar Alexander folgenden Vorschlag machte: Die österreichische Marie Louise sollte die Herzogtümer auf Lebenszeit erhalten, nach ihrem Tod sollten sie wieder an die bourbonische Marie Louise oder deren Nachkommen zurückfallen. Doch was sollte dann mit dem kleinen Napoleon (1811–1832), in Wien »Franzi« gerufen, geschehen, der in dem Fall erst recht wieder ohne Land dastehen würde? Die Lösung war rasch gefunden: Der Vierjährige wurde zum Herzog von Reichstadt ernannt. Als »*gleichwertige Entschädigung an Territorium, Bevölkerung und Einkünften*« konnte die nordböhmische Kleinstadt zwar nicht gerade betrachtet werden, doch zumindest war er finanziell versorgt.

Am 31. März 1815 wurde eine Erklärung von Marie Louise veröffentlicht, in der sie ihre neuen Länder vorerst ihrem kaiserlichen Vater bis zu ihrer Abreise von Wien provisorisch übertrug, was der Kaiser am 2. April bestätigte. Die endgültigen Bestimmungen für Parma, Piacenza und Guastalla wurden am 27. Mai festgelegt.

Die Königin von Etrurien war über die Lösung nicht erfreut, denn sie und ihre Familie wurden mit dem wesentlich kleineren Herzogtum Lucca abgespeist. Eine jährliche Entschädigungszahlung in beeindruckender Höhe milderte ihre Enttäuschung jedoch etwas.

Anhand der beiden geschilderten Fälle, Neapel und Parma, kann man ermessen, welch langwierigen und heiklen Verhandlungen nötig waren, um neue Konflikte oder gar Kriege zu vermeiden. Es waren diplomatische Meisterleistungen.

Napoleons Rückkehr erleichterte und beschleunigte die weiteren Verhandlungen, in Bezug auf Italien kam es zu keinen größeren Diskussionen mehr. Österreich sah seine italienischen Ansprüche zu seiner Zufriedenheit erfüllt. Die territorialen Bestimmungen legte man detailliert in der Wiener Kongressakte vom 8. Juni 1815 fest.

Die Schweiz

Die Schweiz war bereits vor dem Kongress ein Sonderfall, denn 1648 war sie im Westfälischen Frieden als ein vom Heiligen Römischen Reich unabhängiges Land anerkannt worden, und bereits ein Jahr davor hatte sie sich zur »immerwährenden bewaffneten Neutralität« verpflichtet. 1798 wurde das Land von Napoleon erobert, der dort unter der Bezeichnung »Helvetische Republik« einen modernen zentralistischen Staat errichtete und Reformen durchführte. Dagegen und gegen den bedauerlichen Umstand, dass die Schweiz plötzlich wieder zum Kriegsschauplatz geworden war, rebellierten die Eidgenossen, worauf ihnen Napoleon eine Verfassung oktroyierte, die ihr Land zu einer Föderation von 19 unabhängigen Kantonen machte.

Beim Wiener Kongress war die Schweiz mit zwölf Delegierten vertreten. Es wurde eine eigene Kommission für ihre Fragen eingerichtet.

Diese tagte erstmals am 14. November, weitere zwölf Sitzungen folgten. Die Verhandlungen gestalteten sich recht kompliziert, da wegen der föderalistischen Verwaltung die Meinungen aller Kantone unter einen Hut gebracht werden mussten, diese aber untereinander territoriale Forderungen stellten: Es ging also neben der zukünftigen Stellung in Europa und den Grenzziehungen nach außen um etliche interne Angelegenheiten, darunter auch um Geld, was nicht weiter überrascht. Die Kantone Zürich und Bern hatten in England große Summen in Fonds angelegt. Nun musste geklärt werden, wie die Gewinne daraus im Gegenzug zu den Gebietsveränderungen aufzuteilen waren.

Die Erklärung der Schweizer Kommission vom 20. März wurde von den acht Mächten unterzeichnet und in die Wiener Kongressakte sowie in die Offizielle Sammlung des Schweizerischen Staatsrechts von 1820 aufgenommen.

Die Neuordnung Deutschlands

Die deutsche Frage

Am 8. Oktober hatte die Achterkommission bestimmt, die Ausarbeitung eines Bündnisses einem eigenen Ausschuss zuzuweisen, der anfangs aus den Vertretern von nur fünf Ländern bestand: Metternich und Wessenberg für Österreich, Humboldt und Hardenberg für Preußen, Münster und Ernst Christian Hardenberg für Hannover, Wrede für Bayern und Georg Ernst Levin von Wintzingerode (1752–1834) für Württemberg. Unnötig zu sagen, dass sich die kleinen Staaten beschwerten, bei diesem Komitee nicht berücksichtigt zu werden. Sie stießen sich vor allem an der bevorzugten Stellung von Bayern, Württemberg und Hannover. Die Aufgabe dieses Komitees war es, ein Staatenbündnis zu erarbeiten, das sowohl für die deutschen Großmächte Österreich und Preußen als auch

Graf Karl August von Hardenberg spielte eine führende Rolle bei den Verhandlungen in der deutschen Frage.

für die anderen mehr als 30 souveränen deutschen Staaten akzeptabel sein sollte.

Da das Heilige Römische Reich 1806 aufgelöst worden war, bedurfte es einer neuen politischen und staatlichen Ordnung für seine ehemaligen Mitglieder. Diese war nicht gerade leicht zu finden, da viele zum Teil völlig unterschiedliche Interessen bestanden: Die Großmächte Russland, Frankreich und Großbritannien wünschten keine allzu starken deutschen Staaten, um das Gleichgewicht der Kräfte in Europa nicht zu ihren Ungunsten zu verändern. Die deutschen Vormächte Preußen und Österreich wiederum sahen eine gute Chance, ihre eigenen Machtpositionen auszubauen und zu festigen. Die vielen kleinen deutschen Fürstentümer standen einem Bündnis zum gegenseitigen militärischen Schutz zwar durchaus positiv gegenüber, wollten andererseits aber ihre 1806 neu gewonnene Souveränität bewahren. Denn diese war bereits im Ersten Pariser Frieden im Artikel VI, Abs. 2 bestätigt worden: »*Die Deutschen Staaten bleiben unabhängig, und durch ein Föderativ-Band unter einander verknüpft.*« Dazu kamen noch die Mediatisierten, die hofften, ihren alten Status wiederzuerhalten.

Wie dieses neue »Föderativ-Band« aussehen sollte, dazu gab es die unterschiedlichsten Meinungen. Trotz der bereits erfolgten Unabhängigkeitsgarantie wurde von einigen Kongressteilnehmern ein deutscher Nationalstaat befürwortet, was die Auflösung der ehemaligen Mitgliedsstaaten des Rheinbundes und anderer deutscher Kleinstaaten bedeutet hätte. Sogar Preußen liebäugelte damit, in der Hoffnung, die führende Kraft zu werden und mehr Einfluss in Europa zu gewinnen.

Metternich war hingegen ein strikter Gegner der nationalstaatlichen Lösung, die eine Gefahr für Österreich bedeuten würde, das auch viele nicht-deutsche Territorien umfasste. Seine wichtigste Aufgabe war und blieb die Erhaltung des Habsburgerreiches. Würden die deutschen Völker einen eigenen Nationalstaat bilden, so könnten das die anderen österreichischen Nationen, die in der Vielvölkermonarchie vereint waren, ebenfalls für sich verlangen. Und das wäre das Ende des Habsburgerreiches.

Diskutiert wurde auch, vor allem zu Beginn des Kongresses, die Wiederherstellung des Heiligen Römischen Reiches unter der Herrschaft der Habsburger. Besonders Stein war ein Verfechter dieser Idee, stieß damit aber vielerorts auf Ablehnung. Kaiser Franz selbst war an der Rückgewinnung der Kaiserkrone gar nicht interessiert. Er wusste, dass der Titel ohne Wert und politisch völlig unbedeutend war. Außerdem wäre diese Lösung von vielen deutschen Staaten niemals akzeptiert worden, allen voran von Preußen. Als eines der Argumente gegen die Wiedereinsetzung der Habsburger diente die geistige Schwäche des Thronfolgers Ferdinand und der offenbar auch nicht allerbeste gesundheitliche Zustand von dessen jüngerem Bruder Franz Karl.

Heinrich Friedrich Karl Reichsfreiherr vom und zum Stein verfasste einen Entwurf zur Deutschen Bundesakte (Zeichnung von F. Olivier).

Der Fünfmächteausschuss und seine Entwürfe

Es gab bereits im Juli 1814 einen Entwurf des Freiherrn vom Stein für das deutsche Bündnis. Die erste Sitzung der fünf Mächte fand am 14. Oktober statt, zwei Tage später legte Metternich seinen Entwurf vor, der Ähnlichkeiten mit Steins Konzept aufwies, sich aber doch in einigen Punkten davon unterschied. Beide sahen die Einteilung aller Mitgliedsstaaten in »Kreise« vor, denen ein bis zwei »Kreisobristen« vorstehen sollten. Waren es beim Freiherrn vom Stein noch sieben Kreise, reduzierte Metternich sie auf fünf. In Steins Entwurf sollte im »Rat der Kreisobristen« jeder Kreis eine Stimme haben, bei Metternich Preußen und Österreich je zwei, die anderen nur je eine.

Beide Vorschläge sahen die Schaffung eines »Rates der Fürsten und freien Städte« vor, dessen Mitgliedsländer laut Stein mindestens 50 000 Einwohner haben müssten und im Rat jeweils eine Stimme hätten. Metternich erhöhte diese Einwohnerzahl auf 200 000. Nur so große Länder sollten »Virilstimmen«, also je eine eigene Stimme, bekommen. Länder mit weniger Einwohnern sollten nur »Curiatsstimmen« haben, das heißt, mehrere müssten sich eine Stimme teilen. Österreich sollte in beiden Räten, dem der Kreisobristen und dem der Fürsten und Städte, die formelle Leitung übernehmen.

Metternichs Entwurf wurde von Preußen akzeptiert, da Hardenberg selbst einen sehr ähnlichen Entwurf ausgearbeitet hatte. Bayern und Württemberg waren jedoch entschieden dagegen, vor allem wegen der je zwei Stimmen für Österreich und Preußen im vorgesehenen Rat der Kreisobersten. Die kleinen Staaten fühlten sich übergangen.

Bis Mitte November gab es weitere zwölf Sitzungen, in denen Metternichs Entwurf verhandelt wurde, aber man kam nicht wirklich weiter. Die Proteste der kleineren Staaten und der freien Städte wurden immer lauter, sie richteten »Noten« an die fünf Mächte, in denen sie sich gegen jede Einschränkung ihrer Souveränitätsrechte verwahrten. Außerdem forderten sie einen neuen Entwurf, der gleiche Rechte für alle Mitgliedsländer vorsehen sollte.

Nach der Sitzung vom 16. November gaben die fünf Mächte eine »Öffentliche Notiz« heraus, die folgenden Absatz enthielt: *»Die teutsche Bundesverfassung wird von den Bevollmächtigten von Österreich, Preussen, Baiern, Hannover und Württemberg entworfen und soll dem Vernehmen nach nächstens mit den übrigen teutschen Höfen in Berathung genommen*

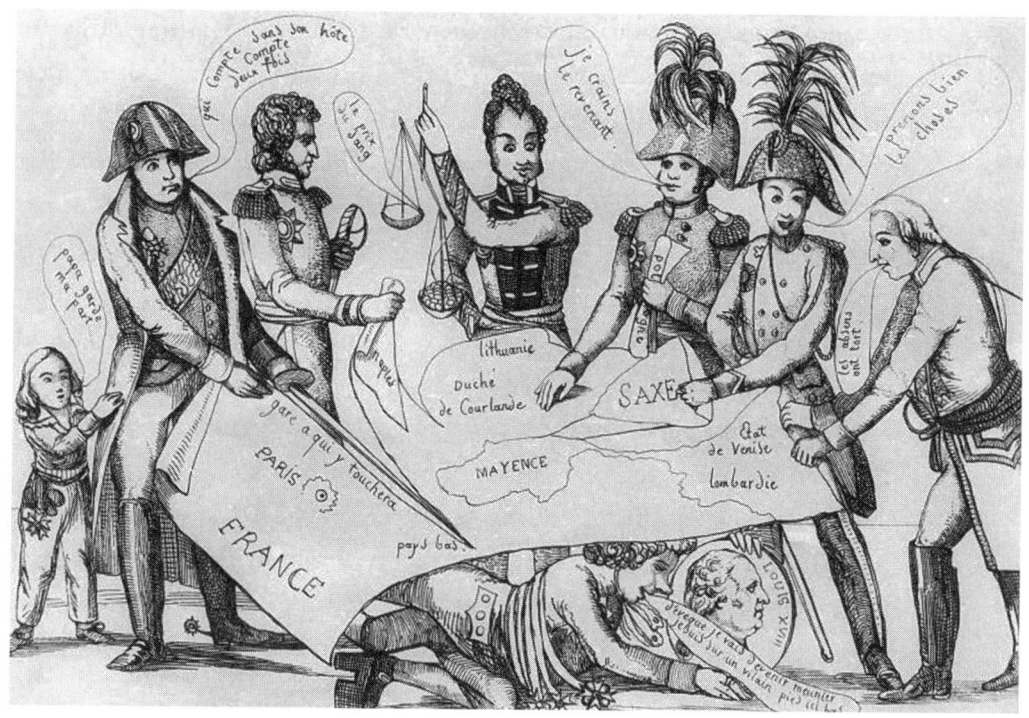

Der Kuchen der Könige: Die Verteilung Europas (französische Karikatur von 1815. Ganz links Napoleon mit seinem kleinen Sohn).

werden. Die noch unberichtigten Territorial-Verhältnisse in Teutschland sind ein Hauptgegenstand von Verhandlungen zwischen den Ministern der dabei interessierten Mächte, die sich, abgesondert von den Berathschlagungen über die künftige politische Verfassung Teutschlands, damit beschäftigen.«

Danach war vorerst einmal Schluss mit den offenen Verhandlungen, denn nun wurden nach und nach die kleineren Länder hinzugezogen, sodass im Komitee am Ende über 30 Länder vertreten waren. Dieser Erweiterungsprozess zog sich lange hin, währenddessen die fünf ursprünglichen Vertreter heimlich weiterverhandelten.

Es war nicht zu übersehen, dass keine Einigkeit herrschte. Jedes Land kochte in den nächsten Wochen sein eigenes Süppchen, man besprach sich heimlich und deckte das Komitee mit unzähligen Denkschriften, Beilagen, Memoranden, Noten, Gegennoten und Erwiderungsnoten ein, sodass der

Aktenberg enorm anwuchs. Die kleinen Fürsten wechselten ständig die Seiten, je nachdem, von wem sie sich mehr Vorteile erhofften. Humboldt beschwerte sich in einem Brief vom 12. Dezember 1815 an seine Frau Caroline: »*Allerdings ist es ein niederschlagendes Faktum, dass die Gunst der deutschen Fürsten sich mehr nach Österreich als nach Preußen neigt, allein ich begreife es aus zwei Ursachen. Einmal intrigiert und machiniert gewiss Metternich darüber auf alle nur erdenkliche Weise. Andernteils ladet der eigene schwankende und sogar nicht rein deutsche Sinn die Fürsten und Minister ein, sich mehr an Österreich als an Preußen anzuschließen, denn eine innere Stimme sagte ihnen, dass alles so liegt, dass Preußen es viel strenger und ernster mit ihnen nehmen muss als Österreich.*«

Es war ein würdeloses Schachern, Taktieren und Lavieren, wie Erzherzog Johanns Tagebucheinträge vom 29. Oktober und vom 16. Februar beweisen: »*Es ist ein jämmerlicher Handel, der mit Ländern und Menschen!*«, »*Es ist eine Schande, wie jeder seinen Weg geht. Keine Selbstverleugnung, alles Selbstsucht, Leidenschaft, Ehrgeiz, Hass, pfui Teufel!*«

Offiziell wurde die Arbeit der Kommission erst wieder im Mai aufgenommen. Dadurch stieg der Zeitdruck gewaltig, denn ohne eine Lösung bezüglich des Deutschen Bundes hätte man den Kongress nicht abschließen können, und dessen Ende hatte man bereits für Juni festgelegt.

Territoriale Forderungen

Die deutschen Gebietsänderungen verhandelte man im Fünfergremium. Am 12. Jänner präsentierte Hardenberg einen Plan zur Wiederherstellung Preußens in seinen alten Grenzen, woraufhin Castlereagh bemerkte, dass der Friede von Paris eine solche auch Österreich, Bayern und Holland zugebilligt hätte, er selbst würde deren Forderungen vertreten. Die Statistische Kommission wurde zur Erstellung von Listen mit sämtlichen Einwohnerzahlen der von den Verhandlungen betroffenen Gebiete veranlasst, wozu auch das Innviertel, Salzburg, Tirol und Vorarlberg gehörten. Dies-

Das von Metternich angestrebte Gleichgewicht der Kräfte (französische Karikatur).

bezüglich einigten sich Bayern und Österreich in einem Separatvertrag – eine Vorgangsweise, die auch in anderen Bereichen zur Anwendung kam. Diese Separatverträge finden sich zum Teil im Anhang der Wiener Kongressakte.

Das Großherzogtum Frankfurt war 1810 von Napoleon aus den Fürstentümern Hanau und Fulda geschaffen und Karl Theodor von Dalberg übergeben worden. Dalberg war nicht nur Bischof von Mainz und Regensburg, sondern auch der letzte Kanzler des Heiligen Römischen Reiches, da dieses Amt mit der Bischofswürde verbunden war. Nach dem Ende des Reiches 1806 hatte Napoleon Dalberg den Titel eines »Fürstprimas« verliehen und ihm den Vorsitz im neu geschaffenen Rheinbund übergeben. Dalberg sollte der einzige Amtsinhaber bleiben, denn nach der Auflösung des Rheinbundes brauchte man keinen Fürstprimas mehr. Eine Entscheidung über das Gebiet des Großherzogtums und über die Entschädigung Dalbergs wurde gefunden.

Verhandelt wurden aber auch »Kleinigkeiten« wie das Lehensrecht Österreichs in der Lausitz, das es nach dem Dreißigjährigen Krieg als erbliches Lehen an Sachsen vergeben hatte. Die Habsburger waren zwar somit die Lehensherren, die Lausitz wurde aber von den sächsischen Kurfürsten verwaltet und regiert. Die Habsburger verzichteten auf ihre Rechte, dafür musste Sachsen die Hälfte der Oberlausitz an Preußen abtreten und durfte den Rest behalten. Deshalb trug nun der preußische König den Titel eines »Markgrafen der beiden Lausitzen« und der sächsische den Titel »Markgraf von Oberlausitz«. Österreich behielt sich aber das Recht vor, im Falle des Erlöschens des preußischen Königshauses die nun preußischen Teile der Lausitz als Lehen zurückzufordern.

Auch die Vertreter der mediatisierten Länder waren beim Kongress anwesend, die durch den Reichsdeputationshauptschluss[19] von 1803 ihre Souveränität verloren hatten und unter die Herrschaft anderer Fürsten gekommen waren. Ihr Wunsch nach Wiederherstellung der alten Situation wurde – mit wenigen Ausnahmen – nicht erfüllt, da sie von niemandem unterstützt wurden, außer vorübergehend von Talleyrand. Er benützte sie aber nur, um die Großmächte unter Druck zu setzen. Auch der Zar ließ die Mediatisierten gelegentlich denken, sich für ihre Belange einzusetzen, aber letzten Endes kümmerte er sich nicht wirklich um sie.

Der Wortführer der Mediatisierten war Baron Konrad Friedrich von Puffendorf (1743–1822), in dessen Haus sich laut einem Konfidentenbericht vom 29. Oktober 1814 der *Zentralpunkt von allen Plänen und Bearbeitungen der mediatisierten Reichsglieder und minderen Souveräne des aufgelösten Rheinbundes und gegen die preußischen Pläne* befand. Diese *Fraktion ist sehr zahlreich und sehr tätig, sie hat ihre Spione bei allen Höfen, in allen Häusern*.

Manche dieser ehemaligen Länder hatten eigene Vertreter entsandt, die meisten ließen sich aber von gemeinsamen Delegierten vertreten, wie dem Geheimrat Franz von Gaertner (1794–1840), dem Freiherrn Isaak von Sinclair (1775–1815) und dem Hofrat Georg Sartorius von Waltershausen (1765–1828). Alle diese Leute wurden in Wien nicht wirklich ernst genommen, sondern als Störenfriede betrachtet, die sich überall wichtig-machten. Geheimrat Gaertner, der sich rühmte, der Vertreter von 40 mediatisierten Gebieten zu sein, wurde als besonders lästig empfunden. Trotz all ihrer Bemühungen blieben die Mediatisierten machtlos, erreichten aber immerhin, dass man ihnen einige der in der Rheinbundakte zuge-standenen Rechte gemäß der bayerischen Deklaration vom 19. März 1807 zuerkannte und dies in die Kongressakte aufgenommen wurde.

Über die Gebietsveränderungen der bestehenden Länder verhandelte man in Nebenausschüssen, die aus Vertretern der jeweils betroffenen Länder bestanden. Unter anderem ging es um gegenseitige Gebietsabtre-tungen der skandinavischen Königreiche. Russland nahm an diesen Ausschüssen ebenfalls teil, da es sich seinen finnischen Besitz, den ihm Schweden nach dem Vierten Koalitionskrieg hatte abtreten müssen, beim Kongress nochmals sichern wollte.

Weitere »Negoziationsgegenstände«

Beim Kongress ging es aber nicht nur um die Herstellung einer Friedens-ordnung für ganz Europa, sondern auch um wirtschaftliche Fragen und um Teilaspekte der Bürgerrechte, für welche das Deutsche Komitee zuständig war.

Pressefreiheit, Urheberrecht und Buchhandel

81 deutsche Buchhändler hatten am 1. Mai 1814 beschlossen, sich beim Kongress für die Pressefreiheit sowie ein allgemeines Verbot des Bücher-nachdrucks einzusetzen, und entsandten Carl Bertuch (1777–1815) und Johann Friedrich von Cotta (1764–1832) als ihre Delegierten nach Wien.

Die beiden trafen am 27. September ein und nahmen am Graben Quartier. Am 8. Oktober hatten sie eine Audienz bei Metternich, der ihrem Anliegen seine Unterstützung zusagte. Am 1. November 1814 richteten sie einen »*Vorschlag betreffend die Preßfreiheit, den Büchernachdruck und den Buchhandel*« an das Deutsche Komitee.

Damals konnte noch jeder, der ein Buch kaufte, dieses ohne jegliche Einschränkung nachdrucken und den Nachdruck verkaufen, was die Buchhändler sehr drastisch formulierten: »*Die teutschen Buchhändler und Schriftsteller treten mit Zuversicht vor den Aeropag, um ein in ganz Teutschland gültiges Gesetz gegen den Büchernachdruck zu erbitten, der schon so lange dem Gelehrten die Früchte seines Fleißes verkümmert, der ihm den Muth raubt, da zu säen, wo lauernde Fremdlinge erndten, der ihn oft durch Sorgen von einer Geistesarbeit abzieht, die seiner Wittwe, seinen Waisen keine Ersparnis liefern wird; der des redlichen Buchhändlers wohlerworbenes Eigenthum freventlich antastet, der ihn von jeder wichtigen Unternehmung zurück scheucht und dadurch mittelbar die Künste und Wissenschaften unterdrückt.*« Sie stellten konkret die Frage, ob »*es erlaubt seyn sollte, daß ein Bürger eines teutschen Staates das von dem Bürger eines anderen teutschen Staates rechtmäßig erworbene Eigenthum sich zueigne?*«, die sie natürlich verneinten. Der Käufer eines Buches habe nämlich nur das Buch, mit diesem aber keineswegs das Verlagsrecht gekauft. Das Recht an einem Werk lag also beim Verfasser und der Druck bei dem von ihm ermächtigten Verlag. Nur der Verkauf war jedem erlaubt. Cotta und Bertuch verglichen den unerlaubten Buchnachdruck gar mit dem Sklavenhandel: »*Die Abschaffung des Negerhandels ist zu einem Friedensartikel erhoben worden. Menschen stehlen und verkaufen mag auffallender seyn, doch im Grunde ist es nicht schändlicher als Menschen ihr Brod zu stehlen und es zu verkaufen.*«

Die beiden Abgesandten forderten außerdem das Recht auf die Freiheit der Presse, da nur so »*Teutschland in seinem Inneren Festigkeit und gegen das Ausland eine geschlossene Haltung erhalte, so ist es von der höchsten Nothwendigkeit, daß das einzige Mittel, wodurch die Regierung von der Lage der Dinge auf das Sicherste und Schnellste in Kenntniß gesetzt werden könne, die Preßfreiheit, gesetzlich constituiert werden müsse.«* Sie würde zur starken Weiterentwicklung der *»Produkte des Geistes«* führen.

Lange ging nichts weiter, bis die beiden Delegierten am 15. April eine neuerliche Eingabe bei Metternich machten. Zehn Tage später erhielt Bertuch die ersehnte Antwort, unterzeichnet von Wessenberg. Es wurde ihnen versichert, dass man *»bei der Berathung über die deutschen Bundes-angelegenheiten österreichischerseits alles gerne beitragen wird, um durch gesetzliche Normen das Eigenthum des Buchhandels sicher zu stellen«*. Und so geschah es, denn schon im letzten Entwurf zur Deutschen Bundesakte vom 23. Mai 1815 findet sich ein entsprechender Artikel.

Die Juden

Ein weiterer Verhandlungspunkt, der ebenfalls die Bürgerrechte betraf und somit in die Zuständigkeit der deutschen Kommission fiel, betraf die Lage der Juden in Europa. In Frankreich waren sie 1791 durch das Parlament den anderen Bürgern rechtlich »vorbehaltlos« gleichgestellt worden, wie später auch in einigen der französisch besetzten oder mit Frankreich verbündeten Ländern und Städten, in Preußen, Hamburg und Frankfurt. Andere Länder wie Sachsen oder Bayern ließen hingegen noch einige Einschränkungen für die jüdische Bevölkerung bestehen. Im Erzherzogtum Österreich wurden den Juden durch die Toleranzpatente Josephs II. zwar zahlreiche Rechte zugestanden, sie unterlagen aber noch weiterhin gewissen Restriktionen, so einem begrenzten Aufenthaltsrecht.

Da die bereits bessergestellten Juden nun befürchteten, ihre schon gewonnenen Rechte wieder zu verlieren, wandten sie sich an den Kongress. Die jüdische Gemeinde von Frankfurt entsandte Isaak Jakob Gumprecht (1772–1838) und Jakob Baruch (1763–1867), die am 10. Oktober 1814 eine *»unterthänigste Vorstellung und Bittschrift der israelitischen Gemeinde zu Frankfurt an den Hohen Congreß zu Wien«* überreichten. Darin gaben sie ihrem Wunsch den Ausdruck, dass die ihnen gewährten Freiheiten nicht wieder aufgehoben werden sollten. Die Hansestädte bestimmten den jungen Anwalt Dr. Carl August Buchholz (1785–1843) zu ihrem Delegierten. Er war zwar Christ, aber seine liberale Gesinnung und seine ausgezeichneten Kenntnisse der jüdischen Verhältnisse waren allgemein bekannt. Buchholz beschränkte sich bei den Verhandlungen nicht nur auf die Angelegenheiten der jüdischen Gemeinden der Hansestädte, sondern setzte sich für die Ansprüche aller Juden Deutschlands ein, wobei er sehr überlegt vorging: Er reichte seine förmliche Note erst am 9. Dezember ein, nachdem er sich in den Verlauf des Kongresses eingearbeitet hatte.

Anselm Salomon, der österreichische Rothschild, finanzierte nicht nur den Kongress, sondern auch wirtschaftliche Unternehmungen.

Die österreichischen Juden wurden von Nathan Adam Freiherr von Arnstein, Bernhard von Eskeles (1753–1839), Leopold von Herz (1767–1828) und Simon von Lämmel (1766–1845) vertreten. Der Einfluss der Familie Rothschild in Österreich darf dabei nicht unterschätzt werden, sie griff den Habsburgern immer wieder finanziell unter die Arme. Da die Diplomaten sehr gerne in den jüdischen Salons verkehrten, konnten die Juden vorteilhafte Kontakte abseits der offiziellen Verhandlungen knüpfen und pflegen.

Im deutschen Komitee fanden sie in Humboldt und besonders in Hardenberg zwei große Fürsprecher. Humboldt hatte schon im April 1814 in seinem Memorandum zur »deutschen Frage« die Gleichstellung aller Konfessionen angeführt. Dabei hatte er eher praktisch gedacht, wie der Brief an seine Gattin Caroline vom 4. Juni 1815 beweist: »*Ich ließ mich auch hier [in der Judenfrage] umso mehr ein, als, da einmal im Preußischen die Juden fast alle Rechte haben, es nun für uns besser ist, daß diese Gesetzgebung allgemein sei, indem sonst alle Juden zu uns hinströmen.* « Caroline stand den Juden sehr kritisch gegenüber, sie meinte, sie sollten keine »*salti mortali*« machen. Hardenbergs Haltung war pragmatischer: »*Ich stimme für kein Gesetz der Juden, das mehr als die vier Worte enthält: Gleiche Rechte, gleiche Pflichten.* « Zeitgenossen sprachen von »*seiner stark hervortretenden Huld für die Juden*«.

Österreich stand dem Thema offen gegenüber. In dem von Wessenberg verfassten Entwurf einer »teutschen Bundesverfassung« vom Dezember 1814 wurde im Artikel 15 festgehalten, dass die Bundesstaaten »*ihren Bürgern die Gleichheit der bürgerlichen Rechte für die christlichen Glaubensgenossen, nämlich Katholische, Lutherische und Reformierte*« garantierten. Der Nachsatz lautete: »*Wobei noch die Duldung der Juden zu erwähnen ist.* « Das klang zwar sehr vage, aber ein erster Schritt war getan.

Die Vertreter Bayerns und Württembergs, vor allem Wrede, waren jedoch keine Freunde der Juden, sie sahen im Artikel 15 eine generelle Beschneidung der souveränen Rechte der Fürsten. Zur Beruhigung versicherte man, dass »*wenn durch die Verfassung für selbige [die Juden] nichts festgesetzt worden, durch diesen Artikel keinem Landesherren die Hände gebunden wären*«.

Das Deutsche Komitee hatte am 16. November seine letzte offizielle Sitzung, die nächste folgte erst wieder im Mai. Da aber in der Zwischenzeit heimlich weiter verhandelt wurde, intervenierte Hardenberg, der mit Buchholz in Kontakt stand, weiterhin zugunsten der Juden, und auch Metternich setzte sich für sie ein.

Ein Schreiben der Vertreter der österreichischen Judenschaft vom 11. April 1815 an Metternich bewirkte, dass in den preußischen Entwurf zur Bundesakte vom 22. April folgender Artikel aufgenommen wurde: »*Die drei christlichen Religionsparteien genießen in allen deutschen Staaten die gleichen Rechte, und den Bekennern des jüdischen Glaubens werden, insofern sie sich der Leistung aller Bürgerpflichten unterziehen, die denselben entsprechenden Rechte eingeräumt, welche unabhängig von allen religiösen Beziehungen und von politischem Einfluss und Wirksamkeit in Staatsämtern den übrigen Bürgern zustehen.*«

Österreich unterstützte diese Formulierung, aber nun ruderte erstaunlicherweise Humboldt zurück, der in der Bestätigung der von den Juden bereits erworbenen Rechte plötzlich einen Eingriff in die Souveränität Preußens sah.

In den von Österreich, Preußen und Hannover am 14. und 17. Mai abgehaltenen Sitzungen wurden neben Verfassungsfragen des Deutschen Bundes auch die jüdischen Angelegenheiten behandelt, wobei Artikel 15 eine wesentliche Einschränkung erhielt. Es sollten den Juden zwar die Bürgerrechte eingeräumt werden, aber: »*Wo dieser Reform Landesverfassungen bestimmt entgegenstehen, erklären die Mitglieder des Bundes, diese Hindernisse so viel als möglich hinwegräumen zu wollen.*«

Damit war es den einzelnen Ländern praktisch selbst überlassen, wie sie mit ihren Juden umgehen wollten, womit sich die Situation zu deren Ungunsten geändert hatte. Dagegen halfen auch die weiteren Noten der jüdischen Delegierten nicht. In einer Sitzung am 26. Mai waren die Gegner der Juden bereits in der Überzahl, sie wollten das Thema überhaupt nicht mehr in die Bundesakte aufnehmen. Die Einigung über die Angelegenheiten des Deutschen Bundes war wichtiger als alle anderen Fragen, wie die Sitzung am 29. Mai zeigte. Um deren Abschluss nicht zu verzögern, wurde den Anliegen der Juden keine weitere Beachtung mehr geschenkt.

Der Malteserorden

Schon auf der ersten Liste von Gentz war unter den vom Kongress zu behandelnden Punkten der Malteserorden angeführt. Dieser hatte seinen Sitz in Malta, bis die Insel 1798 an Frankreich fiel. Der Orden wurde vertrieben, seine Güter und sein Vermögen eingezogen. Die Ländereien des Ordens in Deutschland wurden nach der Gründung des Rheinbunds von Napoleon an dessen Mitglieder verteilt und säkularisiert. Der Erste Pariser Frieden bestimmte, dass Malta entschädigungslos an Großbritannien fallen sollte. Nur in Böhmen und Österreich blieb der Orden bestehen, sein Eigentum wurde nicht angetastet.

Der Orden, der mittlerweile in Sizilien residierte, verlangte jetzt Malta oder einen gleichwertigen Ersatz zurück und wollte auch für seine Verluste auf dem europäischen Festland entschädigt werden. Klarerweise wollte England Malta aber behalten, und die deutschen Fürsten hatten nicht vor, die säkularisierten Ordensgüter wieder herauszugeben. Metternich stand zwar auf der Seite der Malteser, wegen der umfangreichen Aufgaben des Kongresses stand das Thema auf seiner Prioritätenliste aber sehr weit unten.

Am 20. September sowie am 24. Februar richteten die Delegierten des Ordens vergeblich Noten an den Kongress, in denen sie um einen »*angemessenen Wohnsitz nicht allzu weit von dem Mittelpunkt des mittelländischen Meeres, mit einem Hafen, um alle Arten von Kriegsschiffen aufzunehmen, nebst einem bequemen Platze für ein allgemeines Krankenhaus*« sowie um Rückgabe beziehungsweise Entschädigung der enteigneten Güter baten. Der Kongress berücksichtigte bis zu seinem Ende die Anliegen der Malteser nicht.

Die 100 Tage

Napoleons Rückkehr

Nachdem die Fünferkonferenz vom 10. Februar die sächsische Frage geregelt hatte, begann das Interesse am Kongressgeschehen deutlich zu sinken. Die Diplomaten arbeiteten zwar weitgehend unbemerkt von der Öffentlichkeit weiter, aber ihre Souveräne dachten an die baldige Abreise. Der Kongress dauerte schon wesentlich länger als ursprünglich angenommen, die Festlichkeiten nahmen mit dem Beginn der Fastenzeit am 7. Februar 1815 ebenfalls ein Ende. Die hohen Herrschaften begannen sich zu langweilen, und die Wiener murrten immer lauter über die lange und vor allem kostspielige Verweildauer der Kongressbesucher.

Mitten in alle Abreisegedanken und Schlussvorbereitungen hinein platzte am 5. März 1814 die Bombe: »Robinson Crusoe«, wie de Ligne Napoleon nannte, war am 26. Februar aus Elba geflohen, seine »Herrschaft der 100 Tage« begann. Die Nachricht rief unter den in Wien anwesenden Diplomaten und Monarchen Bestürzung hervor, die Wiener hingegen kommentierten Napoleons Flucht sarkastisch mit den Worten »*der Kongress hat einen fahren lassen*« und schlossen Wetten auf seine Gefangennahme und sogar seinen Tod ab.

Metternich nützte die Hiobsbotschaft für einen bösen Streich: Elise von Bernstorff erzählte, wie Metternich seinem Sekretär Gentz, der ohnehin als sehr ängstlich galt, einen argen Schrecken einjagte: »*Er setzte ein Manifest auf, worin Napoleon eine Belohnung von vielen tausenden [Dukaten] dem verhieß, der ihm Gentz tot oder lebendig auslie-*

fere oder nur Beweise seiner Ermordung beibringen werde. Dieses Manifest wurde in ein eigens für Gentz gedrucktes Zeitungsexemplar aufgenommen und dem feigen Manne wie gewöhnlich mit dem Morgenkaffee vor sein Bett gebracht. Es wirkte zum größten Gaudium seines Vorgesetzten beinahe lähmend auf den Unglücklichen.«

Am 1. März erreichte Napoleon mit rund 900 Soldaten die Südküste Frankreichs, von dort aus marschierte er in Richtung Lyon. Zwar stellten sich ihm auf seinem Weg nach Paris

Napoleon flieht aus Elba (Karikatur).

königliche Truppen entgegen, aber Napoleon gelang es einmal mehr, sie auf seine Seite zu ziehen und seiner eigenen Truppe einzugliedern. Sein weiterer Weg geriet zu einem triumphalen Siegeszug.

Die Franzosen hatte er zwar wiedergewonnen, die Lage in Europa schätzte er aber falsch ein. Er hatte gehofft, die in Wien zutage gekommene Uneinigkeit seiner Gegner für sich nutzen zu können, erreichte aber das genaue Gegenteil: Das gemeinsame Ziel, ihn zu vernichten, festigte wieder ihren Zusammenhalt. Der Kongress verhängte am 13. März einmütig die Ächtung über ihn, den *»perturbateur du repos du monde«* (»Unruhestifter der restlichen Welt«). Eine im Entwurf der Ächtungserklärung enthaltene Phrase wurde auf Wunsch von Kaiser Franz vor deren Unterzeichnung gestrichen, nämlich das Recht, dass *»jeder Napoleon vertilgen dürfe«*. Unruhestifter hin oder her, immerhin handelte es sich bei Napoleon um seinen Schwiegersohn.

Erzherzog Johann hielt die Ächtungserklärung überhaupt für unnötig: *»Wir hatten indes ein Manifest erlassen; zu voreilig! Denn war Napoleons Sache unbedeutend, so war es überflüssig, und fiel Napoleons Heer folglich*

Frankreich zu, wie das erfüllen, das darin enthalten ist? Die Erläuterung des Manifestes ist noch mehr zu bekritteln. Talleyrand hatte Eile, darum so schnell damit heraus.« Später fügte er noch eine Randbemerkung hinzu: *»Aus Angst, denn es handelte sich um seinen Hals, wenn Napoleon siegte.«*

Am 25. März wurde in Wien der neue Allianzvertrag zu Napoleons Niederwerfung unterzeichnet. Die „Militärkommission« unter Schwarzenberg, Knesebeck, Wellington und Wolkonski übernahm die militärischen Vorbereitungen. Die bereits erwähnte Akzessionskommission, die eigens für diese Angelegenheit am 31. März gegründet worden war, und die Deklarationskommission wurden nun tätig.

Napoleon, der am 20. März in Paris eingezogen war und damit König Ludwig XVIII. zur Flucht gezwungen hatte, stellte dem Volk eine liberale konstitutionelle Monarchie in Aussicht und gab den Auftrag zur Ausarbeitung einer entsprechenden Verfassung. Damit hatte er vorerst einen Großteil der Bevölkerung für sich gewonnen.

Die Monarchen am Verhandlungstisch. In Wahrheit fand ein solches Treffen niemals statt (Karikatur).

Am 4. April erklärte er in einem Schreiben an die europäischen Monarchen seine Bereitwilligkeit zur Anerkennung des Pariser Friedens. Er garantierte die Grenzen von 1792 und die Absicht, Frieden mit seinen ehemaligen Gegnern halten zu wollen. Die Achterkonferenz hielt jedoch eine neuerliche Deklaration für überflüssig: Napoleon war und blieb geächtet. Dies bedeutete Krieg.

Zar Alexander erbot sich, den Oberbefehl über die alliierten Truppen zu übernehmen, was man ihm erfolgreich ausreden konnte. Also blieb er vorerst in Wien, was eine kluge Entscheidung war, zumal sich der größte Teil der russischen Truppen noch in Polen befand. Dafür wurde Wellington zum Oberbefehlshaber der Truppen in Flandern ernannt, womit sogar der Zar einverstanden war. Er bewunderte Wellington nämlich sehr und forderte ihn auf, »*die Welt erneut zu retten*«. Wellington brach am 29. März 1814 in Richtung Belgien auf.

Ein Herrscher und Prinz nach dem anderen verließ Wien, um neuerlich in den Krieg zu ziehen. Den Anfang machte Prinz Wilhelm von Preußen, der bereits am 25. März abreiste, ihm folgten Anfang April König Max und der Kronprinz von Bayern sowie der Prinz von Württemberg. Etwas mehr Zeit ließen sich der König von Dänemark, der Wien Mitte Mai verließ, der König von Preußen und der Zar, die beide überhaupt erst Ende Mai aufbrachen.

Die habsburgischen Erzherzöge reisten im April zu ihren Kommandos: Erzherzog Johann nach Italien, Erzherzog Karl nach Mainz und Erzherzog Ferdinand nach Karlstadt. Kaiser Franz I. begab sich Ende April nach Heilbronn.

Die Wiener verfolgten mit Spannung die militärischen Geschehnisse und beobachteten die Truppenbewegungen. Regiment um Regiment passierte die Stadt in Richtung Rhein und Italien. Sie marschierten diesmal nicht zu prächtigen Paraden, sondern zogen ins Feld. Zur allgemeinen Ermunterung wurden Kriegslieder gesungen – wie dieses, das von einem Wiener namens Anton Balevender stammt:

»Aufs Neue heißt es: in die Schlacht!
Dem alten Feind entgegen!
Gott, der die Seinen stets bewacht,
Verleih' euch seinen Segen!
Erringet euch nun neuen Glanz,
Erringt euch neue Ehre;
Ihr fechtet ja mit Kaiser Franz
Und dem verbundenen Heere.
Der ganze große Fürstenbund
Zerbrach schon Deutschlands Ketten;
Beeidet hat es neu ihr Mund,
Europa neu zu retten.
Soldaten, auf in voller Macht,
Die Sache ganz zu schlichten!
Euch ziert das Kreuz von Leipzigs Schlacht
Für die erfüllten Pflichten.
Für Gott, Religion und Staat
Und für der Menschheit Rechte,
Rächt jede frevelhafte Tat
Im blutigen Gefechte!«

Abschiedsgeschenke

Die Monarchen erwiesen sich gegenüber der Dienerschaft in der Hofburg als äußerst großzügig und gaben enorme Trinkgelder. Sonderbarerweise hing die Zuneigung der Wiener nicht von deren Höhe ab: Als Friedrich I. von Württemberg bei seiner abrupten Abreise im Dezember 1814 60 000 Gulden als Trinkgelder verteilte, steigerte dies seine Beliebtheit keineswegs. Der König von Dänemark war auch sehr gebefreudig und hinterließ Geschenke und Geld im Wert von mehreren tausend Gulden. Da er ohnehin beliebt war, sorgte er damit auch für die Zukunft für eine gute Nachrede.

Den Diplomaten konnte man Trinkgeld nicht einfach in die Hand drücken lassen, sie erhielten dafür Orden und die heiß begehrten »Dosen«. Das waren Tabatièren, Schnupftabakdosen, die gar nicht selten mit Goldstücken gefüllt waren. Auch wenn so mancher Empfänger vorgab, an den Dosen kein Interesse zu haben, waren sie doch sehr wichtig, wie ein Brief Humboldts an seine Gattin vom 5. Jänner 1815 beweist: »*Wenn der Kongreß ein friedliches Ende nimmt, so wird man natürlich den Gesandten Dosen geben. Mir werden sie sehr verhaßt sein. Ich verabscheue nichts so sehr in der Seele, als Privatvorteile für Dinge, die ich nicht für das Ganze gelungen halte. Nun sind unsere großen Konferenzen von acht Mächten, also werde ich vermutlich sieben Dosen bekommen. Die französische habe ich auch noch. Was soll ich nun damit machen? Die Steine wären vermutlich genug, um etwas recht Hübsches daraus zu machen und Dir auf einmal Juwelen zu verschaffen. In Geld kann man acht Dosen auf 20 bis 24 000 Taler anschlagen.*« Die praktisch denkende Caroline antwortete eine Woche später: »*Es gibt in Deiner Karriere einige Gelegenheiten, wo es praktisch wäre, wenn ich Brillanten hätte, allein sie kommen in keinen Anschlag gegen den reellen Nutzen, den in unserer Lage das Geld uns bringen kann. Wir haben doch noch viel Schulden, und bei unserer sich immer erneuernden Abwesenheit ist es nicht unwichtig, wenn wir ganz frei davon würden.*« So unwillkommen waren die Dosen den Humboldts also doch nicht. Letztlich fiel deren Zahl geringer aus als erwartet, denn Humboldt teilte am 30. April seiner Caroline mit, dass der britische Gesandte Clancarty den Kongressdelegierten fein säuberlich vorgerechnet habe, wie viele dieser Dosen bei der hohen Zahl der Gesandten nötig wären, würde man alle beschenken. Die Ausgaben würden zu »*einer ungeheuren Summe anwachsen, die selbst im [britischen] Parlament Aufsehen erregen würde*«. Also kamen die vier ehemaligen Alliierten überein, sich nur gegenseitig mit Dosen zu beschenken, deren gesamter Wert laut Humboldt rund 10 000 Taler betrug.

Abgesehen von den Dosen gab es noch ganz andere Geschenke, die aus Gründen der Verehrung, Bewunderung oder Dankbarkeit, oft genug aber auch als mehr oder minder offensichtliche Bestechung überreicht wurden. Sie kosteten eine Menge Geld, und dass auch Österreich gezwungen war, sich an der Freigebigkeit zu beteiligen, gefiel dem sparsamen Kaiser Franz I. gar nicht. Eine Überweisung von 150 000 Gulden und 2000 Dukaten durch das Kammerzahlamt an seinen Minister Stadion beweist, das auch er die »*Beschaffung der erforderlichen Geschenke*« anordnete.

Briefe an Marie Louise

Napoleon sandte gleich nach seiner Flucht von Elba Briefe an Marie Louise, in denen er seine Frau zur Rückkehr nach Paris aufforderte. Die Geheimpolizei dürfte mit deren Entzifferung ihre liebe Not gehabt haben, denn Humboldt hielt für die Nachwelt fest: »*Napoleon schreibt mit einer Klaue, die fast niemand lesen kann.*« Die Briefe wurden den Kongressvertretern vorgelegt, um jeglichen Verdacht einer Zusammenarbeit Österreichs mit Napoleon von vornherein auszuschließen. Kaiser Franz, ganz besorgter Vater, versicherte zwar Marie Louise, dass sie nach Frankreich zurückkehren könne, aber erst, wenn man den »*Friedensbeteuerungen ihres Gatten trauen könne*«. Der Zar versprach ihr, Napoleon anzuerkennen, wenn die Franzosen ihn als Herrscher zurückhaben wollten, man könne sich schließlich »*nicht einer ganzen Nation widersetzen*«. Und keiner von den beiden meinte seine Worte ernst.

Wie es vom Zaren zu erwarten war, änderte er rasch seine Meinung und versicherte Talleyrand seiner Unterstützung, die Bourbonen wieder auf Frankreichs Thron zu setzen. Marie Louises Ambitionen, zu ihrem Mann zu reisen, waren aber ohnehin enden wollend. Napoleon rechnete vermutlich selbst nicht mit der Rückkehr seiner Frau, denn er war bereits im Bilde über ihr zärtliches Verhältnis mit Neipperg. Nur seinen Sohn wollte er unbedingt zurückhaben.

Der kleine Prinz, der seinen Vater liebte, stand in Schönbrunn unter der Aufsicht der französischen Gräfin Louise Françoise Montesquiou (1765–1835). Baron Hager ließ die Wachen dort verstärken, da er die Entführung des Knaben befürchtete. Auf seine Empfehlung hin ließ der Kaiser seinen Enkel am 20. März 1815 in die Hofburg bringen und dort jeglichen Kontakt mit Franzosen unterbinden. So verlor das Kind ausgerechnet an seinem vierten Geburtstag seine wohl wichtigste Bezugsperson, »Maman Quiou«. Die Gräfin Montesquiou liebte den Kleinen zärtlich, war schon bei seiner Geburt anwesend gewesen und ihm seither keinen Tag von der Seite gewichen. Marie Louise konnte das verzweifelt weinende Kind, das drei Tage hindurch nichts aß und ohne die Gräfin nicht einschlafen wollte, nicht über den Verlust hinwegtrösten.

Der Kriegsverlauf

Währenddessen nahm der Krieg seinen Lauf. Wellington befehligte im heutigen Belgien (damals noch Niederlande) rund 95 000 englische, holländische und deutsche Soldaten, die erst nach Beginn der Kämpfe anrückende preußische Armee bestand aus rund 135 000 Mann und wurde von General Gebhard Leberecht von Blücher (1742–1819) kommandiert. Er hatte den Ruf eines Haudegens und wurde »*Marschall Vorwärts*« genannt. Seine militärischen Erfolge waren aber oft seinem Generalstabschef General August Graf von Gneisenau (1760–1831) zuzuschreiben. Die österreichischen Truppen unter Fürst Karl Schwarzenberg und die russischen unter Fürst Michail de Tolly (1761–1818) rückten zwar an, kamen zur Entscheidungsschlacht aber zu spät.

Napoleons Strategie, durch rasche Vorstöße die Truppen Wellingtons und Blüchers getrennt anzugreifen, half ihm letztlich nichts. Er beging einige strategische Fehler und vergab damit seine Chance auf einen Sieg.

Die Schlacht bei Waterloo.

Die »Neue Zürcher Zeitung« vom 4. Juli 1815 berichtete über die heftigen Kämpfe: »*Feldmarschall Blücher befand sich einmal in der Mitte der Französischen Kuirassire, aber die wackern Uhlanen der Preussischen Landwehr retteten ihn durch die tapferste Gegenwehr. Der Gen. Gneisenau, dem in den Schlachttagen zwey Pferde unter dem Leibe erschossen und der Degen in der Hand zerschmettert wurde, übernahm die Verfolgung des Feindes, und er soll der Erste am Wagen Buonaparte's gewesen seyn, aus dem dieser, mit Zurücklassung von Hut und Mantel, sich eben auf kaum begreifliche Weise gerettet. Am Abend des Schlachttages hatte er Charleroy schon erreicht und verfolgte die Flüchtigen bis Beaumont. Nach Mitternacht schwieg der Kanonendonner; und der Feldmarschall hatte am 18. sein Hauptquartier in Charleroy. Die Schlacht löste sich zuletzt an den Punkten, wo sie am heftigsten entbrannte, in ein Handgemenge und ein allgemeines Metzeln auf, in dem kein Kommando mehr galt, weil Offiziere und Soldaten gleich fochten und allein Kolben und Bajonette arbeiteten. Die britische Reiterei, die am Ende in die Haufen eingebrochen, entschied die Schicksale des Tages, und der Feind gab sich auf die*

242

Flucht, auf der im Durchzug durch die engen Wege und die mit Tross und Kanonen und Gepäcke zugefahrnen Dörfer ganze Massen vom Kartätschenfeuer des Geschützes aufgerieben wurden. 20 000 Mann Gefangene hat man gezählt, und mit den Kanonen ist das ganze Feldgeräte des feindlichen Heeres genommen.« Mit seiner Niederlage bei Waterloo und La Belle-Alliance am 18. Juni 1815, die alles in allem 47 000 Menschenleben kostete, verlor Napoleon jegliche Rückendeckung in Frankreich. Er kehrte nach Paris zurück und dankte am 22. Juni zum zweiten Mal ab.

Napoleons Verbannung

S ieben Tage später reiste Napoleon nach Rochefort, einer Hafenstadt, etwa 20 Kilometer von der Mündung der Charante in den Atlantik entfernt, wo ihn Soldaten und Abgesandte der Stadt baten, Frankreich nicht zu verlassen. Napoleon antwortete ihnen, er würde durch sein Bleiben *»den Schrecken des Bürgerkriegs noch die einer Invasion hinzufügen«.* Trotz aller Loyalitätsbekundungen und *»Vive l'Empereur!«*-Rufen der Bevölkerung wusste er genau, dass er fliehen musste, um nicht in Gefangenschaft zu geraten. Sein Ziel waren die Vereinigten Staaten von Amerika. Da Rochefort aber wie alle französischen Häfen von britischen Schiffen blockiert war, nahm er Kontakt zu Sir Frederick Lewis Maitland (1777–1839) auf, dem Kapitän des in Rochefort liegenden Kriegsschiffes »Bellerophon«. Dieser verweigerte ihm die Ausreise. Dafür bot er ihm die Überfahrt nach Großbritannien an, allerdings ohne irgendwelche Garantien im Namen der britischen Regierung abzugeben. Dennoch hoffte Napoleon auf englisches Asyl und verfasste am 14. Juli ein Schreiben an den englischen Prinzregenten, das er Maitland überreichte: *»Königliche Hoheit, als ein Opfer der Parteiungen, die mein Land zerspalten, wie der Feindschaft der größten Mächte Europas habe ich meine politische Laufbahn beendet und nahe mich*

wie Themistokles, um mich an der Feuerstelle des britannischen Volkes nieder-
zulassen. Ich unterstelle mich dem Schutz seiner Gesetze, den ich mir von
Ihnen, Königliche Hoheit, als meinem mächtigsten, hartnäckigsten und groß-
mütigsten unter meinen Gegnern erbitte.«

Am nächsten Tag begab sich Napoleon an Bord der »Bellerophon« zu
Maitland, um sich *»dem Schutz Ihres Prinzregenten und Ihrer Gesetze zu*
unterwerfen«. Napoleons Hoffnungen auf britische Gastfreundschaft
wurden enttäuscht: Er wurde zwar nach Plymouth in Südwestengland
gebracht, galt bei seiner Ankunft aber bereits als Gefangener.

Die verbündeten Sieger zogen am 10. Juli zum zweiten Mal in Paris ein.
Dort berieten sie, wie man Napoleon daran hindern könnte, neuerlich
»etwas gegen die Ruhe Europas« zu unternehmen. Allen voran war es
Kaiser Franz, der wie bereits nach dem Ersten Pariser Frieden forderte,
Napoleon an einen sehr weit entfernten Ort zu bringen. Den richtigen
Platz zu finden, überließ er Großbritannien. Am 2. August 1815 verein-
barten Großbritannien und Österreich vertraglich, dass Großbritannien
die Bewachung Napoleons übernehmen sollte. Am 4. August wurde der
Gefangene auf dem britischen Kriegsschiff »Northumberland« nach
St. Helena gebracht, wo er Mitte Oktober eintraf. Die felsige Insel im
Südatlantik lag tatsächlich am Ende der Welt und abseits aller Schifffahrts-
routen. Der gestürzte Kaiser durfte sich auf der Insel relativ frei bewegen,
sie aber bis zu seinem Tod im Jahre 1821 nicht mehr verlassen.

Die Wiener Kongressakte

Die in Wien verbliebenen Delegierten wie Nesselrode, Hardenberg und Talleyrand hatten inzwischen gemeinsam mit Metternich und vor allem mit Gentz die Tätigkeit des Kongresses überwacht und führten die letzten Verhandlungen, beschleunigt durch den Krieg, den Gentz deshalb sogar als Segen betrachtete. Die bisher erzielten Ergebnisse und Lösungen wurden schriftlich in die Form von Partikularkonventionen oder Vertragsartikeln gebracht, und bis zum 1. Juni 1815 war die meiste Arbeit getan.

Die Unterzeichnung

Die Kongressakte bestand aus insgesamt 121 Artikeln. Diese waren nach den einzelnen europäischen Ländern geordnet und fassten die Ergebnisse des Wiener Kongresses, vor allem die territoriale Neuordnung Europas, zusammen.

Anhand dieses Dokuments sollte die Redaktionskommission die Schlussakte erstellen. Wegen des neuerlichen Kriegsausbruchs schlug Gentz vor, die Ausarbeitung der Schlussakte erst nach Kriegsende vorzunehmen, was sofort von Talleyrand und Clancarty beeinsprucht wurde. Sie setzten ihre Forderung in einer Konferenz der fünf Mächte am 23. Mai durch – die Redaktionskommission unter der Leitung von Gentz sollte ihre Arbeit umgehend aufnehmen. Es gab noch Verhandlungen, wer diese Schlussakte unterzeichnen sollte. Bei einer Sitzung am 27. Mai beschloss man, dass es nur die fünf Großmächte sein sollten. Bereits am 29. Mai änderte man diese Entscheidung: Alle am Kongress teilnehmenden Länder sollten nun unterzeichnen. Letztendlich einigte man sich am 6. Juni auf die Länder der Achterkonferenz. Alle anderen Länder sollten in einem Artikel der Akte zum »Beitritt« aufgefordert werden.

Es waren praktische Gründe, die zu dieser Lösung führten. Bei Unterzeichnung aller Teilnehmer und der danach erforderlichen Auswechslung der Akte zwischen den einzelnen Ländern hätten 1600 Exemplare des Schriftstücks, das noch dazu einen beträchtlichen Umfang hatte, erstellt werden müssen.

Die Wiener Kongressakte wurde am 9. Juni 1815 von den Bevollmächtigten der Signatarmächte des Friedens von Paris »*im Namen der heiligen und unteilbaren Dreieinigkeit*« paraphiert:

- Österreich: Metternich und Wessenberg
- Frankreich: Talleyrand, Dalberg, Noailles
- Großbritannien: Clancarty, Cathcart, Stewart
- Portugal: Palmella, Saldanha da Gama, Lobo da Silveira
- Preussen: Hardenberg, Humboldt
- Russland: Rasumowsky, Stackelberg, Nesselrode
- Schweden: Löwenhielm

Der spanische Abgesandte Labrador verweigerte seine Unterschrift, weil er der Meinung war, dass Spaniens Ansprüche auf dem Kongress unerfüllt blieben. Er sandte eine entsprechende Note am 5. Juni 1815 an Metternich und führte seine Gründe genau auf. Die Ratifizierung durch Spanien sollte erst rund zwei Jahre später erfolgen.

Als die Reinschrift am 19. Juni fertiggestellt wurde, waren die meisten Delegierten bereits abgereist, sodass das Original gar nicht mehr von allen unterschrieben werden konnte. Da dies vorauszusehen gewesen war, hatte man im letzten Artikel der Akte vereinbart, dass »*gegenwärtiger Tractat ratificiert und die Ratificierungen ausgewechselt werden sollen, und zwar in einem Zeitraume von sechs Monaten*«.

Das Normalexemplar

Bei Abschriften eines derart umfangreichen Schriftstücks war die Gefahr groß, dass unterschiedliche Versionen in Umlauf gerieten. Daher wurde beschlossen, das Normalexemplar im Hof- und Staatsarchiv in Wien zu verwahren. So konnten die europäischen Monarchen den Originaltext jederzeit nachschlagen lassen. Aber selbst die Ausfertigung des Originals war ziemlich mühsam. Es dauerte bis in den Spätherbst 1815, bis es fertiggestellt war und archiviert werden konnte.

Das paraphierte Exemplar gleicht nicht völlig diesem Aktenstück im Archiv, bei dem die Reihenfolge der Artikel im Nachhinein verändert wurde. Die Akte war in französischer Sprache verfasst worden, aber man hatte festgelegt, dass jedes Land in Zukunft jede andere Sprache verwenden durfte.

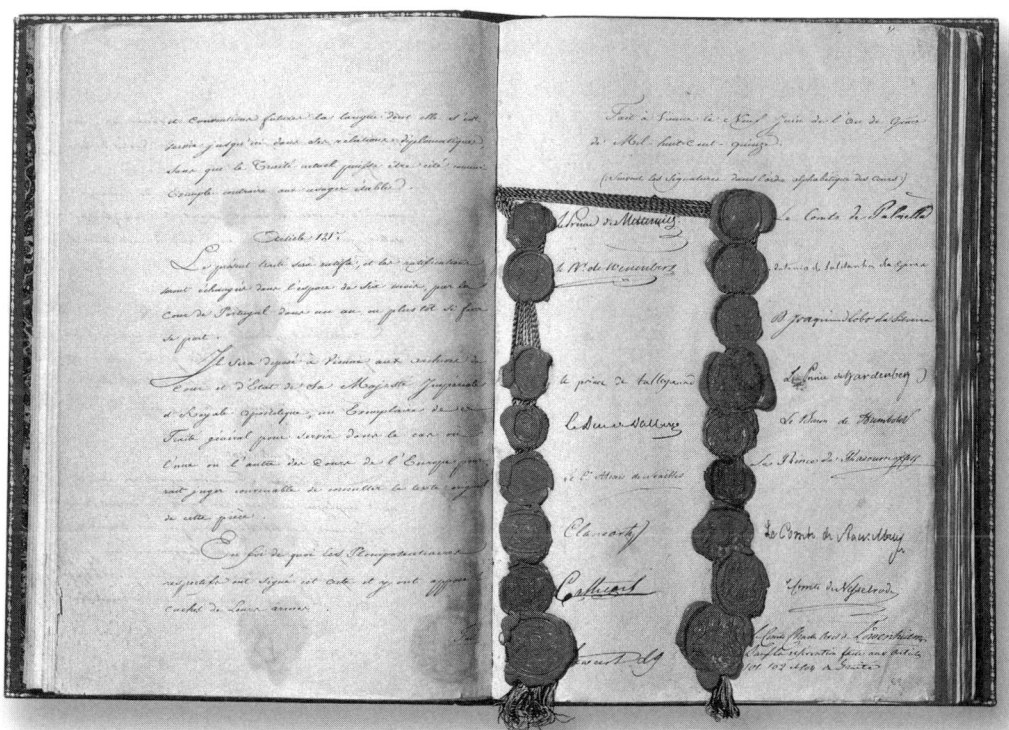

Die Schlussakte des Wiener Kongresses mit den Siegeln und Unterschriften der Bevollmächtigten.

Der Tractat

Polen

Der erste Teil (Artikel 1 bis 14) betrifft Polen, den Spielball der europäischen Großmächte. Polens Hoffnungen, nach den drei Teilungen durch Russland, Preußen und Österreich wieder ein souveräner, vereinter Staat zu werden, erfüllten sich nicht: Das vormalige Herzogtum Warschau wurde als Königreich Polen, »Kongresspolen« genannt, in Personalunion mit Russland vereint, Zar Alexander I. war somit König von Polen.

Westpreußen mit Danzig und Thorn sowie das Großherzogtum Posen blieben bei Preußen, wobei die Grenzen, verglichen mit ihrem Verlauf im Jahre 1794, nur leicht verändert wurden, sie verliefen nun entlang des Flusses Prosna. Das brachte einige Gebietsänderungen mit sich: Kalisch fiel an Russland, dafür gehörte nun Thorn zu Preußen. Die übrigen preußischen Gebiete in Polen fielen an Russland.

Österreich erhielt seine Gebiete, die es vor 1809 besessen hatte, ebenfalls mit geringfügigen Grenzveränderungen zurück. Eigens erwähnt wurde sein souveränes Eigentum am Salzwerk von Wieliczka, das etwa 17 Kilometer von Krakau entfernt lag. Sachsen verlor den Anspruch darauf.

Krakau wurde zur »freien Stadt« erklärt, Russland, Österreich und Preußen versprachen ihm ihren Schutz »auf ewige Zeiten«. Die Bezeichnung »freie Stadt« lässt Fehlinterpretationen zu: Krakau war ein Kondominat, faktisch übten Preußen, Russland und Österreich gemeinsam die Herrschaft über die Stadt aus, bis sie 1846 nach einem Aufstand von Österreich annektiert wurde.

Deutschland

Der zweite Teil (Artikel 15 bis 64) ordnet die Verhältnisse in Deutschland.

248

Die Landkarte Europas nach dem Wiener Kongress.

DIE TERRITORIALEN BESTIMMUNGEN *Sachsen* musste einen großen Teil seiner Länder an Preußen abtreten, ein paar kleinere Gebiete gingen an das Herzogtum Sachsen-Weimar. Das Gebiet, das an *Preußen* ging, wurde nun zum Herzogtum Sachsen erklärt, somit nahm der preußische König den Titel eines Herzogs von Sachsen an. Der König von Sachsen behielt seinen Titel für sein verbleibendes Reich.

In Artikel 23 wurden genauestens jene Gebiete definiert, die Preußen durch die Kongressakte wieder zurückerhalten sollte, nämlich diejenigen, die es bereits einmal besessen hatte. Hier wurden unter anderem die polnischen Gebiete angeführt. In den folgenden Artikeln finden sich die neuen Gebiete »diesseits und links des Rheins« aufgezählt, eine detaillierte Zusammenfassung aller neuen Gebietserwerbungen, die sich über mehrere Seiten hinzieht. Preußen rückte durch den Verlust des größten Teils seiner polnischen Gebiete und die Entschädigung durch sächsische beziehungsweise westdeutsche Gebiete mehr nach Mitteleuropa vor. Es hatte nun rund elf Millionen Einwohner, aber kein zusammenhängendes Staatsgebiet, denn das Kernland und die rheinischen Gebiete hatten keine gemeinsame Grenze.

Das Kurfürstentum Braunschweig-Lüneburg, umgangssprachlich Kurfürstentum *Hannover* oder Kurhannover genannt, wurde schon seit 1714 in Personalunion vom König von Großbritannien regiert. Er bekam durch die Rangerhöhung Hannovers zum Königreich nun seinen gewünschten zweiten Königstitel dazu. Preußen trat einige Ländereien an Hannover ab, das dafür wiederum einige Gebiete an Preußen und Dänemark sowie an das benachbarte Herzogtum Oldenburg abgeben musste, das sich von nun an Großherzogtum nennen durfte.

Hannover und Preußen vereinbarten miteinander auch Bedingungen bezüglich Schifffahrt und Handel. So sagte Hannover zu, auf seine Kosten den Fluss Ems von der preußischen Grenze bis zu dessen Mündung in die Nordsee schiffbar zu machen und diesen Ausbau in Zukunft für die Schifffahrt entsprechend zu erhalten. Zölle und Rechte für den Handel wurden gemeinsam von Hannover und Preußen festgelegt.

Außerdem legten Preußen und Hannover Militärstraßen durch ihre Gebiete fest, um bei Bedarf ihre Truppen so rasch wie möglich bewegen zu können. Dies war für Preußen ein überaus wichtiger Punkt, da ein Teil seines Staatsgebietes durch Hannover geteilt wurde.

Die Gebiete des ehemaligen Großherzogtums Frankfurt wurden Bayern, Preußen und Hessen-Kassel zugesprochen, die Stadt Frankfurt selbst wurde zur freien Stadt erklärt. Der ehemalige Fürstprimas Dalberg bekam eine Summe von 100 000 Gulden jährlich als lebenslange Rente zugesprochen, die von den Souveränen bezahlt werden musste, die seine bisherigen Ländereien, die Gebiete des ehemaligen Frankfurter Großherzogtums, erhielten.

DER DEUTSCHE BUND   Die Kongressakte übernahm in den Artikeln 53 bis 64 die allgemeinen Bestimmungen der Deutschen Bundesakte und bestimmte, dass alle ihre (auch die nicht übernommenen) Teile *»dieselbe Kraft und Gültigkeit haben, als wenn sie wörtlich hier eingerückt wären«*. Die Bundesakte, Anhang 9, bestand aus 20 Artikeln und wurde von 39 deutschen Staaten und freien Städten verabschiedet. Manche dieser Staaten unterstanden ausländischen Herrschern wie Holstein dem dänischen und Hannover dem englischen König. Österreich gehörte dem Bund nur mit seinen deutschen Ländereien an.

Es handelte sich bei der Bundesakte vorerst um eine eher lockere Vereinbarung, der im Laufe der folgenden vier Jahre Ergänzungen hinzugefügt wurden. Bis zum 8. Juni 1820 waren alle in Kraft getreten.

Der Staatenbund sollte der *»Erhaltung der äußeren und inneren Sicherheit«* Deutschlands dienen sowie die Unabhängigkeit und Unverletzbarkeit der Mitgliedsstaaten sichern. Alle Mitglieder waren gleichberechtigt, sie verpflichteten sich zur unverbrüchlichen Einhaltung der Bundesakte. Das oberste und einzige Organ des Bundes war die Bundesversammlung unter dem Vorsitz Österreichs. Als Sitz wurde Frankfurt am Main bestimmt, die Eröffnung wurde für den 1. September

1815 festgelegt. Tatsächlich fand die erste Sitzung erst am 5. November 1816 statt.

Die Bundesversammlung war für die innere und äußere Sicherheit des Bundes zuständig und befasste sich darüber hinaus mit den Grundgesetzen des Bundes. Bei Änderung eines Grundgesetzes war die Bildung eines Plenums vorgesehen, in dem alle Mitglieder stimmberechtigt sein sollten. Die Anzahl der Stimmen wurde nach der Größe der Mitgliedsstaaten vergeben, so hatten etwa Österreich und Preußen je vier Stimmen, kleine Staaten nur eine. Bei Stimmengleichheit stand dem Vorsitzenden die Entscheidung zu.

Die Mitgliedsländer garantierten einander gegenseitige militärische Unterstützung im Kriegsfall. So bereits Kriegshandlungen bestanden, durfte kein Bundesmitglied mit dem Feind in Verhandlungen treten oder Frieden schließen. Die Mitglieder konnten zwar weiterhin Bündnisse eingehen, aber nur solche, die den Bund nicht gefährdeten. Untereinander durften keine Kriege geführt werden, Differenzen sollten vor der Bundesversammlung geklärt werden.

Es gab im Deutschen Bund kein Oberhaupt, die Legislative sowie die Wirtschafts- und Außenpolitik der einzelnen Länder blieben völlig unabhängig. Die einzige relativ geeinte Organisation war die Bundesarmee, die aus Einheiten der einzelnen Mitgliedsländer aufgestellt wurde und aus rund 500 000 Soldaten mit unterschiedlicher Ausrüstung bestand. Es gab keinen Oberbefehlshaber, sondern lediglich einen Bundesmilitärausschuss. Diese Armee hatte eine rein defensive Funktion, sie war keineswegs auf Offensivkriege ausgerichtet. Sie musste nie aktiv werden, da kein deutsches Land während des Bestehens des Bundes angegriffen wurde.

Die Mediatisierten erlangten zwar ihre Unabhängigkeit nicht zurück, wurden den regierenden Fürsten aber im Rang gleichgestellt und erhielten einige Sonderrechte. Dazu zählten etwa die öffentliche Trauer bei Todesfällen und die autonome Familiengesetzgebung, aber auch wichtigere Regelungen wie Steuervorteile, Befreiung von der Militärpflicht und ein bevorzugter Gerichtsstand. Ferner erhielten sie juristische Befugnisse wie die Gerichtsbarkeit in erster und zweiter Instanz sowie Polizeirechte im Rahmen der jeweiligen Landesgesetze. Vor allem aber gab es finanzielle Zuwendungen. Manchen mediatisierten Fürsten gelang es, bereits bestehende Privilegien zu erhalten, wie zum Beispiel der Familie Thurn und Taxis, der am 26. Mai 1815 das Postwesen in einigen Ländern Deutschlands zugesichert wurde. Dort, wo sie ihr Monopol auf das Postwesen verlor, erhielt sie Entschädigungszahlungen. Für die säkularisierten Gebiete galten ähnliche Regelungen.

Niederlande

Der dritte Teil (Artikel 65 bis 73) befasst sich mit den Angelegenheiten der Niederlande, die vor den Kriegszügen Napoleons aus einem selbstständigen und einem österreichischen Teil bestanden hatten.

Österreich verzichtete auf seinen Teil, was nicht ausdrücklich erwähnt wird. Er bestand aus den belgischen Provinzen und Luxemburg, die in den Artikeln 65 bis 73 getrennt behandelt werden. Sie fielen an die *»alten vereinigten Niederlande«* unter Wilhelm von Oranien, der durch den Kongress zum König erhoben wurde. Damit entstand im Norden Frankreichs ein starker Pufferstaat, von dem allerdings 1830 Belgien abgetrennt wurde. Luxemburg wurde zum Großherzogtum erhoben und mit den Niederlanden in Personalunion vereint, die bis 1890 bestand.[20]

Schweiz

Der vierte Teil (Artikel 74 bis 84), die Schweiz betreffend, bestimmte deren äußere und innere Grenzen und bestätigte ihre Unabhängigkeit von den Großmächten sowie die immerwährende bewaffnete Neutralität, die die

Schweiz dann am 20. November 1815 proklamierte. Zusätzlich zu den bisherigen 19 Kantonen sollten nun auch Genf, Neuenburg und das Wallis zur Schweiz gehören.

Die Schweiz musste einige Gebiete wie das Veltlin, Chiavenna (Cläven) und Bormio (Worms) an Österreich abtreten, erhielt dafür aber andere Gebiete wie die zuvor habsburgische Herrschaft Razüns. Der König von Sardinien trat »*auf Wunsch der verbündeten Mächte*« ein paar Teile von Savoyen an Genf ab, um diesem eine Landverbindung zur Schweiz zu ermöglichen.

Italien

Der fünfte Teil (Artikel 85 bis 104) regelte die Verhältnisse in Italien. Sardiniens König Viktor Emanuel I. bekam seine ursprünglichen Ländereien gemäß den Grenzen von 1792 zurück, bis auf die bereits erwähnten Gebiete, die er an Genf abtrat. Dafür erhielt er das Herzogtum Genua. Er verpflichtete sich außerdem zur »*Theilnahme Savoyens an der Neutralität der Schweiz*«. Sollte es zu kriegerischen Auseinandersetzungen anderer Länder kommen, die die Neutralität der Schweiz gefährdeten, war der König verpflichtet, seine Armee zurückzuziehen. Die Schweiz hatte in diesem Fall das Recht, diese Region zu besetzen, um beispielsweise fremde Truppen am Durchzug zu hindern.

Im Großen und Ganzen erhielt Österreich alle seine ursprünglichen Besitzungen zurück, darunter Istrien, Dalmatien, Venedig, Mailand und Mantua, Brixen und Trient, Tirol, Vorarlberg, Friaul, Triest, Fiume (heutiges Rijeka), Oberkärnten und die Krain sowie den Teil Kroatiens östlich der Save inklusive Dubrovnik. Neu erworben wurden hingegen die »festen Teile« Venedigs sowie die Region zwischen dem Tessin, dem Po und der Adria. Maria Beatrix von Este, die Schwiegermutter von Kaiser Franz, bekam ihre Herzogtümer Modena, Massa und Carrara zurück.

Die Herzogtümer Parma, Piacenza und Guastalla gingen an Napoleons Gemahlin und Tochter des österreichischen Kaisers Franz I., Marie Louise, und sollten nach ihrem Tod wieder an die spanischen Bourbonen zurückfallen. Königin Marie Louise von Etrurien und ihre Familie erhielten vorerst nur das Herzogtum Lucca, das zwischen Parma und der Toskana lag. Solange man ihnen kein anderes »Etablissement«, also Land, zur Verfügung stellen konnte, wurden sie für den Verlust von Parma

Kardinal Consalvi, Partylöwe und zäher Verhandler für die Wiederherstellung des Kirchenstaates.

durch eine jährliche Rente von 500 000 Franken, die vom österreichischen Kaiser und vom Großherzog von Toskana zu entrichten war, entschädigt.

Großherzog Ferdinand von Toskana erhielt die Toskana zurück, zu der einige neue Gebiete dazukamen wie der »Stato dei Presidi« (umfasste die ehemals unter spanischer Herrschaft stehenden Festungen Ansedonia, Porto Ercole, Porto Santo Stefano Talamone, Orbetello sowie eine Festung auf der Insel Elba, die bis dahin zum Herrschaftsgebiet des Königs von Neapel und Sizilien gehört hatte), ein kleines Gebiet auf Elba und die Lehensherrschaft über das Fürstentum Piombino.

Der Papst erhielt sämtliche Besitzungen des Kirchenstaates zurück, einen Teil von Ferrara ausgenommen.

Der letzte »italienische« Artikel beschäftigte sich mit den vorher nur in Personalunion verbundenen Ländern Neapel und Sizilien. König Ferdinand IV. erhielt sie nun als »Königreich beider Sizilien« zurück und nannte sich Ferdinand I., König beider Sizilien.

Portugal

Im sechsten Teil (Artikel 105 bis 107) befinden sich die Verhandlungs-
ergebnisse bezüglich Portugals. Dabei ging es um die Stadt Olivenza, die
es 1801 an Spanien hatte abtreten müssen, sowie um Portugals Besitzungen in Südamerika. Portugal bekam Olivenza zurück, es blieb aber
de facto bei Spanien, da Portugal gar keine Ansprüche mehr stellte.
Portugal verpflichtete sich, die Grenzen zwischen Brasilien und den französischen Gebieten (Französisch-Guayana) zu akzeptieren. Mit dieser
Bestimmung fanden sogar überseeische Angelegenheiten Eingang in die
Kongressakte.

Flussschifffahrt

Im siebenten Teil (Kapitel 108 bis 117) wird die Flussschifffahrt geregelt.

Allgemeine Verfügungen

Der achte und letzte Teil (Kapitel 118 bis 121) enthält allgemeine Verfügungen. Von größter Wichtigkeit ist der Artikel 118, der 17 beigefügte
Vereinbarungen aufzählt, welche »*als integrirende Theile der Arrange-
ments des Congresses angesehen werden, und dieselbe Kraft und Gültigkeit
haben, als wenn sie Wort für Wort in den Generaltractat aufgenommen
wären*«.

Die Anhänge

Viele der Anhänge sind Vereinbarungen einzelner Länder miteinander, die zumeist territoriale Fragen betreffen. Über Anhang 9, die deutsche Bundesakte, wurde bereits berichtet, da ihre allgemeinen Artikel in die Kongressakte übernommen wurden.

Obwohl die Ächtung des Sklavenhandels nur ein Randthema war, stellte die »Deklaration der Mächte über die Abschaffung des Negerhandels« vom 8. Februar 1815 eines der wichtigsten Ergebnisse des Kongresses dar und wurde als *Anhang 15* aufgenommen. Sie gilt als eine Vorstufe zum Genfer Anti-Sklavereiabkommen von 1926.

Die Deklaration wurde von Österreich, Frankreich, Großbritannien, Spanien, Portugal, Preußen, Russland und Schweden »*im Namen aller zivilisierten Staaten*« und »*aux principes d'humanité et de morale universelle*« unterzeichnet, also entsprechend den Grundsätzen der Menschlichkeit und der universellen Moral. Damit war diese Deklaration etwas ganz Besonderes, denn erstmals wurden humanitäre Rechte in Völkerrecht umgesetzt. Die Deklaration erklärte den Sklavenhandel als völkerrechtswidrig, obwohl sie noch keine verbindlichen Bedingungen enthielt. Die Umsetzung der in der Kongressakte festgehaltenen Bestimmungen war den einzelnen Ländern überlassen, aber es bestand nun eine moralische Verpflichtung, wenn es auch bis zur tatsächlichen Abschaffung in allen Ländern zum Teil noch Jahrzehnte dauern sollte.

Mit dem von der Rangkommission erarbeiteten »*Reglement über den Rang zwischen den diplomatischen Agenten*« vom 19. März 1815, das als *Anhang 17* aufgenommen wurde, führte man eine Rangordnung der Diplomaten ein. Man teilte sie in drei Gruppen: In Gruppe eins waren die Botschafter (beziehungsweise Legaten und Nuntien) zusammengefasst, in Gruppe zwei die Gesandten, in Gruppe drei die von den Außenministern akkreditierten Verantwortlichen. Innerhalb dieser Gruppen sollte die Rangordnung durch das Ankunftsdatum beim jeweiligen Kongress erfolgen.

Die Reihung der Unterschriften auf den einzelnen Dokumenten wiederum wurde durch das Los entschieden, allerdings wurde dies beim Kongress von Aachen dahingehend geändert, dass man nach dem Alphabet vorging: Man reihte einfach die Länder mit ihren französischen Namen von A bis Z.

Ein weiterer Punkt war die Rangfolge von Diplomaten in außerordentlichen Missionen gegenüber den Diplomaten in ordentlichen Missionen. Die Diplomaten von Kaisern und Königen, des Papstes, der Niederlande, der USA und der Schweiz standen rangmäßig über ihren Amtskollegen der anderen Länder. Bündnisse zwischen einzelnen Ländern hatten einen Einfluss auf den Rang ihrer Vertreter.

Das Reglement wurde bis 1961 beibehalten. In diesem Jahr legte man – wieder in Wien – die »Vienna Convention on Diplomatic Relations« fest.

Etliche Verhandlungspunkte des Kongresses wurden in der Kongressakte nur kurz angesprochen, an Kommissionen oder die Bundesversammlung verwiesen oder gar nicht aufgenommen. Ihre spätere Regelung soll daher hier gleich eingeflochten werden.

Bezüglich der *Freiheit der Binnenschifffahrt* legte die Akte nur fest, dass Kommissionen für die freie Schifffahrt auf »*Strömen, welche durch mehrere Staaten fließen*«, gegründet werden sollten, um die Details und deren Umsetzung auszuarbeiten. Die Regelung über die freie Schifffahrt vom 29. März 1815, die insgesamt 132 Artikel aufweist, wurde als *Anhang 16* aufgenommen.

1816 wurde eine Zentralkommission für die Rheinschifffahrt gegründet, die sich aus Vertretern der jeweiligen Uferstaaten zusammensetzte und ihren Sitz in Mainz hatte. Ihre Regelungen galten für den Rhein, für den Neckar, den Main, die Mosel, die Maas und die Schelde sowie für deren Nebenflüsse. Die Kommission arbeitete 15 Jahre lang und schloss ihre Arbeit am 31. März 1831 mit der »Mainzer Akte« ab, deren Regeln in der Folge für die Donau galten. Somit war sie ein für alle Händler offener Fluss, aber Zölle wurden auch hier von den einzelnen Uferstaaten eingehoben.

Einen Vertrag zur freien Schifffahrt auf der gesamten Länge der Donau schloss man erst nach dem Krimkrieg 1856 in Paris.

Kritikpunkte

D ie *Bürgerrechte* waren generell kein Thema, das dem Kongress wichtig war, sondern eher suspekt. Bezüglich des *Urheberrechts* wurde in Artikel 18 verfügt, dass sich die Bundesversammlung mit der *»Abfassung gleichförmiger Verfügungen über die Pressefreiheit und die Sicherstellung der Schriftsteller und Verleger gegen den Nachdruck«* beschäftigen müsse. Das war sehr schwammig formuliert, und so wundert es nicht, dass es noch lange zu keinem einheitlichen Verbot des Büchernachdrucks kam. Die *Pressefreiheit* wurde durch die Karlsbader Beschlüsse (siehe Seite 282) sogar noch eingeschränkt. Das erste einheitliche Urheberrechtsgesetz stammt aus dem Jahre 1827 und regelte den Nachdruck von Goethes Werken. Erst 1837 wurde in Preußen ein echtes Urheberrechtsgesetz erlassen, dem 1870 ein solches für ganz Deutschland folgte. In Österreich hatte man sich schon 1846 dazu entschlossen.

Es war Österreich und Preußen zu verdanken, dass das Anliegen der *Juden* überhaupt berücksichtigt wurde, wenn auch nur in einem einzigen Artikel: *»Die Verschiedenheit der christlichen Religionen in den Ländern des deutschen Bundes darf keinen Unterschied in der Wahrnehmung der bürgerlichen und politischen Rechte begründen.«* Und weiter, dass die Bundesversammlung in Zukunft darüber beraten sollte, wie man die *»bürgerliche Verbesserung der Bekenner des jüdischen Glaubens«* in Deutschland herbeiführen könnte.

Damit wurden den Juden lediglich Verhandlungen über die Verbesserung ihres Status zugesagt, der von ihrem jeweiligen Souverän bestimmt wurde. War es im Entwurf noch um die Garantie der *»in den Bundes-*

259

staaten bereits eingeräumten Rechte« gegangen, so sprach die Bundesakte »*von den in den Bundesstaaten bereits eingeräumten Rechten*«. Was mehr oder weniger bedeutete, dass den Juden ihre Rechte problemlos wieder entzogen werden konnten, wenn diese nicht durch die ursprünglichen Souveräne des jeweiligen Landes, sondern durch Napoleon gewährt worden waren.

Als die Bundesversammlung des Deutschen Bundes am 1. November 1816 zum ersten Mal zusammentrat, sprach sich Preußen für ein gemeinsames Vorgehen in der Judenfrage aus, was jedoch von der Mehrheit der Mitglieder abgelehnt wurde. In der Konferenz vom 20. Mai 1820 einigte man sich darauf, die in den einzelnen Mitgliedsstaaten des Deutschen Bundes für die Juden bestehenden Gesetze durch eine Kommission zu begutachten. Danach sollte eine weitere Kommission einen Entwurf über die Rechte der Juden in allen Mitgliedsstaaten erarbeiten. Ob und wie weit dies erfolgte, kann nicht festgestellt werden, da in den weiteren Protokollen der Bundesversammlung darüber nichts mehr zu finden ist.

Die Forderungen des *Malteserordens* fanden in der Wiener Kongressakte keine Erwähnung. Metternichs späterer Versuch, dem Orden eine Insel in der Adria zu verschaffen, scheiterte. Man einigte sich lediglich darauf, dass der Orden für die Sicherheit und die Aufrechterhaltung der Krankenpflege im Mittelmeerraum sorgen sollte. Der Ordenssitz blieb vorerst in Catania, wurde 1826 nach Ferrara und 1834 endgültig nach Rom verlegt.

Die Nachwirkungen

Die Folgekongresse

Da in Wien nicht alle offenen Punkte geklärt worden waren, folgten weitere Verträge und Kongresse: 1815 in Paris, abgeschlossen mit dem Zweiten Pariser Frieden am 20. November. In diesem wurde Frankreich zu Reparationszahlungen in Höhe von 700 Millionen Francs, kleineren Gebietsabtretungen sowie zur Rückgabe geraubter Kunstwerke verpflichtet. Außerdem sollten für zumindest fünf Jahre alliierte Truppen in einer Stärke von 150 000 Mann in Frankreich stationiert bleiben, um die Einhaltung der Bestimmungen zu sichern. Ferner wurden der Erste Friede von Paris sowie die Schlussakte des Wiener Kongresses ausdrücklich bestätigt. Damit war der rund 20-jährige Krieg endgültig beendet.

Weitere Kongresse fanden in Aachen (1818), Karlsbad (1819), Troppau (1820), Laibach (1821) und Verona (1822) statt. Durch sie wurden fehlende Beschlüsse ergänzt und neue gefasst, ganz im Sinne des Metternich'schen Überwachungssystems.

Österreich

Die Finanzen

Obwohl der Kongress kurzfristig zu einer Belebung der Wirtschaft führte, kostete er doch wesentlich mehr Geld, als er einbrachte, abgesehen von den

Schulden, die manche der Besucher bei ihrer Abreise hinterließen. Viele Handwerker verloren mit den Kongressgästen ihre Auftraggeber und verdingten sich als billige Arbeitskräfte in den Fabriken.

Der Kongress hatte ferner eine enorme Teuerungswelle ausgelöst, vor allem die Miet- und Nahrungsmittelpreise waren sprunghaft gestiegen. So kostete zum Beispiel ein ganzer Truthahn im Februar 1815 drei bis fünf Gulden Wiener Währung, ein schlechtes Zimmer in einem öffentlichen Gasthof war für vier bis sieben Gulden pro Nacht zu haben. Daher bewilligte der Kaiser laut Matthias Perth den Hof- und Staatsbeamten im Juli 1815 30 Prozent Besoldungszuschuss. Nach dem Ende des Kongresses erfolgte im Juli eine weitere Bezuschussung von 150 Prozent, was als begrenzte Übergangslösung gedacht war. Perth verdiente 1812 als Rechnungskonfizient 300 Gulden, 1816 als Registratus-Adjunkt 600 Gulden im Jahr, nicht mitgerechnet die jedem Hofbeamten zustehenden Sachbezüge, wie Wein, Holz und Kerzen. Leider liefert er keine Angaben über sein Einkommen während der Kongresszeit selbst.

Die geschätzten Kosten des Kongresses beliefen sich – die Angaben schwanken – auf 50 000 bis 80 000 Gulden pro Tag, was umgerechnet 231 000 bis 396 000 Euro pro Tag ergibt (laut VPI der ÖNB entsprach 1 Gulden im Mai 1815 einer Kaufkraft von 4,62 Euro im Mai 2013). Hochgerechnet auf die Kongressdauer von 264 Tagen (vom 18. September 1814 bis zum 8. Juni 1815) ergäbe dies Gesamtausgaben in der Höhe von rund 61 beziehungsweise 105 Millionen Euro. Die Gräfin Bernstorff bezifferte die Ausgaben sogar mit 500 000 Gulden pro Tag, was eine Gesamtsumme von über 610 Millionen Euro ergäbe und vermutlich doch zu hoch gegriffen sein dürfte. Diese Angabe zeigt jedoch, wie die finanzielle Seite von den Menschen gesehen wurde, nämlich als unvorstellbar hoch.

Machte schon die Inflation der Wirtschaft zu schaffen, so wurde diese noch durch die billigen Produkte geschwächt, die nach Ende der Kontinentalsperre vor allem aus Großbritannien auf den Markt gespült wurden. Umgekehrt sahen österreichische Unternehmen ihre Exportanteile schwinden, die sie während der Sperre erobert hatten. Wie schlecht es den Menschen ging, bewiesen die vielen Wertgegenstände, die in die Versatzämter getragen wurden.

Die Gründung der Nationalbank

Im Juni 1816 wurde die »Privilegierte Oesterreichische National-Bank« gegründet, die endgültig Ordnung in die Finanzen bringen sollte. Die neue Aktiengesellschaft erhielt das Monopol der Ausgabe von Banknoten. Um das im Umlauf befindliche Papiergeld vom Markt zu holen, wurden recht gute Tauschkurse angeboten: Für 140 Gulden alter Wiener Währung erhielt man 40 Gulden »Conventionswährung«, und zwar in Münzgeld. Darüber hinaus bekam man eine mit einem Prozent verzinste Staatsobligation im Wert von 20 Gulden.

Die neugegründete Nationalbank.

Fast wäre der Umtausch schiefgegangen, denn die Bank wurde gleich am ersten Tag förmlich gestürmt: Da noch nicht ausreichende Mengen Metallgeld zur Verfügung standen, konnten nicht alle Forderungen erfüllt werden. Polizeischutz war erforderlich.

Die Nationalbank gab auch Aktien aus. Das Interesse der wohlhabenden Geschäftsleute daran hielt sich am Anfang ziemlich in Grenzen, der Verkauf lief nur langsam an. Einer der wohl berühmtesten Aktionäre war Ludwig van Beethoven. Die Anfangsschwierigkeiten konnten bald überwunden werden, da die Familie Rothschild dem Staat eine attraktive Anleihe gewährte. Diese ermöglichte die regelmäßige und rasche Einlösung der noch immer im Umlauf befindlichen wertlosen Banknoten. Endlich hatte Österreich eine stabile Währung, die Inflation war gestoppt.

Wissenschaft und Technik

Das politische Klima war im Vormärz der Entwicklung neuer Ideen nicht gerade förderlich, die Universität hatte loyale Staatsdiener, aber keine Wissenschaftler hervorzubringen. Nur die Mediziner verstanden sich Freiräume zu verschaffen und gründeten 1837 ihre Standesgesellschaft. Durch Kaiserhaus und Staat gefördert wurde jedoch die Technik, denn sie war – genau wie die Kunst – ein Mittel, um die Untertanen von der Politik fernzuhalten. Die 1815 als k. k. polytechnisches Institut in Wien gegründete Hochschule besteht als Technische Universität bis heute. Industrie- und Gewerbevereine entstanden, wie zum Beispiel 1839 der Niederösterreichische Gewerbeverein. Sie sind ein Beweis für das aufstrebende Bürgertum und dessen immer stärker werdenden wirtschaftlichen Einfluss. Diese Vereine organisierten unter anderem Ausstellungen von neuen Produkten, vor allem Maschinen. Zudem förderten sie die Ausbildung der Lehrlinge und Facharbeiter für die verschiedenen Gewerbe. 1835 fand die erste Wiener Messe statt, auf der die verschiedensten

Das Industriezeitalter beginnt (Karikatur auf den Einsatz der Dampfkraft von Paul Pry, 1829).

Wiener Gewerbetreibenden dem Publikum und den Fachleuten ihre Erzeugnisse vorstellten.

Die Industrialisierung befand sich erst im Anfangsstadium, es konnte keine Rede von englischen Verhältnissen sein, wo sie damals bereits einen enormen Aufschwung zu verzeichnen hatte. Die Industriellen waren keinerlei Zunftbestimmungen unterworfen, sie konnten billig produzieren und richteten bald etliche Handwerksbetriebe zugrunde. Das durch die Wirtschaftskrisen verarmte Stadtproletariat wurde noch durch keine Sozialgesetzgebung geschützt, die Arbeitszeit betrug bis zu 16 Stunden täglich, nur für Kinder unter zwölf Jahren etwas weniger. Dass damit dem Arbeiterelend die Tore geöffnet wurden, erfüllte die Obrigkeit mit Besorgnis, sie erkannte durchaus das revolutionäre Potenzial der Massen. Daher verbannte sie die Fabriken in die Vororte und die weitere Umgebung der Stadt.

Handel und Verkehr

Der Binnenhandel wurde weitgehend liberalisiert. Für Österreichs Industrie war der Bau der Eisenbahnen von großer Bedeutung, da Rohstoffe aus weit voneinander entfernten Regionen angeliefert werden mussten. Ein großes Ereignis war die Eröffnung der »Kaiser-Ferdinand-Nordbahn« im November 1837: Die erste Dampflokomotive fuhr von Floridsdorf nach Deutsch-Wagram. Trotz der atemberaubenden Geschwindigkeit von 33 Stundenkilometern wurden dabei allen Warnungen zum Trotz weder die Organe der Bahnreisenden plattgedrückt, noch wurden die Menschen angesichts der feuerspuckenden, dampfenden Lokomotive verrückt. Nach der Nordbahn begann man daher 1841 mit dem Bau der Südbahn, und bis 1850 verfügte Österreich bereits über 1350 Bahnkilometer, was allerdings verglichen mit Englands 10 600 Kilometern immer noch sehr bescheiden war.

1829 erfolgte die Gründung der Ersten österreichischen k. k. privilegierten Donau-Dampfschifffahrtsgesellschaft, ein Jahr später fuhr das Dampfschiff »Kaiser Franz« von Wien nach Budapest, und das in sensationellen 14 Stunden. Auch Hochseeschiffe wurden gebaut, und zwar für den Österreichischen Lloyd, der 1832 gegründet wurde.

Lifestyle Biedermeier

Der Ausdruck Biedermeier wird meist auf die Figur des Spießbürgers Gottlieb Biedermaier zurückgeführt. Der deutsche Schriftsteller Ludwig Eichrodt (1827–1892) und der Arzt Adolf Kußmaul (1822–1902) veröffentlichten unter diesem Namen in München Gedichte in den »Fliegenden Blättern«, einer humoristischen Wochenschrift. Allerdings hatte bereits 1847 der deutsche Dichter Ludwig Pfau (1821–1894) das Gedicht »Herr Biedermeier« herausgegeben, in dem ebenfalls die Kleinbürgerlichkeit verspottet wurde.

Als Name für das Wiener Kulturleben der ersten Hälfte des 19. Jahrhunderts wurde der Begriff erst viel später verwendet. Er bezeichnet ein vom Bürgertum ausgehendes und bald alle Schichten erfassendes Lebensgefühl, das die »kleinen Dinge« zu schätzen wusste. Die großen Auftritte des Adels waren vorüber, das häusliche Glück stand jetzt im Mittelpunkt. Man vergnügte sich nicht mehr bei prächtigen Opernaufführungen, sondern bei Hausmusik, veranstaltete keine aufwendigen Jagden mehr, sondern Landpartien und Spaziergänge, labte sich nicht mehr bei üppigen Banketten, sondern begnügte sich mit Kaffeekränzchen. Dabei begannen die gesellschaftlichen Grenzen zu verschwimmen, in den Wiener Salons trafen einander Angehörige bürgerlicher Kreise und Aristokraten, Künstler und Industrielle, Bankiers und Politiker. Die Bedeutung der Konfessionen nahm ab, alte Vorurteile wurden abgebaut, Christen verkehrten in jüdischen Salons und umgekehrt.

ARCHITEKTUR, WOHNKULTUR UND BILDENDE KUNST   Das neue Lebensgefühl wirkte sich auf alle Kunstrichtungen aus. Alles wurde kleiner, auch die Salons und die Möbel, der Vorstellung von Gemütlichkeit entsprechend. Die Räume waren mit weichen, hellen Teppichen ausgelegt, vor den Fenstern hingen zarte Spitzenvorhänge. Die Möbel waren schlicht und ohne jeden unnötigen Zierrat, Kleinmöbel wie Nähtischchen und Kommoden durften nirgendwo fehlen. Auf den Stoffen der zierlichen, gepolsterten Sitzmöbel, von denen meist mehrere mit passenden Tischchen im ganzen Raum verteilt waren, fanden sich häufig Blumenmuster, ebenso auf den Tapeten. Sehr beliebt waren kleine Ziergegenstände wie Glasfiguren, Porzellan, Spieluhren, Spitzendeckchen, gebundene Blumenbouquets und Miniaturen aus Elfenbein. Diese Staubfänger waren im ganzen Raum verteilt, die wertvollsten wurden dem Besucher in eigenen Vitrinen präsentiert.

Detailgetreue Ansichten Wiens von Jakob Alt (1789–1872) und seinem noch berühmteren Sohn Rudolf (1812–1905) waren begehrt, ebenso Landschafts- und Genremalerei von Malern wie Ferdinand Waldmüller (1793–1865), Friedrich Gauermann (1807–1862) oder Peter Fendi (1796–1842). Bevorzugt wurden kleine Formate mit realistischen und anschaulichen Darstellungen des Alltags. Dem flüchtigen Betrachter zeigt sich eine perfekte Idylle, die bei genauerem Hinsehen nicht frei von Sozialkritik und Ironie ist.

Auch die Bürger ließen sich nun porträtieren. Daneben erfreuten sich die religiösen Motive der »Nazarener« (Lukasbrüder) einer gewissen Beliebtheit. Der Hang zum Kleinformat war bereits auf dem Kongress bei Isabey festzustellen, Miniaturen zierten Dosen (Tabatières), Geschirr oder Medaillons oder hingen gerahmt nebeneinander an der Wand.

Die Architektur wurde vereinfacht, die geschwungenen Formen des Barock wurden ebenso aufgegeben wie die Verzierungen des Rokoko. Das repräsentative Äußere war nicht mehr so wichtig, man legte mehr Wert auf die gemütliche Innenausstattung. Der berühmteste Vertreter des neuen Klassizismus war Joseph Kornhäusel, dessen Bauten schlichte Zweckmäßigkeit zeigen, beispielsweise das Josefstädter Theater oder der Stadttempel in der Seitenstettengasse.

Durch die neue Technik der Lithografie erlebte die Buchillustration einen Aufschwung, vor allem Kinderbücher wurden reich bebildert. Die Wiener Firma Trentsensky verlegte die »Mandlbögen«, aus denen Kinder Soldaten oder andere Figuren ausschneiden konnten, sowie Papiertheater, deren Entwürfe oft von namhaften Künstlern stammten.

THEATER UND LITERATUR In den Theatern dominierten unterhaltsame Stücke und Zauberspiele, in der Vorstadt gab man gerne Parodien auf Dramen von Schiller oder Shakespeare, deren Originale bis zur Unkenntlichkeit zensiert wurden. Der wohl erfolgreichste Dichter des Biedermeier war der heute fast vergessene Eduard von Bauernfeld (1802–1890). Der politischen Realität setzten manche Stücke bewusst die Darstellung einer heilen Welt gegenüber, das bevorzugte Thema war auch hier das »kleine

Glück«, wobei aber häufig eine schwermütige Grundstimmung durchkam, Resignation, Weltschmerz und Verzweiflung. Novellen, Balladen, epische Kleinkunst und Kurzgeschichten wurden beliebte Erzählformen, wobei Dramen und Komödien weiterhin erfolgreich blieben.

Trotz aller Ähnlichkeiten gab es zur Literatur der Romantik Unterschiede: In der Romantik standen das Unheimliche, die Sehnsucht und das Gefühl im Vordergrund, man wählte gerne Themen der oft mittelalterlichen Welt der Sagen und Mythen. Im Biedermeier ersetzte die Themenwelt des sittlichen und harmonischen Bürgertums die große Leidenschaft der Romantik. Die literarischen Werke waren keineswegs einheitlich. Meistens waren sie konservativ und auf die Bewahrung der alten Ordnung hin ausgelegt, aber Alltagsprobleme wurden immer öfter angesprochen.

Der bedeutendste Dramatiker war Franz Grillparzer, aber auch Adalbert Stifter (1805–1868), Johann Nestroy (1801–1862) und Ferdinand Raimund (1790–1836) zählten zu den Schriftstellern des Biedermeier. Nestroy war berühmt für seine nur scheinbar harmlosen, humorvollen Stücke, die die Realität auf oft derbe Weise darstellten. Raimund wiederum steigerte das vermeintlich kleine Glück der Menschen ins Märchenhafte. Stifters Literatur war geprägt von der Natur, die er ebenso lebendig beschrieb wie die Menschen, die in ihr lebten.

MUSIK   Die Musiker standen nicht mehr in den Diensten des kaiserlichen Hofes oder des Adels. Sie waren freie Künstler, oft von großzügigen Mäzenen unterstützt, die immer öfter aus dem Bürgertum kamen.

Die von Schubert zum Höhepunkt gebrachte und dem Lebensgefühl des Biedermeier entsprechende musikalische Form war das Lied. Schubert verdankte seinem Freund und wichtigsten Interpreten Johann Michael Vogl (1768–1840) und dessen Schüler Carl von Schönstein (1796–1876), dass diese Kunstform zuerst bei den Hauskonzerten im privaten Rahmen, den »Schubertiaden«, bekannt wurde und später auch vor großem

Publikum Erfolge feierte. Bis dahin galt nur die Oper als »hohe Kunst«, das Lied sollte, da auch in privater Gesellschaft gesungen, einfach sein. Erst durch Schubert, der 600 Lieder komponierte, wurde dieses Metier in der Musikwelt anerkannt.

In fast jedem Salon oder Wohnzimmer stand ein Klavier. Gesangsvereine und Musikgesellschaften wurden gegründet. Häufig musizierte man in der freien Natur, man verband einen Ausflug aufs Land oder einen Spaziergang im Prater nicht nur mit einem Picknick, sondern auch mit musikalischer Unterhaltung. Dazu erfand man gar sonderbare Instrumente wie die Stockgitarren, -flöten und -geigen: Instrumente in Form eines Spazierstocks, die man gut transportieren und sowohl zum Gehen als auch zum Musizieren verwenden konnte. Und nicht nur das, sogar in Zeitungen wurden musikalische Werke veröffentlicht, wie zum Beispiel die »Forelle« von Schubert, die am 9. Dezember 1820 als Beilage der 1816 gegründeten »Wiener Zeitschrift für Kunst, Literatur, Theater und Mode« erschien.

Die Oper erfreute sich ebenfalls großer Beliebtheit, vor allem die italienische eines Gioachino Rossini (1792–1868). Aber auch die romantischen Opern von Carl Maria von Weber (1786–1826), der 1822 in Wien weilte, waren höchst erfolgreich. Sogar der Meister des Liedes, Franz Schubert, komponierte Bühnenwerke, wobei diese heute mit Ausnahme der Oper »Fierrabras« nicht mehr bekannt sind.

Die Wiener, die immer schon gerne ein Tänzchen wagten, wurden nun endgültig tanzwütig. Hatte der Walzer vor dem Kongress wegen des engen Körperkontaktes der Paare und der fliegenden Röcke der Damen noch als unanständig gegolten, so konnte sein Siegeszug jetzt nicht mehr aufgehalten werden, selbst bei Hof nicht. Das ganze 19. Jahrhundert hindurch walzte man zu den Klängen von Joseph Lanner (1801–1843), Johann Strauß Vater (1804–1849) und Sohn (1825–1899).

MODE Das Biedermeier hatte auch Auswirkungen auf die Mode. Man wandte sich von den bisher dominierenden französischen und britischen Vorbildern ab und versuchte in Anlehnung an die ländliche Tracht einen eigenen Stil zu schaffen, also »Nationalismus im Kleinen«. Die schmale Taille war wieder ein Diktat, daher wurde heftig geschnürt, sogar bei den Herren. Ein Wiener Schneider kreierte Hosenröcke für Damen.

In Wien erzeugte Seide und Seidenbänder, karierte oder gestreifte Stoffe und flache Schuhe waren modern. Einer eleganten Dame durften niemals Handschuhe, ein Fächer, ein Sonnenschirm und ein Hut fehlen. Typisch war die Schute mit einer breiten Krempe, die mit einem breiten Band unter dem Kinn gebunden wurde.

Die Frisuren folgten der Mode, und 1834 eröffnete der erste Damenfriseur Zeipelt sein Geschäft am Graben.

RELIGION Bei aller Gemütlichkeit des Biedermeier muss man sich immer vor Augen halten, dass diese als Reaktion auf die Unterdrückung aller liberalen Strömungen, als Flucht in die Häuslichkeit entstanden war. Manche flüchteten ins Religiöse bis zur übersteigerten Schwärmerei. Deshalb blieb Zacharias Werner (siehe Seite 132f.) bis zu seinem Tod 1823 in Wien.

Großen Zulauf hatte auch Klemens Maria Hofbauer (1751–1820), schon zu Lebzeiten »Apostel Wiens« genannt. Er gehörte dem 1749 vom Papst anerkannten Orden der Redemptoristen an, den er nördlich der Alpen zuerst in Polen und dann, nach Vertreibung durch Napoleon, ab 1808 in Wien vertrat. 1909 wurde er heiliggesprochen und 1914 Schutzpatron von Wien.

Die Heilige Allianz

Juliane von Krüdener

Die Hinwendung zur Religion blieb nicht nur auf untere Schichten beschränkt, sondern fand sogar in der Politik Eingang. Nach dem Kongress schlossen Russland, Österreich und Preußen ein Bündnis, die »Heilige Allianz«, der später weitere Staaten beitraten. Zwar hatten auch Metter-

Juliane von Krüdener, Seelenfreundin des Zaren und Ideengeberin für die Heilige Allianz.

nich und Gentz ein Bündnis zur Aufrechterhaltung der europäischen Machtsysteme und zur gegenseitigen Unterstützung der am Kongress teilnehmenden Länder gewünscht, die Idee zu einer Allianz im Sinne christlicher Nächstenliebe und Brüderlichkeit im Namen Jesu hatten sie aber nicht vorgesehen. Diese Idee stammte vom Zaren. Metternich nannte den Vorschlag ein *»lauttönendes Nichts«*, Gentz eine *»Nullität ohne realen Gegenstand, ohne wirklichen Sinn; eine Theaterdekoration, welche missver-*
standene, mindestens sehr übel ausgedrückte Frömmigkeit, wo nicht gewöhnliche Eitelkeit erdacht hat«. Ein solcher Vertrag werde als *»Denkmal menschlicher und fürstlicher Sonderbarkeit«* in die Geschichte eingehen.

Alexander stand damals unter dem Einfluss der Schriftstellerin und Pietistin Barbara Juliane von Krüdener (1764–1824), einer baltischen Adeligen, die in Paris lebte und ihr religiös-mystizistisches Gedankengut mit fanatischem und missionarischem Eifer verbreitete. Die Baronin von Bernstorff nannte sie einen *»religiös-ekstatischen Schwarmgeist«*, der Fürst de Ligne meinte einmal, sie habe *»la rage du christianisme«*, die »Tollwut des Christentums«. Sie selbst nannte sich gerne »Sonnenweib«. Als der

Zar sie im Juni 1815 in Heilbronn kennenlernte, war er von ihr fasziniert und gerne bereit, sich von ihren »*göttlichen Eingebungen*« beeinflussen zu lassen. Ihre »*Vorhersehungen*« waren dem zum christlichen Mystizismus tendierenden Monarchen schon vor dem ersten Treffen bekannt gewesen, denn sie war mit einer Hofdame der Zarin Elisabeth befreundet. Diese las Alexander in Wien oft aus Julianes Briefen vor, worüber Metternichs Geheimpolizei selbstverständlich informiert war. Man schrieb die Hinwendung des Zaren zum Spirituellen einer beginnenden Geistesschwäche zu, als Folge eines seiner erotischen Abenteuer. Als man Metternich davon berichtete, meinte er, der »*Verstand des Zaren wäre nicht mehr intakt*«. Sicher schmeichelte dem eitlen Zaren, dass Juliane in ihm den Retter Europas sah, sie nannte ihn gar »Engel« und »Drachentöter«.

Im September 1815 hielt Alexander ein eigenartiges zweitägiges Fest auf dem Plateau de Vertus in der Champagne ab. Der erste Tag diente der Heerschau seiner Truppen, der 150 000 Soldaten, was weiter niemanden erstaunte. Der zweite Tag aber war der Religion gewidmet: Im Beisein etlicher hochdekorierter Adeliger paradierte seine Armee, nun ohne Waffen, auf einem Feld mit sieben Altären. Alexander präsentierte den überaus verblüfften Gästen Juliane von Krüdener als »*Botschafterin des Himmels*«. Zu guter Letzt marschierten sie beide mit hoch erhobenen Armen zu einem der Altäre und sprachen dort ein Gebet. Später sollte der Zar diesen Tag gegenüber Juliane als »*den schönsten Tag meines Lebens*« bezeichnen. »*Ich werde ihn nie vergessen. Mein Herz war voll Liebe gegen meine Feinde, ich konnte mit Inbrunst für sie beten, und weinend habe ich am Fuße des Kreuzes Christi für das Heil Frankreichs gebetet.*«

Das laut tönende Nichts

Metternich und Gentz überzeugten Kaiser Franz davon, das religiös betonte Bündnis einzugehen, um den Zaren nicht zu verärgern. Metternich hatte das »*Nichts*« Alexanders vorher überarbeitet, die unsinnigsten Passagen gestrichen und das gewünschte »Bündnis der Völker« in ein »Bündnis der Herrscher« umgewandelt. Diese verpflichteten sich zum gegenseitigen Beistand, und zwar vor allem im Kampf gegen liberale Umwälzungen.

Die drei Träger des tönernen Nichts, der Heiligen Allianz.

Das Bündnis wurde im September 1815 von den Herrschern Preußens, Österreichs und Russlands unterzeichnet, aber niemals von den zuständigen Ministern ratifiziert. Die drei Monarchen gehörten verschiedenen christlichen Konfessionen an, betrachteten sich aber alle drei als Monarchen von Gottes Gnaden und sahen im Christentum die Basis jeder politischen Ordnung, wie die Bezeichnung des Bundes als »Heilige Allianz« ausdrückt.

»Im Namen der heiligen und unteilbaren Dreieinigkeit! Ihre Majestäten, der Kaiser von Österreich, der König von Preußen und der Zar von Russland haben infolge der großen Ereignisse, die Europa in den letzten drei Jahren erfüllt haben, und besonders der Wohltaten, die die göttliche Vorsehung über die Staaten ausgegossen hat, deren Regierungen ihr Vertrauen und ihre Hoffnungen auf sie allein gesetzt haben, die innere Überzeugung gewonnen, dass es notwendig ist, ihre gegenseitigen Beziehungen auf die erhabenen Wahrheiten zu begründen, die die unvergängliche Religion des göttlichen Erlösers lehrt. Sie erklären daher feierlich, dass die gegenwärtige Vereinbarung lediglich den Zweck hat, vor aller Welt ihren unerschütterlichen Entschluss zu bekunden, als die Richtschnur ihres Verhaltens in der inneren Verwaltung ihrer Staaten sowohl als durch in den politischen Beziehungen zu jeder anderen Regierung alleine die Gebote der Gerechtigkeit, der

Liebe und des Friedens, die, weit entfernt, nur auf das Privatleben anwendbar zu sein, erst recht die Entschließung der Fürsten direkt beeinflussen und alle ihre Schritte lenken sollen, damit sie so den menschlichen Einrichtungen Dauer verleihen und ihren Unvollkommenheiten abhelfen.«

Dieser einleitenden Erklärung über christliche Gerechtigkeit, Liebe und Frieden folgte die Einladung, dass »*alle Mächte, welche sich feierlich zu diesen heiligen Grundsätzen bekennen wollen und erkennen, von welchem Einfluss es auf das Glück der so lange beunruhigten Nationen ist, dass diese Wahrheiten fortan ihren ganzen gebührenden Einfluss auf die menschlichen Geschicke ausüben, mit großer Freude in diese Heilige Allianz aufgenommen werden*«. Tatsächlich traten der Allianz in der Folge alle europäischen Staaten bei, ausgenommen der Kirchenstaat, Großbritannien und das Osmanische Reich. Der Kirchenstaat verweigerte seinen Beitritt, weil in der Allianz nicht nur katholische Staaten vertreten waren. Das Osmanische Reich wurde zur Mitgliedschaft gar nicht erst eingeladen, weil es keiner christlichen Konfession angehörte. Großbritannien wiederum sah in diesem merkwürdigen Gebilde zu Recht ein völlig unrealistisches Abkommen, das zu keinerlei politischen Handlungen verpflichtete, und sandte lediglich eine Respektbezeugung für das von Castlereagh »*Stück Mystizismus und Unsinn*« genannte Bündnis.

Man kann Alexander zugutehalten, dass er mit diesem Bündnis versuchte, für Europa den Frieden zu sichern. Immerhin enthielt es einige Regeln, welche die Mitgliedsstaaten daran hindern sollten, ihre Machtbereiche zum Nachteil anderer auszudehnen. Aber letztlich war die Allianz ein völlig zahnloses Instrument. Daher übernahm die beim Zweiten Pariser Frieden vom November 1815 von Österreich, Preußen, Russland und Großbritannien gebildete »Quadrupelallianz«, 1818 um Frankreich erweitert, die Funktion einer Ordnungsmacht.

Die Unstimmigkeiten

Es sollte nicht lange dauern, bis die Heilige Allianz zu bröckeln begann. Den ersten Anlass dazu lieferte der griechische Freiheitskampf (1821–1830) der die Differenzen unter den europäischen Monarchen bereits deutlich machte: So unterstützten Russland, Frankreich und Großbritannien die Griechen, Österreich hingegen nicht. Weitere politische Ereignisse in Europa, vor allem die neuerliche Revolution in Frankreich, brachten noch mehr Unstimmigkeiten zutage. Der französische König Karl X. wurde 1830 des Landes verwiesen, der Bürgerkönig Louis-Philippe mithilfe Talleyrands als neuer König ausgerufen. Eigentlich hätten die Mitgliedsländer der Allianz nun zu den Waffen greifen müssen, um Karls Absetzung rückgängig zu machen, was aber nicht geschah.

Die Allianz war im Grunde handlungsunfähig, dennoch wurde sie 1833 erneuert. Nicht einmal der Krimkrieg (1853–1856) bedeutete ihr offizielles Ende. Hier hätten Preußen und Österreich Russland unterstützen müssen, doch sie ließen den russischen Zaren Nikolaus I. (1796–1855) »im Stich«, wie er selbst bitter bemerkte. Noch bitterer für Russland war die Tatsache, dass es selbst seiner Verpflichtung gegenüber Österreich nachgekommen war, als es diesem während der Revolution (1848–1849) gegen die Aufständischen geholfen hatte.

Das Verhältnis zwischen Österreich und Russland war nun völlig zerrüttet, dies bewirkte eine Annäherung zwischen Russland und Preußen. Wenig später vertieften sich die Beziehungen zwischen Frankreich und Russland, was zu einer zunehmenden Isolierung Österreichs in Europa führte. Und doch bestand die Allianz auf dem Papier bis zum Ersten Weltkrieg fort, wenn sie auch nur mehr als symbolische Verbindung der Herrscherfamilien Europas zu sehen war.

Der Deutsche Bund

Der Friedensbund

Politisch wesentlich erfolgreicher als die »Heilige Allianz« war der Deutsche Bund, der seine Aufgabe der »*Bewahrung der inneren und äußeren Sicherheit Deutschlands*« mehr oder weniger gut erfüllte. Er schützte die kleinen deutschen Staaten vor etwaigen Übergriffen der Großmächte Deutschland und Österreich, darüber hinaus alle Mitglieder 50 Jahre lang vor Bruderkriegen innerhalb des Staatenbundes. Über 20 Streitfälle, wie zum Beispiel der Konflikt zwischen Preußen und Anhalt-Köthen um den Zoll auf der Elbe, der sich drei Jahre lang hinzog, wurden erfolgreich von einem Schiedsgericht, das für derartige Fälle eigens von der Bundesversammlung einberufen wurde, geschlichtet, statt in militärische Auseinandersetzungen auszuarten.

Im Inneren der einzelnen Länder war es nicht so leicht, Ruhe und Ordnung zu bewahren, denn die konservativen Regierungen unterdrückten alle liberalen Tendenzen, sofern es sich dabei nicht um Wirtschaft und technische Erfindungen handelte. Besonders in den österreichischen Ländern, die zum Deutschen Bund gehörten, wurde alles unterdrückt, was auch nur im Entferntesten nach Nationalismus und Liberalismus aussah. – Der Begriff »Liberalismus« stammte aus der Zeit der Kämpfe der napoleonischen Zeit in Spanien. Hier standen die freiheitlich Gesinnten, die »liberales«, den Anhängern des absoluten Königtums, den »serviles«, gegenüber. Die Zeit zwischen dem Wiener Kongress und der Revolution von 1848[21] wird hinsichtlich der Innenpolitik »Vormärz« genannt.

Das System Metternich

Es gab in den österreichischen Ländern liberale und vor allem nationale Bewegungen, aber ihre Vertreter waren nicht organisiert. Dies wäre äußerst schwierig gewesen, denn Österreich war ein Polizeistaat, und das schon unter der Regierung Kaiser Josephs II., wie bereits bei der Schilderung der Vorbereitungen zum Kongress ausgeführt wurde. Immer noch durch die Französische Revolution traumatisiert, wollten der Kaiserhof und mit ihm sein Kanzler Metternich politische und soziale Veränderungen unter allen Umständen verhindern, denn sie bedeuteten Chaos und Krieg, wie man ja erfahren hatte. Dabei verlor Metternich nicht den Blick für die Realität, es war ihm durchaus bewusst, dass es gewisser verfassungsrechtlicher Reformen bedurfte, um den Vielvölkerstaat zusammenzuhalten. Diese sollten vom Staat ausgehen, die Meinung des Volkes zählte nicht. Rechte wie die Freiheit der Meinung oder der Presse wären nur hinderlich gewesen und konnten den Untertanen daher keinesfalls gewährt werden. Vielmehr sollte Gentz wieder Propaganda im Sinne des Staates betreiben, ein Metier, das er noch immer meisterhaft beherrschte.

1817 trat der sehr tüchtige Josef Graf Sedlnitzky (1778–1855) sein Amt als Präsident der Polizei- und Zensurhofstelle an. Die Zensurhofstelle kontrollierte wie schon zu Kongresszeiten nahezu lückenlos alle verdächtigen Schriftstücke und Briefe, auch die von hochgestellten Persönlichkeiten und der in Wien ansässigen ausländischen Gesandten. Selbst Metternichs Briefe wurden von Sedlnitzky geöffnet. Die österreichischen Diplomaten im Ausland wurden angehalten, alles nach Wien zu berichten, was sie über andere Höfe und Völker und vor allem über liberale und nationale Aktivitäten in Erfahrung bringen konnten.

Lehrer und Professoren wurden besonders überwacht, ihre Lehrunterlagen wurden zensiert und mussten genehmigt werden, beim geringsten Verdacht einer liberalen Einstellung wurden sie suspendiert. Sogar Grabinschriften, Geschäftsschilder, Landkarten und Illustrationen wurden zensiert, die Spitzel machten nicht einmal vor Manschetten-

Der Denker-Club (Zeichnung aus Süddeutschland 1825 gegen die Unterdrückung der freien Meinungsäußerung im Vormärz).

knöpfen Halt, auf denen sie Symbole der Freiheit und Brüderlichkeit zu finden dachten.

Etliche Schriftsteller publizierten ihre Werke nur noch im Ausland, da die Zensur diese nicht selten bis zur Lachhaftigkeit entstellte. Johann Nestroy scherzte bezeichnenderweise: »*Ein Zensor ist ein Mensch gewordener Bleistift oder ein bleistiftgewordener Mensch, ein fleischgewordener Strich über die Erzeugnisse des Geistes, ein Krokodil, das an den Ufern des Ideenstromes lagert und den darin schwimmenden Literaten die Köpf' abbeißt.*« Selbst die strengsten Kontrollen konnten aber nicht verhindern, dass die in Österreich verbotenen Publikationen weite Verbreitung fanden, unter der Hand natürlich. Da man selbst Werke von Schiller und Goethe bis zur Unkenntlichkeit umarbeitete, bevor sie aufgeführt werden durften, stellten sie keine Gefahr für die Theaterbesucher mehr dar. Nur mehr in den Theatern und in den Ball- sowie Konzertsälen und in den Kirchen waren größere Menschenansammlungen erlaubt.

Die Bevölkerung hatte sich diesem harten »Metternich'schen System« zu unterwerfen, sonst drohten Verfolgung und Haftstrafen. Die Leute spionierten sich gegenseitig aus, Denunziationen waren an der Tagesordnung. Das gesellschaftliche Zusammenleben wurde dadurch enorm belastet. So war es kein Wunder, dass der Fürst von Metternich hinter vorgehaltener Hand immer öfter »Fürst von Mitternacht« genannt wurde.

Turnvater Jahn und das Wartburgfest

In den anderen Mitgliedsstaaten des Deutschen Bundes war die Politik ebenfalls von der Angst vor Änderungen und Revolutionen beherrscht, Zensur und polizeiliche Überwachung waren überall an der Tagesordnung. Dennoch konnten liberale Strömungen und Aktionen nicht völlig verhindert werden, die häufig von Studenten sowie von der »Turnerbewegung« Friedrich Ludwig Jahns (1778–1852) getragen wurden.

Der ursprüngliche Zweck der Turnerbewegung war das körperliche Training junger Männer gewesen, um sie für den Kampf gegen Napoleon vorzubereiten. In seinen Schriften veröffentlichte Jahn außerdem nationales Gedankengut, wetterte gegen die »Ausländerei« und machte sich für ein »Großdeutschland« stark. 1810 gründete er den geheimen »Deutschen Bund zur Befreiung und Einigung Deutschlands«. Dieser betrachtete vor allem die Franzosen als Feinde, aber auch die deutschen Fürsten, die sich gegen die Einigung Deutschlands stellten. Jahn war ein absoluter Gegner der Ergebnisse des Wiener Kongresses und des Deutschen Bundes, da sie seiner Idee eines Nationalstaates Deutschlands nicht entsprachen. Die Ideologie der Turner Jahns und die der studentischen Burschenschaften waren verwandt, daher gab es häufig Kontakte zwischen ihnen.

Am 18. Oktober 1817, dem Jahrestag der Völkerschlacht von Leipzig, im Gedenkjahr an Luthers Thesenanschlag, versammelten sich Studenten deutscher Universitäten sowie Mitglieder der Turnerbewegung auf der Wartburg in Thüringen zu ihrem Wartburgfest. Im Anschluss wurden Bücher reaktionären Inhalts verbrannt, die Jahn höchstpersönlich ausgesucht hatte. Diese Aktionen stellten nichts anderes als eine Protestkundgebung gegen den Deutschen Bund dar, der jegliche liberale Strömung nicht nur verhinderte, sondern mit Gewalt unterband. Im März 1819 ermordete der deutsche Student Karl Ludwig Sand (1795–1820) den Schriftsteller August von Kotzebue (1761–1819), der sich mehrmals öffentlich spöttisch über die liberalen Bewegungen geäußert und somit ein willkommenes Feindbild dargestellt hatte.

Die »Hep-Hep-Unruhen«

Im August 1819 folgten die »Hep-Hep-Unruhen«. Die Herkunft des Wortes »Hep«, das den Unruhen ihren Namen gab, wird unterschiedlich interpretiert. Nach einer Version handelt es sich um einen Kreuzfahrerruf aus dem Mittelalter: »*Hierosolyma est perdita*« (»Jerusalem ist verloren«). Möglicherweise bedeutet »Hep« aber nur ganz einfach so viel wie »hopp« (»spring«, »lauf weg«).

Ausgehend von Würzburg kam es in vielen Städten des Deutschen Bundes, darunter in Wien, Linz und Graz, zu Ausschreitungen gegen die jüdische Bevölkerung, auf deren sozialen Aufstieg man neidisch war. Studenten und Handwerker, aber auch Angehörige des Bürgertums beteiligten sich daran. Die Juden wurden bedroht, ihre Geschäfte und Wohnungen beschädigt oder zerstört. Die Polizei schritt, wenn überhaupt, nur zögerlich und meist zu spät ein.

Die Karlsbader Beschlüsse

Das Attentat auf Kotzebue und die »Hep-Hep-Unruhen« gaben Anlass zur Konferenz von Karlsbad im August 1819. Metternich berief die wichtigsten Staaten des Deutschen Bundes (Preußen, Hannover, Sachsen, Mecklenburg, Nassau, Bayern, Baden, Württemberg) ein und führte den Vorsitz. Die Entwürfe für die später gefassten Beschlüsse stammten von Gentz.

Um die Aufmerksamkeit der Bevölkerung nicht auf sich zu ziehen, wurde das Treffen weitgehend geheim gehalten, man versuchte, die Anwesenheit der Diplomaten mit einem Kuraufenthalt zu erklären. Metternich wollte bei der Gelegenheit die nationalen und liberalen Bewegungen zerschlagen. Er konnte die Verfolgung der Juden, für deren Gleichberechtigung er sich immer eingesetzt hatte, nicht hinnehmen. Es war ihm außerdem unverständlich, dass ausgerechnet die »Liberalen« Andersdenkende nicht akzeptieren und sogar töten wollten, obwohl sie selbst von ihren Regierungen Pressefreiheit forderten. Bücherverbrennungen erschienen ihm absurd.

Die Konferenz endete am 20. September 1819 mit den »Karlsbader Beschlüssen«, die die rigorose Verfolgung aller liberalen Strömungen zum Ziel hatten und mit Recht als reaktionär zu bezeichnen sind. In Österreich war das »System Metternich« bereits perfekt umgesetzt. In Mainz wurde eine »Zentraluntersuchungskommission« gegründet, die »revolutionären Umtrieben« nachgehen sollte und sofort mit der Unterdrückung der Liberalen begann. Die Burschenschaften und die Turnerbewegung Jahns wurden verboten, Jahn selbst wurde festgenommen und bis 1825 inhaftiert. Die deutschen Universitäten und deren Professoren und Studenten wurden stärker überwacht, verdächtige Professoren entlassen. Sie durften in keinem anderen deutschen Land mehr arbeiten. Liberale Medien wurden eingestellt, den Journalisten wurde die weitere Ausübung ihres Berufs verboten. Die Zensur wurde verschärft und im »Bundes-Pressegesetz« geregelt. So durften Werke mit weniger als 20 Druckbogen (ungefähr 320 Buchseiten) ohne Genehmigung nicht zum Druck zugelassen werden. Offenbar traute man den potenziellen Revolutionären keine umfangreicheren Schriften zu.

Die Karlsbader Beschlüsse wurden in der »Wiener Schlussakte« 1820 bestätigt und zum Teil noch verschärft. Zuerst für einen Zeitraum von fünf Jahren festgesetzt, wurden sie 1824 unbefristet verlängert. Bald bildeten sich in allen Staaten oppositionelle Bewegungen, die aufgrund des gut funktionierenden Spitzelwesens von diesem leicht entdeckt und ausgeschaltet wurden. So konnte dieses System der Unterdrückung, zu dessen Symbolen Metternich und Gentz wurden, bis 1848 aufrechterhalten werden.

Das Ende des Deutschen Bundes

Der Dänische Krieg von 1864 bedeutete das Ende des Deutschen Bundes. Das Ziel Otto von Bismarcks (1815–1898), Preußens damaligen Ministerpräsidenten, war die Einigung Deutschlands unter der Führung Preußens. Österreich und der Deutsche Bund waren ihm dabei im Weg, also musste ein Streitfall her. Diesen lieferte der dänische König Christian IX. (1818–1906), der sein völkerrechtlich bis dahin selbstständiges Herzogtum Schleswig dem Königreich Dänemark einverleiben wollte. Sein Herzogtum Holstein gehörte hingegen dem Deutschen Bund an.

Bismarck überredete Kaiser Franz Joseph (1830–1916) zum Krieg gegen Dänemark, ohne die anderen Bundesgenossen zu befragen. Schleswig und Holstein wurden erobert und geteilt: Österreich erhielt Holstein und Preußen Schleswig. Die Kompetenzen wurden aber nie wirklich geteilt. Bismarck schürte immer wieder neue Konflikte, außerdem schloss er ein Abkommen mit Italien, um Österreich im Süden zu binden. 1866 marschierte Preußen in Holstein ein, um es von der österreichischen Herrschaft zu »befreien«. Österreich wandte sich um Hilfe an den Deutschen Bund, woraufhin Preußen endlich einen Grund hatte, aus diesem auszutreten. Die österreichische Armee kämpfte an zwei Fronten. Trotz militärischer Erfolge in Italien und der Unterstützung durch einige Länder des Deutschen Bundes unterlag Österreich.

Das Ende des Krieges 1866 bedeutete auch das Ende des Deutschen Bundes, dessen Auflösung Kaiser Franz Joseph im Vorfrieden von Nikolsburg am 26. Juli 1866 akzeptierte und im Frieden von Prag am 23. August 1866 bestätigt wurde. Am nächsten Tag tagte die Bundesversammlung zum letzten Mal in Augsburg und erklärte den Deutschen Bund für beendet.

Nachwort

Das Bonmot vom »tanzenden Kongress« prägt bis heute das Geschichtsverständnis. Dass auf diesem Kongress jedoch schier Unglaubliches geleistet wurde, geriet immer mehr in Vergessenheit. Zu verdanken war sein Erfolg einem Paradigmenwechsel in der internationalen Politik: Waren vor den Napoleonischen Kriegen die Interessen der einzelnen Staaten im Vordergrund gestanden, so ging es auf dem Kongress um eine funktionierende Sicherheitsordnung in Europa und um Mittel zu deren Bewahrung. Die Kongressakte schuf somit die Voraussetzung für eine Friedenszeit von mehreren Jahrzehnten.

Zum ersten Mal in der Geschichte spiegelt sich ein Ereignis in einer unüberschaubaren Fülle von Quellen wie Akten, Zeitungsberichten, Tagebüchern, Briefen, Zeichnungen, Gemälden und in zahllosen Werken der Literatur wider, der Kongress stellt somit das erste internationale Medienspektakel im modernen Sinn dar. Dieses Buch will und kann daher keine umfassende Darstellung aller Ereignisse, Beratungen und Folgen geben, es ist für den historisch interessierten Leser als Einblick in die Geschehnisse gedacht. Zur Ergänzung und Vertiefung haben wir eine Linksammlung zusammengestellt, die den Leser zu den wichtigsten Dokumenten führt: www.wiener-kongress.info

Anmerkungen

1 Dort hatte 1795 die Hochzeit Metternichs mit Eleonore Kaunitz stattgefunden.

2 Die »Briefe eines Eipeldauers an seinen Herrn Vetter in Kakran über die Wienerstadt« waren in loser Folge erscheinende Flugschriften, verfasst und herausgegeben von Joseph Richter (1748–1813). In diesen billig gedruckten, witzig und volkstümlich (im Wiener Dialekt) verfassten Pamphleten wird zu allen Ereignissen, seien sie von lokaler oder allgemeiner Bedeutung, Stellung genommen.

3 Franz Freiherr von Hager wirkte ab 1803 als wirklicher Hofrat bei der Obersten Polizei- und Zensurhofstelle, 1813 wurde er deren Präsident. Er hatte den Ruf, sein Amt »mit milder Hand« auszuüben, weshalb er sogar bei der Bevölkerung trotz seiner von ihr wenig geliebten Tätigkeit auf Sympathien stieß.

4 Giuseppe Carpani floh nach der Eroberung Mailands nach Wien, wo er für Polizeiminister Hager als Spion und »Salonagent« arbeitete. Er veröffentlichte Biografien über Joseph Haydn und Gioacchino Rossini.

5 Auguste Graf de la Garde stammte aus der Familie Garde-Chambonas aus der Auvergne. Er zeichnet ein sehr amüsantes Bild des Kongresses, allerdings sind seine Aufzeichnungen etwas mit Vorsicht zu genießen, denn an einigen von ihm ausführlich beschriebenen Ereignissen dürfte er gar nicht teilgenommen haben. La Garde hatte aber gute Beziehungen zu Prinz de Ligne, dem er viele Kontakte, die er während des Kongresses knüpfen konnte, zu verdanken hatte.

6 Dieses Gebäude befand sich an der Ecke der heutigen Rotenturmstraße/ Schwedenplatz und wurde Ende des 18. Jahrhunderts von Joseph Graf Deym von Stritez (1752–1804) erbaut. Nach einem Duell musste er Österreich verlassen und kehrte später unter dem Decknamen Joseph Müller zurück, daher der Name. Später wurde er rehabilitiert. Das Gebäude wurde 1889 abgerissen.

7   Matthias Franz Perth arbeitete im Oberstjägermeisteramt, war also ein relativ unbedeutender Beamter aus kleinen Verhältnissen, dessen Sicht auf den Kongress sich völlig anders darstellt als die der Chronisten in meist gehobener Stellung.

8   Jean Gabriel Eynard war ein reicher Bankier; er vertrat Genf auf dem Kongress. Sein Tagebuch ist verlässlich, aber mitunter ein wenig langweilig. Aufsehen erregte Eynards schöne Frau Anne Charlotte Adélaide Eynard (1793–1868), sie wurde in Wien nur die »la belle Eynard« genannt.

9   Naive, aber scharf gesehene Beobachtungen des früh verstorbenen Carl Bertuch. Der Sohn des größten deutschen Verlagsbuchhändlers Friedrich Justin Bertuch (1747–1822) hat sie an Ort und Stelle aufgezeichnet. Bertuch wohnte wie sein berühmterer Vater in Weimar und wurde von Goethe sehr geschätzt.

10 Die Gräfin Thürheim, eine Angehörige der ersten Wiener Gesellschaft, Schwägerin des Fürsten Rasumowsky, behandelte auf häufig boshafte, manchmal sentimentale Weise in erster Linie die weiblichen Persönlichkeiten des Kongresses. Ihre Lebenserinnerungen geben einen Einblick in die Empfindungswelt einer vornehmen Dame zur damaligen Zeit.

11 Der Streit zwischen Metternichs Biografen Viktor Bibl und Heinrich Srbik sorgte zur Zeit des Ständestaates in der Öffentlichkeit für erstaunlich große Aufregung. Sogar Henry A. Kissinger nahm sich der faszinierenden Persönlichkeit Metternichs an. Ein besseres Verständnis des umstrittenen Mannes darf man sich von der demnächst erscheinenden großen Metternich-Biografie von Wolfram Siemann erwarten, der bisher nur eine schmale Übersicht zum Thema vorgelegt hat. Im Prager Familienarchiv der Metternichs gibt es noch unzählige, erst jetzt zugängliche Akten, die auf Auswertung warten. Bis dahin ist man auf die Aussagen seiner Zeitgenossen angewiesen.

12 Karl Graf von Nostitz war als russischer Stabsoffizier beim Kongress dabei. Seine Memoiren verleugnen nicht seine Abstammung und Gesinnung. Ihm verdanken wir ein entsprechendes Bild von Ereignissen und Personen, in dem seine Hochschätzung des Militärs und seine Verachtung für die Politiker deutlich zum Ausdruck kommen. Er war ziemlich umtriebig, was den Prinzen de Ligne zu der Vermutung veranlasste, er *»wohne im Fiaker. Zu jeder Stunde, man mag*

auf dem Graben, im Prater, auf der Bastei sein, sieht man ihn vorbeifahren. Er ist halb Mensch, halb Wagen, wie einst die Zentauren halb Mensch, halb Pferd waren. «

[13] Genussmensch, hier aber im Sinne von Völlerei und Genusssucht gemeint.

[14] Karl August Varnhagen von Ense war Offizier, Diplomat und Schriftsteller, zuerst in österreichischen, dann in russischen Diensten – ein Mann von ebenso flatterhaftem Gemüt wie flatterhaftem Stil. Er war in Wien und in die Wiener über alle rheinländisch-preußischen Maße hinaus verliebt.

[15] Gräfin Molly wurde später Schwiegermutter des Staatskanzlers Clemens Lothar Fürst Metternich; ihre Tochter Melanie war die dritte Gattin des Fürsten.

[16] Sie wurde am Währinger Friedhof begraben. Die Nationalsozialisten brachten die Gebeine der Familien Arnstein und Eskeles von dort ins Naturhistorische Museum zu »wissenschaftlichen Zwecken«, bis heute ist eine Rückführung nicht erfolgt.

[17] Karoline Pichler (1769–1843) war Schriftstellerin und begründete in Wien einen politisch-literarischen Salon. Sie sieht die Ereignisse aus dem Blickwinkel des damals gerade entstandenen wohlhabenden Bürgertums.

[18] Leontine Prinzessin Metternich (1811–1861) heiratete 1835 Moritz Graf Sándor (1805–1878).

[19] In diesem Beschluss wurden die Fürsten und Geistlichen abgefunden, deren Besitzungen während der Koalitionskriege aufgelöst und anderen regierenden Familien und Monarchen zugeteilt worden waren. Im Falle weltlicher Besitztümer bezeichnete man diesen Vorgang als Mediatisierung, bei geistlichen Besitztümern als Säkularisierung.

[20] Die belgischen Ländereien verblieben nicht lange bei den Niederlanden. Nach einer Revolution 1830 erlangten sie ihre Unabhängigkeit, es wurde eine parlamentarische Monarchie mit Leopold von Sachsen-Coburg als König eingerichtet. Luxemburg kam 1890 unter die Herrschaft der Familie Nassau-Weilburg, da die niederländische Königsfamilie im männlichen Stamm ausstarb und Luxemburg keine weibliche Nachfolge vorsah.

[21] Manche Historiker schränken die Zeit des Vormärz auf die Jahre 1830–1848 ein.

Quellen- und Literaturverzeichnis

Chronisten

Arndt, Ernst Moritz: *Beherzigungen vor dem Wiener Kongreß.* 1814

Bernstorff, Elise Gräfin von: *Ein Bild aus der Zeit von 1790 bis 1835.* 1896

Bertuch, Carl: *Bertuchs Tagebuch vom Wiener Kongreß.* Hermann Egloffstein (Hg.). Berlin 1916

Carpani, Giuseppe: *Reporte an die Geheimpolizei 1814–1815*

Eipeldauer: *Briefe eines Eipeldauers an seinen Herrn Vetter in Kakran über die Wienerstadt.* 285 Hefte in 43 Bänden. Wien 1785–1821

Eynard, Jean Gabriel: *Au Congrès de Vienne. Journal de Jean Gabriel Eynard.* Paris 1914

Fournier, August: *Die Geheimpolizei auf dem Wiener Kongreß.* Wien 1913

Gentz, Friedrich von: *Österreichs Teilnahme an den Befreiungskriegen. Zusammengestellt von Alfons Klinkowström.* Wien 1887

Hager, Franz Freiherr von: *Reporte 1814–1815*

Humboldt, Wilhelm von: *Wilhelm und Caroline von Humboldt in ihren Briefen.* Anna Sydow (Hg.). Band IV. Berlin 1910

Johann, Erzherzog: *Aus dem Tagebuch 1810–1851.* Franz Krones (Hg.). Innsbruck 1891

Klüber, Johann Ludwig: *Acten des Wiener Congresses in den Jahren 1814 und 1815.* Erlangen 1815

La Garde, Comte Auguste de: *Gemälde des Wiener Kongresses 1814–1815.* Hans Effenberger (Hg.). Wien-Leipzig 1912

Ligne, Charles Joseph duc de: *Fragments de l'histoire de ma vie.* 2 Bände. Paris 1846

Montet, Alexandrine de la Boutetière de Saint Mars du: *Erinnerungen. Wien-Paris 1795–1858.* Deutsch von Ernst Klarwill. Wien-Zürich-Leipzig 1825

Nostitz, Karl von: *Leben und Briefwechsel.* Dresden-Leipzig 1848

Patzer, Franz (Hg.): *Wiener Kongresstagebuch 1814/1815. Wie der Rechnungsbeamte Matthias Franz Perth den Wiener Kongress erlebte.* Wien-München 1981

Pichler, Caroline: *Denkwürdigkeiten aus meinem Leben.* Band III. Wien 1844

Schönholz, Friedrich Anton: *Traditionen zur Charakteristik Österreichs.* München 1914

Talleyrand-Périgord, Charles-Maurice de: *Correspondance inédite du prince de Talleyrand et du roi Louis XVIII pendant le congrès de Vienne.* Paris 1891–1892

Thürheim, Lulu Gräfin: *Mein Leben. Erinnerungen aus Österreichs großer Welt.* René van Rhyn (Hg.). 2 Bände. München 1913

Varnhagen von Ense, Karl August: *Denkwürdigkeiten des eigenen Lebens.* Band III. Leipzig 1871

Zeitungsberichte

Allgemeine Zeitung. Wien

Allgemeine Zeitung, München

Leipziger Zeitung. Leipzig

Moniteur, Le. Paris

Österreichisch-Kaiserliche privilegierte Wiener-Zeitung. Wien

Österreichischer Beobachter. Wien

Fischer, Bernhard (Hg.): *Die Augsburger Allgemeine Zeitung 1798–1866.* Tl. 1: 1798–1832. Register der Beiträger/Mitteiler, Berlin 2003.

Archive

Österreichisches Haus-, Hof- und Staatsarchiv Wien. Kongressakten

Literatur

Arco-Zinneberg, Ulrich; Direktion der k. u. k. Schlösser Artstetten und Luberegg (Hg.): *Kaiser Franz und seine Zeit.* Marbach/Donau 1991

Auernheimer, Raoul: *Metternich. Staatsmann und Kavalier.* Wien 1947

Baron, Salo: *Die Judenfrage auf dem Wiener Kongreß.* Wien-Berlin 1920

Berding, Helmut: *Die Ächtung des Sklavenhandels auf dem Wiener Kongreß 1814/15.* In: Historische Zeitschrift 219 (1974). S. 265–289

Bernard, J. F.: *Talleyrand. Diplomat – Günstling – Opportunist.* München 1973

BMfU: *Der Wiener Kongress 1. September 1814 bis 9. Juni 1815.* Katalog zur Ausstellung in den Schauräumen der Wiener Hofburg. Wien 1965

Bourgoing, Jean: *Vom Wiener Kongress. Zeit- und Sittenbilder.* Brünn-München-Wien 1943

Bourgoing, Jean: *Das Herz der Kaiserin. Marie Louise.* Berlin-Essen-Leipzig 1937

Brandstätter, Christian (Hg.): *Stadtchronik Wien.* Wien-München 1986

Brühl, Clemens: *Die Sagan. Das Leben der Herzogin Wilhelmine von Sagan, Prinzessin von Kurland.* Berlin 1941

Burg, Peter: *Der Wiener Kongress. Der Deutsche Bund im europäischen Staatensystem.* München 1984

Büssem, Eberhard: *Die Karlsbader Beschlüsse von 1819.* Hildesheim 1974

Chapman, Tim: *The Congress of Vienna. Origins, processes and results.* London 2006

Conte Corti, Egon C.: *Metternich und die Frauen.* Zürich 1948

Conze, Eckart (Hg.): *Geschichte der internationalen Beziehungen.* Köln etc. 2000

Conze, Eckart: *Die deutsche Frage in Europa 1800–1990.* München etc. 1993

Conze, Eckart: *Europe under Napoleon 1799–1815.* London 1996

Conze, Eckart: *Glanz und Niedergang der Diplomatie. Die Geheimpolitik der europäischen Kanzleien vom Wiener Kongreß bis zum Ausbruch des Ersten Weltkriegs.* Düsseldorf 1986

Conze, Eckart: *Metternich als Zensor.* In: Jahrbuch des Vereins für Geschichte der Stadt Wien 11 (1954). S. 112–135

Conze, Eckart: *Metternich.* Gernsbach 1988

Conze, Eckart: *Stein. Eine Biographie.* Münster 2007

Conze, Eckart. *Wort und Macht. Friedrich Gentz als politischer Schriftsteller.* Berlin 1994

Criste, Oskar: *Der Wiener Kongreß.* Wien 1914

Csendes, Peter (Hg.): *Österreich 1790–1848.* Wien 1987

Czeike, Felix: *Historisches Lexikon Wien,* 5 Bände. Wien 1992–1997

Doering-Manteuffel, Anselm: *Vom Wiener Kongreß zur Pariser Konferenz.* Göttingen 1991

Dyroff, Hans-Dieter (Hg.): *Der Wiener Kongress 1814/15 – Die Neuordnung Europas.* München 1966

Ehrlich, Anna: *Auf den Spuren der Josefine Mutzenbacher (Sittengeschichte).* Wien 2006. Neuauflage 2011

Ehrlich, Anna: *Kleine Geschichte Wiens.* Regensburg 2011

Fehrenbach, Elisabeth: *Vom Ancien Régime zum Wiener Kongreß.* München 2001

Ferrero, Guglielmo: *Talleyrand à Vienne (1814–1815).* Paris 1996

Ferrero, Guglielmo: *Wiederaufbau. Talleyrand in Wien (1814–1815).* Bern 1950

Franke, Elisabeth: *Metternich und die politische Tagespresse von 1809–1813.* Dissertation. Wien 1919

Freksa, Friedrich (Hg.): *Der Wiener Kongreß. Nach Aufzeichnungen von Teilnehmern und Mitarbeitern.* Stuttgart 1914

Gies McGuigan, Dorothy: *Wilhelmine von Sagan.* Wien 1994

Giese, Ursula: *Studie zur Geschichte der Pressegesetzgebung, der Zensur und des Zeitungswesens im frühen Vormärz.* In: Archiv für Geschichte des Buchwesens VI. 1966. S. 342–546

Gräffer, Franz: *Kleine Wiener Memoiren zur Geschichte und Charakteristik Wiens und der Wiener.* Wien 1845

Graeffer, August: *Kurze Geschichte der kais. koenigl. Regimenter, Corps, Bataillons und anderen Militaer-Branchen.* Wien 1800

Griewank, Karl: *Der Wiener Kongreß und die europäische Restauration 1814/15.* 2. Auflage. Leipzig 1954

Grimsted, Patricia Kennedy: *The foreign Ministers of Alexander I.* Berkeley 1969

Gruner, Wolf D.: *Die deutsche Frage.* München 1985

Günzel, Klaus: *Der Wiener Kongress.* Wien-Berlin 1995

Günzel, Klaus: *Die Stasi des guten Kaisers Franz.* Artikel/»Zeit online«

Häusler, Wolfgang: *»Europa bin ich – nicht mehr eine Stadt.« Die Haupt- und Residenzstadt Wien als Schauplatz des Kongresses 1814/15.* In: Duchhardt, Heinz: *Städte und Friedenskongresse.* Köln-Weimar-Wien 1999. S. 135–158

Hofmeister-Hunger, Andrea: *Pressepolitik und Staatsreform, Die Institutionalisierung staatlicher Öffentlichkeitsarbeit bei Karl August von Hardenberg (1792–1822).* Göttingen 1994

Hohendahl, Peter Uwe (Hg.): *Öffentlichkeit – Geschichte eines kritischen Begriffs.* Stuttgart/Weimar 2000

Holbraad, Carsten: *The Concert of Europe. A study in German and British international theory 1815–1914.* London 1970

Hölscher, Lucian: *Öffentlichkeit und Geheimnis.* Stuttgart 1979

Hundt, Michael: *Die mindermächtigen deutschen Staaten auf dem Wiener Kongreß.* Mainz 1996

Ilsemann, Alexandra von: *Die Politik Frankreichs auf dem Wiener Kongreß.* Hamburg 1996

Jena, Detlef: *Katharina Pawlowna. Großfürstin von Russland – Königin von Württemberg.* Regensburg 2003

Kammerer, Frithjof: *Die Pressepolitik Metternichs.* Dissertation. Wien 1958

Kann, Robert: *Geschichte des Habsburgerreiches.* Wien-Köln-Graz 1977

Kiessling, Friedrich: *Neue Ansätze in der Geschichte der internationalen Beziehungen des 19. und 20. Jahrhunderts.* In: Historische Zeitschrift 275 (2002). S. 651–680

Kissinger, Henry A.: *A World restored. Metternich, Castlereagh and the problems of peace 1812–1922.* London 1957

Kleinschmidt, Harald: *Geschichte der internationalen Beziehungen.* Stuttgart 1998

Kraehe, Enno E.: *Metternich's German Policy.* 2 Bände. Princeton 1963/1983

Kralik, Richard: *Festgabe zur Erinnerung an die Befreiungskriege.* Wien 1913

Lapter, Dorothea: *Die Wiener politische Journalistik unter Metternich.* Dissertation. Wien 1950

Lechner, Silvester: *Metternichs Wissenschafts- und Pressepolitik und die Wiener »Jahrbücher der Literatur« (1818–1849).* Tübingen 1977

Leopold, Günther: *Friedrich von Gentz im österreichischen Staatsdienst.* Dissertation. Wien 1956

Leisching, Eduard (Hg.): *Der Wiener Congress.* Wien 1898

Leitich, Ann Tizia: *Wiener Biedermeier.* Bielefeld 1941

Lips, Michael Alex.: *Wiener Kongress. Die deutsche Bundesstadt.* Wien 1815

Lutz, Heinrich; Rumpler, Helmut (Hg.): *Österreich und die deutsche Frage im 19. und 20. Jahrhundert.* München-Wien 1982

Mann, Golo: *Friedrich von Gentz.* Zürich 1947

Mansel, Philip: *Der Prinz Europas. Prince Charles-Joseph de Ligne.* Stuttgart 2006

Marcowitz, Reiner: *Kongreßdiplomatie 1815–1823. Frankreichs Rückkehr in das europäische Konzert.* In: Francia. Forschungen zur Westeuropäischen Geschichte 24/3 (1997), S. 1–23

Marx, Julius: *Die österreichische Zensur im Vormärz.* Wien 1959

Mayr, Josef Karl: *Geschichte der österreichischen Staatskanzlei im Zeitalter des Fürsten Metternich.* Wien 1935

Mazohl-Wallnig, Brigitte: *Vom Heiligen Römischen Reich zu Österreich: Zur staats- und verwaltungsrechtlichen Neuorganisation Mitteleuropas am Wiener Kongress.* In: Jahrbuch des Italienisch-deutschen historischen Instituts in Trient XXIII (1997). S. 209–231

Metternich, Fürst: *Denkwürdigkeiten.* 2 Bände. München 1921

Metternich-Winneburg, Richard (Hg.): *Aus Metternich's nachgelassenen Papieren.* 3. Band. 2. Teil: Friedens-Aera 1816–1848 (1. Band). Wien 1881

Metternich-Winneburg, Richard Fürst (Hg.): *Oesterreichs Theilnahme an den Befreiungskriegen.* Wien 1887

Mika, Emil (Hg.): *Geist und Herz verbündet. Metternichs Briefe an Gräfin Lieven.* Wien 1942

Missoffe, Michel: *Metternich.* Paris, 1959

Mühlhauser, Josef: *Die Geschichte des »Österreichischen Beobachters«, 1810–1832.* Dissertation. Wien 1948

Müller, Jürgen: *Der Deutsche Bund 1815–1866.* Enzyklopädie deutscher Geschichte 78. München 2006

Nagler, Heribert: *Regierung, Publizistik und öffentliche Meinung in Österreich in den Jahren 1809–1815.* Dissertation. Wien 1926

Nicolson, Sir Harold: *Der Wiener Kongress.* Zürich 1946

Nürnberger, Richard: *Das Zeitalter der französischen Revolution und Napoleons.* Weltgeschichte. 8. Band. Gütersloh 1980

Oberhummer, Hermann: *Die Wiener Polizei.* Band 1. Wien 1938

Paleologue, Maurice: *Alexander I., der rätselhafte Zar.* Berlin ca. 1930

Palmer, Alan: *Metternich. Der Staatsmann Europas. Eine Biographie.* Düsseldorf 1977

Palmer, Alan: *Glanz und Niedergang der Diplomatie.* Claassen 1986

Paulmann, Johannes: *Pomp und Politik.* Paderborn 2000

Paupié, Kurt: *Clemens Wenzel Nepomuk Lothar Metternich (1773–1859).* In: Fischer, Heinz-Dietrich (Hg.): *Deutsche Publizisten des 15. bis 20. Jahrhunderts.* München-Berlin 1971, S. 150–159

Pertz, Georg Heinrich: *Aus Steins Leben.* 2 Bände. Berlin 1856

Pfister, Albert: *Aus dem Lager der Verbündeten 1814 und 1815.* Stuttgart-Leipzig 1897

Rie, Robert: *Der Wiener Kongress und das Völkerrecht.* Bonn 1957

Rumpler, Helmut: *Eine Chance für Mitteleuropa. Österreichische Geschichte 1804–1914.* Wien 1997

Schreiber, Georg: *Die Hofburg und ihre Bewohner.* Wien 1993

Sédouy, Jacques-Alain de: *Le congrès de Vienne. L'Europe contre la France. 1812–1815.* Paris 2003

Siemann, Wolfram: *Ideenschmuggel. Probleme der Meinungskontrolle und das Los deutscher Zensoren im 19. Jahrhundert.* In: HZ 245 (1987). S. 71–106

Siemann, Wolfram: *Metternich. Staatsmann zwischen Restauration und Moderne.* München 2010

Skokan, Josefine Selma: *Die Korrespondenz des Fürsten Metternich mit dem Staatsrat Hudelist.* Dissertation. Wien 1946

Soll, Karl: *Der Wiener Kongress in Schilderungen von Zeitgenossen.* Berlin-Wien o. J.

Spiel, Hilde: *Der Wiener Kongress in Augenzeugenberichten.* Darmstadt 1969

Stamprech, Franz: *Die älteste Tageszeitung der Welt.* Wien 1977

Treitschke, Heinrich von: *Der Wiener Kongreß. 1814 bis 1815.* Leipzig 1936

Valloton, Henry: *Metternich, Napoleons großer Gegenspieler.* Wien-Berlin-Darmstadt 1966

Veltzé, Alois (Hg.): *Österreich in den Befreiungskriegen 1813–1815*. Wien-Leipzig 1911/1912

Vocelka, Karl: *Glanz und Untergang der höfischen Welt. Österreichische Geschichte 1699–1815*. 2001

Webster, Charles: *The Congress of Vienna*. London 1921

Wolfram, Herwig (Hg.): *Geschichte der Juden in Österreich*. Wien 2006

Wien, Gemeinde: *Festgabe zur Erinnerung an die Befreiungskriege*. Wien 1913

Zamoyski, Adam: *Rites of Peace. The Fall of Napoleon and the Congress of Vienna*. London 2007

Zieseniss, Charles-Otto: *Le Congrés de Vienne et l'Europe des princes*. Paris 1984

Zimmermann, Harro: *Friedrich Gentz. Die Erfindung der Realpolitik*. Paderborn 2012

Personenregister

Wiener Stadtspaziergänge für das ganze Jahr

Die ausgewählten Wege zeigen Wien-Besuchern ebenso wie Wien-Kennern die schönsten Plätze und prächtigsten Bauten der historischen Stadt oder geben Einblick in das Leben in der Vorstadt, ohne lange Anfahrtswege. Kurzweilige Geschichten mit liebevoll ausgewählten Bildern gewähren dem Wanderer einen neuen Blick auf die vielseitige Metropole an der Donau.

Aus dem Inhalt: *Engelswege und Teufelspfade · Geister, Gespenster und Vampire · Wiener Leben – ins Kaffeehaus! · Von Lastkähnen, Ballsälen und einer großen Hetz · Auf Mozarts Spuren · Frühling im verborgenen Garten · Ein Fastenspaziergang in Hernals · Im Prater blüh'n wieder die Bäume · Durch das sündige Wien der Josefine Mutzenbacher · Wandern auf Sisis Spuren* und vieles mehr ...

Mit ausführlichem Informationsmaterial, detaillierten Stadtplänen und einer Sammlung praktischer Insider-Tipps.

www.wienfuehrung.com

Durchgehend in Farbe bebildert

Anna Ehrlich
Wien für kluge Leute
52 Spaziergänge

218 Seiten, ISBN 978-3-85002-747-2

Amalthea   www.amalthea.at

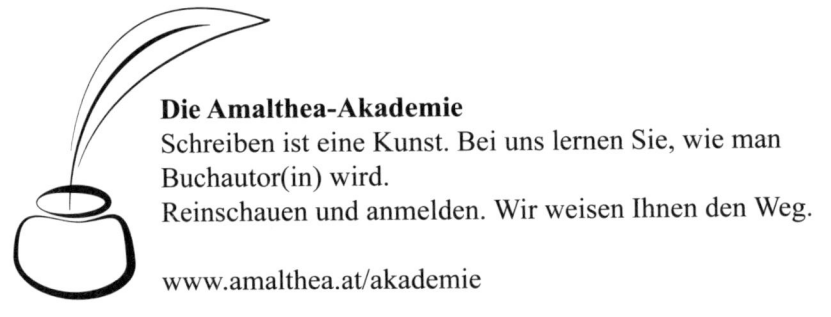

Die Amalthea-Akademie
Schreiben ist eine Kunst. Bei uns lernen Sie, wie man Buchautor(in) wird.
Reinschauen und anmelden. Wir weisen Ihnen den Weg.

www.amalthea.at/akademie

et Conventions futures la langue dont elle s'est servie jusqu'ici dans ses relations diplomatiques sans que le Traité actuel puisse être cité comme Exemple contraire aux usages établis.

Article 121.

Le présent traité sera ratifié, et les ratifications seront échangées dans l'espace de six mois, par la Cour de Portugal dans un an, ou plus tôt si faire se peut.

Il sera déposé à Vienne aux archives de Cour et d'Etat de Sa Majesté Impériale et Royale apostolique, un Exemplaire de ce Traité général pour servir dans le cas où l'une ou l'autre des Cours de l'Europe pourrait juger convenable de consulter le texte original de cette pièce.

En foi de quoi les Plénipotentiaires respectifs ont signé cet Acte et y ont apposé cachet de Leurs armes.